UNIVERSITÉ DE FRANCE. — FACULTÉ DE DROIT DE GRENOBLE

DE LA

DATIO IN SOLUTUM

EN DROIT ROMAIN

ESSAI

SUR LA

LIQUIDATION DES SOCIÉTÉS

EN DROIT FRANÇAIS

THÈSE POUR LE DOCTORAT

Soutenue le Mardi 10 Juillet 1894

DEVANT LA FACULTÉ DE DROIT DE GRENOBLE

PAR

Paul MONTÉGU

Lauréat des Facultés catholiques de Lyon

LYON

IMPRIMERIE MOUGIN-RUSAND

3, RUE STELLA, 3

—

1894

THÈSE

POUR LE DOCTORAT

UNIVERSITÉ DE FRANCE. — FACULTÉ DE DROIT DE GRENOBLE

DE LA

DATIO IN SOLUTUM

EN DROIT ROMAIN

ESSAI

SUR LA

LIQUIDATION DES SOCIÉTÉS

EN DROIT FRANÇAIS

THÈSE POUR LE DOCTORAT

Soutenue le Mardi 10 Juillet 1894

DEVANT LA FACULTÉ DE DROIT DE GRENOBLE

PAR

Paul MONTÉGU

Lauréat des Facultés catholiques de Lyon

LYON

IMPRIMERIE MOUGIN-RUSAND

3, RUE STELLA, 3

1894

FACULTÉ DE DROIT DE GRENOBLE

MM. TARTARI, I. ✪, doyen, professeur de code civil;
GUEYMARD, ✡, I. ✪, doyen honoraire, professeur de droit commercial;
TESTOUD, I. ✪, professeur de code civil, *en congé ;*
GUÉTAT, I. ✪, professeur de législation criminelle;
FOURNIER, I. ✪, professeur de droit romain;
BEAUDOUIN, I. ✪, professeur de droit romain;
BALLEYDIER, A. ✪, professeur de code civil;
MICHOUD, A. ✪, professeur de droit administratif;
JAY, A. ✪, professeur de droit constitutionnel, *délégué à la Faculté de Paris ;*
PILLET, A. ✪, professeur de droit international;
WAHL, agrégé, chargé de cours;
BEUDANT, agrégé, chargé de cours;
CAPITANT, agrégé, chargé de cours;
RAMBAUD, chargé de cours;
HITIER, chargé de cours;
ROYON, I. ✪, secrétaire.

JURY DE LA THÈSE

Président : M. TARTARI, doyen;
Suffragants : MM. GUEYMARD, professeur;
GUÉTAT, professeur;
WAHL, agrégé.

A MON PÈRE

A MA MÈRE

DROIT ROMAIN

DE LA

DATIO IN SOLUTUM

BIBLIOGRAPHIE

ACCARIAS. — *Précis de droit romain*, t. II, 3e édit., 1882.
Théorie des contrats innommés, 1886.

CÉSAR. — *De bello civili*, liv. III, ch. I.

CICÉRON. — *In Verrem*, 2a *actio*.

DEMANGEAT. — *Cours élémentaire de droit romain*, 2e vol., 3e édit., 1876.

GIDE. — *Etudes sur la novation et le transport des créances en droit romain* (édit. 1879).

LABBÉ. — *De la garantie ou des recours pour éviction*, Paris, 1865, Marescq, éditeur.

MAYNZ. — *Cours de droit romain* (3 vol.), 4e édit., Bruxelles, 1876.

MOLITOR. — *Les obligations en droit romain*, édition de Gand.

ORTOLAN. — *Législation romaine* (3 vol), 10e édit., Paris, 1876.

POTHIER. — *Pandectæ Justin.*, Paris, 1752.

TITE-LIVE. — Liv. VII, ch. XXI.

VOET. — *Ad Pandectas*, édit. 1778.

THÈSE. — Bisson.
Id. Grosjean.
Id. De Combes.
Id. De Ségogne.

CHAPITRE PREMIER

NATURE DE LA DATIO IN SOLUTUM

SECTION I

GÉNÉRALITÉS SUR LE PAIEMENT ET LA DATION EN PAIEMENT. — HISTORIQUE.

Tandis que tous les autres droits sont susceptibles de durer à l'infini (droits de propriété et de servitude), les droits de créance sont au contraire, par leur nature même, essentiellement temporaires. Par conséquent, si l'extinction d'un droit de propriété n'est qu'un accident susceptible de ne point se produire ou de ne se produire que fort rarement, l'extinction d'un droit de créance est au contraire la règle absolue. Ce droit, peut-on dire, ne prend naissance que pour disparaître par l'exécution de l'obligation, c'est-à-dire par un paiement. Pris dans un sens général, le mot paiement peut donc s'appliquer à tout mode de libération d'une obligation.

Ce que nous venons d'exposer constitue le droit commun en France ; il constituait déjà aussi le droit commun à Rome. Le droit romain était peut-être même sur ce point plus explicite que le nôtre. Notre mot *paiement* n'éveille aucune idée dans l'esprit ; tandis qu'au contraire le mot *solutio*, opposé à celui d'*obligatio*, rappelait fort bien cette idée de libération qui est attachée à tout paiement. Pour les Romains, en effet, l'obligation était si bien un état accidentel, destiné à prendre fin par sa nature même, qu'ils l'appelaient un *vinculum juris* (1) ; c'était un lien, une chaîne que l'on devait naturellement chercher à secouer. Et comment se dégager d'un lien, sinon en le détachant, en le brisant ; de là, leur mot *solutio* (action de délier et paiement) qui, pris dans un sens général, s'applique lui aussi comme notre mot paiement à toute libération (2).

Mais le mot *solutio* indépendamment de cette signification en prit rapidement une beaucoup plus restreinte.

A l'origine, il semble probable, si l'on fait attention au formalisme rigoureux qui présidait alors aux opérations juridiques, que l'obligation devait régulièrement prendre fin par la prestation de la chose promise (3), faite suivant les mêmes formes qui avaient servi à lui donner naissance. Si donc une obligation avait été contractée *verbis* ou *litteris* ou *consensu*, elle devait être payée à l'aide de *verba*, *litteræ* ou *consensus* contraires. Ceci est encore du reste

---

(1) Inst. Just. L. III, tit. 13, *princ.*

(2) « *Solutionis verbum ad omnem liberationem quoquo modo factam pertinet ; magisque ad substantiam obligationis refertur quam ad nummorum solutionem.* » — (L. 54 Dig. *De sol. et lib.* 46, 3). Conf. Ulp. Loi 176 Dig., *De verborum significatione*, 50, 16.

(3) Gaius (100 Dig. *De regulis juris*, 50, 17) : « *Omnia quæ jure contrahuntur contrario jure pereunt.* Ulp. » (35, Même titre, 50, 17) : « *Nihil tam naturale est quam eo genere quidque dissolvere quo obligatum est.* » — Conf. Pomponius (80 Dig., *De sol et lib.* XLVI, 3) : « *Cum re contraxerimus, re solvi debet.* » Inst. III, tit. XXIX, *Quib. mod. obl. tol.*; § 4 et 35 Dig., *De reg. jur.*, L, 17) : « *Nudi consensus obligatio contrario consensu dissolvitur.* »

enseigné par Pomponius, qui vivait pourtant à une époque où le droit formulaire commençait déjà à disparaître : « *Prout quidque* « *contractum est, ita et solvi debet* » (80 Dig. *De sol. et liber.* XLVI, 3).

Mais, peu à peu, suivant le développement imprimé au reste du droit, le paiement tendit de plus en plus à s'affranchir des formalités primitives. Comme toutes aboutissaient à la tradition de la chose due, cette tradition put se faire par n'importe quel mode, ou plutôt constitua un mode général de libération, le paiement proprement dit, la *solutio* ou *liberatio*, qui resta toujours le mode par excellence (1), que nous pouvons définir *la prestation exacte de l'objet dû.*

Longtemps on s'arrêta à cette définition, sans oser étendre davantage les modes de libération. Et il resta toujours vrai de dire en principe : « *aliud pro alio solvi non potest* » (2). Cette limitation à la libération se conçoit du reste fort bien. En effet, par le contrat, le débiteur a pris l'engagement de fournir une prestation, consistant soit en une chose, soit en un fait. Il doit cette chose ou ce fait, mais ne doit rien autre. De même, le créancier a acquis un droit à une chose ou à un fait. L'un et l'autre sont donc fondés à déclarer qu'une autre chose ne pourra être cédée au lieu et place, qu'elle soit de plus grande ou de moindre valeur, qu'elle soit même de valeur identique.

Peu à peu, pourtant, à mesure que le formalisme romain disparut, cédant la place à des institutions moins strictes, issues la plupart du temps du Tribunal du préteur ; à mesure, aussi, que les transactions devinrent plus nombreuses et eurent par conséquent besoin d'une plus grande simplicité et d'une plus grande rapidité dans les formes extérieures, cette première conception du paiement finit par s'étendre encore.

---

(1) Ce sont deux synonymes (50 Dig. *De verb. sign.* XVI, 47).
(2) L. 2, § 1 et 3, Dig. *De reb. cred.*, XII, 1.

C'est ainsi que nous trouvons, à l'époque classique, un mode spécial de libération qui a justement pour but de *dare aliud pro alio*, la *datio in solutum*, que nous nous proposons d'étudier et dont nous pouvons dès lors donner la définition suivante : *la prestation au créancier qui y consent d'une chose autre que la chose due.*

Evidemment, une modification aussi radicale des notions reçues ne dut pas se produire en un jour ; elle a dû être le travail de longues années, et ne faire qu'insensiblement son chemin dans l'opinion. Aussi, nous est-il fort difficile aujourd'hui de nous rendre compte des diverses étapes qui marquèrent ses progrès et de tracer la route qu'elle a dû suivre.

Au reste, cette étape fut loin d'être aussi considérable que l'on serait peut-être tenté de le croire. Si le paiement, en effet, devait consister dans la prestation exacte de la chose due, il fut admis de tout temps que les parties pouvaient, si elles y consentaient, livrer autre chose à sa place. La portée seule de cette tradition varia considérablement, et ce n'est que fort tard qu'elle en vint à produire directement par elle-même la libération.

Il est certain qu'au début la *datio in solutum* d'une chose corporelle devait s'effectuer par une double convention. D'un côté, le débiteur transférait par une *mancipation* ou une *cession in jure* la propriété de la chose qu'il était convenu de donner en paiement ; de l'autre le créancier, au moyen d'une *acceptilation*, faisait remise de sa créance primitive, c'est-à-dire rompait par un contrat *verbis* le contrat primitif. La complication était grande et les inconvénients considérables, mais il semblait impossible de pouvoir autrement agir, car il y avait un double effet à obtenir. Il semblait par conséquent juste d'user d'un double procédé, l'un ayant pour but l'extinction de la dette primitive, l'autre la naissance de la nouvelle dette, effets qui, en droit romain strict, ne peuvent procéder l'un de l'autre.

La *mancipatio* et la *cessio in jure* pouvaient pour les *res nec mancipi* être remplacées par la *traditio*, selon le droit commun. Quant à *l'acceptilatio*, elle pouvait être opérée dans le contrat *litteris* par une inscription que faisait sur son registre le créancier. Du moins, puisque nous savons que le contrat *verbis* et le contrat *litteris* étaient corrélatifs, il n'est pas téméraire de faire une semblable supposition (1).

Mais ce double procédé, très juridique nous le reconnaissons, présentait de très graves inconvénients.

D'abord, la plupart des modes possibles ne pouvaient s'employer entre absents. Il en était ainsi notamment de la *mancipatio*, de la *cessio in jure*, de l'*acceptilatio*. Puis surtout, il y avait danger que le créancier, la mancipation faite, refusât de donner acceptilation ou réciproquement que le débiteur, après avoir obtenu acceptilation, refusât de manciper.

Aussi, modifia-t-on peu à peu les modes primitifs de dation en paiement. La *tradition* et le *pacte de non petendo,* possibles entre absents, remplacèrent la *mancipatio* et l'*acceptilatio*, en même temps qu'il devenait licite d'apposer une condition pour éviter les fraudes.

Dès lors, il ne restait à faire qu'un pas qui fut rapidement franchi. Du jour où la vente devint un contrat consensuel et n'eut plus besoin de la tradition pour être parfaite, il fut aisé de reconnaître dans la *datio in solutum*, même simplement promise, une vente suivie de compensation.

Plus tard enfin, on alla plus loin et l'on admit que la *datio in solutum* était libératoire par elle-même, sans qu'il soit nécessaire de l'adjonction d'aucun pacte. On en fit un mode particulier de paiement. A quelle époque cela eut-il lieu? Il nous est difficile de le préciser, aucun texte ne permettant d'établir la moindre

---

(1) Ortolan, n° 1685, t. III, p. 378.

date certaine (1). Il semble pourtant qu'au temps de Paul l'évolution était accomplie.

Si de la *datio in solutum* d'une chose corporelle, nous passons à la *datio in solutum* d'une créance, nous allons retrouver la même manière de procéder dans l'ordre chronologique. Le transfert de la créance dut se faire d'abord au moyen d'une novation par changement de créancier (2). Puis le droit prétorien intervient avec un autre mode de transfert des créances, le pacte de constitut, qui valide en quelque sorte la novation faite en dehors des règles du droit civil, c'est-à-dire à l'aide de *verba* autres que ceux exigés dans la stipulation (3).

Ces deux modes de transfert exigeaient le consentement du débiteur, aussi admit-on bientôt un troisième mode, la *procuratio in rem suam*. Le bénéficiaire de la créance était considéré comme mandataire du cédant ; mais postérieurement la *litis contestatio* le rendait régulièrement propriétaire de la créance (4). Cette dernière recouvrée, l'effet propre de la *procuratio in rem suam* était de lui éviter les rendements de compte. Le débiteur cédé n'avait donc pas à intervenir dans ce dernier mode de cession qui constituait par là un véritable progrès.

Enfin survint la cession de créances ordinaire, qui lie le débiteur par le fait seul qu'elle lui est signifiée (Loi 3 C. *de Nov.* VIII, 42). Dès lors la dation en paiement d'une créance s'effectue régulièrement par une simple convention, qui finit par donner au

---

(1) Il est même remarquable que, nulle part dans les textes romains, nous ne trouvons l'expression *datio in solutum*, qui semble être une invention des glossateurs.

(2) Voir Gaius, *Instit.* II, § 38 et 39.

(3) On l'appelle pacte de constitut, parce que le débiteur qui l'a consenti peut être contraint par l'action *constitut. pecuniæ* (loi 5, § 2. Dig. *De pec. const.* XIII, 5).

(4) Voir loi 4, § 5. Dig., *De Appel. et rel.* XLIX, 1 et loi 11 Dig. *De exc. dol.* XLIV, 4.

cessionnaire une action utile (Loi 5 C., *Quando fiscus* IV, 15).

Cet aperçu historique donné, il nous est facile de reconnaître pour quels motifs nous ne trouvons à Rome à peu près aucun texte sur la *datio in solutum.*

C'est d'abord que celle-ci ne fut probablement qu'assez tard un mode spécial de libération. Mais c'est surtout la difficulté, bien apparente après ce que nous venons d'exposer, qu'offrait la détermination précise de la nature juridique de ce nouveau mode. Non peut-être qu'à l'époque de Justinien la question subsistât toujours, et qu'il n'y eut pas une solution définitive, une véritable jurisprudence; mais parce que le mode de confection du Digeste a laissé pour les interprètes une véritable confusion qui n'exista peut-être pas à Rome. Le Digeste est, en effet, une simple compilation des opinions juridiques exprimées par les principaux jurisconsultes romains, la plupart du temps sur des espèces particulières. Aussi, les faits n'étant plus présents, les textes sont-ils souvent dans notre matière en apparente opposition flagrante.

SECTION II

LA DATIO IN SOLUTUM EST UN PAIEMENT

Nous avons dit que la *datio in solutum* fut bien évidemment, à sa période définitive, un mode spécial de libération que nous pouvons définir : *La libération d'une obligation par la prestation faite au créancier, qui y consent, d'une chose autre que la chose due.*

Mais il y a de nombreuses manières de se libérer d'une obligation. On peut le faire au moyen d'un paiement, d'une vente, d'une novation, d'un contrat innommé. Dans lequel de ces modes faut-il donc faire rentrer la *datio in solutum* ? Quelle est donc sa véritable nature intrinsèque ? Des textes contradictoires insérés au Digeste ont permis le doute. Les glossateurs ont cherché à les interpréter et ont donné naissance à divers systèmes plus ou moins romains, engageant une controverse qui n'est pas du tout prouvée avoir existé à Rome.

Pour nous, s'il faut assimiler la dation en paiement à un autre mode de libération, nous l'assimilerons au paiement ; nous en ferons un véritable paiement spécial.

Comme le paiement, en effet, la *datio in solutum* a pour but unique l'extinction d'une obligation d'une manière principale et non accessoirement, par ricochet pour ainsi dire, comme le feraient la vente, la novation, ou quelque autre contrat que ce soit. Elle n'a de raison d'être que pour cette libération et ne saurait exister sans elle.

De plus, comme le paiement encore, la *datio in solutum* est un acte unilatéral et non un contrat quelconque. Qu'est-ce, en effet, qu'un contrat, sinon une convention entre plusieurs parties, dont le but est de donner naissance à des obligations ? Or ici, l'unique but est évidemment non pas de créer une obligation, mais au contraire d'anéantir celles qui existent, de les faire complètement disparaître, en sorte qu'il ne subsiste plus, au moins quant à cette obligation, aucun rapport de droit entre celui qui fait la *datio in solutum* et celui qui la reçoit.

Le créancier qui reçoit la chose ou le fait donné en paiement ne s'oblige, en effet, en aucune façon. Quelle pourrait être son obligation ? — Libérer le débiteur ? pas n'est besoin pour cela de son concours. Cette libération résulte de plein droit de l'exécution du fait matériel qui constitue la dation en paiement ; il suffit que celle-ci soit faite de son consentement pour que le débiteur soit libéré. — Ne pas poursuivre le débiteur désormais ? mais cette obligation n'aurait aucune raison d'être ! Qu'importe qu'il pour suive ou non ; cette poursuite n'aboutirait pas, car le débiteur ne doit plus rien.

Quant à l'obligation qui concernerait le débiteur, on ne voit guère quelle elle pourrait être. Il devait une prestation, il l'a accomplie ; auparavant il n'y avait pas dation en paiement, et cette prestation restait due ; celle-ci accomplie, toute obligation tombe d'elle-même et, comme nous l'avons dit, aucun rapport de droit ne subsiste plus entre les parties au moins principalement (1).

Enfin de nombreux textes viennent corroborer cette décision que donne la logique. Quelques-uns, il est vrai, sont épars dans le Digeste ou le Code ; mais la plupart, c'est là un argument nouveau, se trouvent au titre du paiement. Du reste il semble, si on les consulte, qu'il n'y ait guère de raisons de douter et qu'ils soient assez explicites. C'est ainsi que Marcien nous dit (2), en nous parlant de deux fonds aliénés en paiement d'une obligation : « *Evicto altero fundo remanet integra obligatio; tunc ergo res pro* « *re soluta liberationem præstat, quum pro solido facta est susci-* « *pientis.* » Si donc la chose donnée en paiement reste la propriété de celui qui la reçoit, l'obligation primitive est anéantie, semble-t-il, comme par un paiement. Si au contraire une éviction se produit, l'obligation primitive subsiste par elle-même sans qu'il soit besoin de la faire renaître par un contrat. C'est donc bien que l'extinction de l'obligation primitive a lieu de plein droit, sans qu'il soit besoin de faire intervenir un contrat. De ce texte, on peut en rapprocher d'autres aussi explicites, notamment la loi 26, § IV, Dig. *De cond. ind.*, XII, 6 (3), et la loi 1, § 5, *De pec. const.*,

---

(1) Il subsiste évidemment une obligation de garantie. Mais c'est là une obligation éminemment accessoire qui, du reste, n'aura souvent aucun effet. Elle existe d'ailleurs chaque fois qu'il y a tradition, et on la retrouve en matière de paiement comme en matière de vente.

(2) Loi 46, Dig. *De solut.*, XLVI, 3.

(3) « *Licet enim placuit rem pro pecunia solutam parere liberationem.* »

XIII, 5 (1). Ces deux textes, en effet, emploient dans la définition de la *datio in solutum* le verbe *solvere* qui indique le paiement. Enfin, Justinien lui-même assimile dans ses Institutes (29 *Pri.*, liv. III) la *datio in solutum* et le paiement en des termes qui ne peuvent guére laisser de doute dans l'esprit : « *Tollitur autem* « *omnis obligatio solutione ejus quod debetur, vel si quis consen-* « *tiente creditore aliud pro alio solverit.* » Et Ulpien, en un texte moins spécial peut-être à notre sujet, mais très explicite néanmoins, avait déjà dit : « *Satisfactio pro solutione est* » (loi 52, Dig. *de solut.* XLVI, 3), c'est-à-dire avait assimilé toute dation en paiement satisfaisant le créancier au paiement lui-même.

Du reste, cette opinion qui fait du paiement et de la dation en paiement deux modes corrélatifs de libération, est enseignée aujourd'hui par la majeure partie des auteurs (2). De nombreuses tentatives ont pourtant été faites dans le but d'assimiler la *datio in solutum* à un contrat ou à un quasi-contrat ; nous allons voir ce que valent les arguments que mettent en avant les partisans de ces divers systèmes.

---

(1) « *Sed quum jam placet rem pro re solvi posse.* »

(2) En ce sens Romer, *De la dation en paiement*, page 3 ; Wangerow, *Cours de pandectes*, vol. 3, p. 168 ; Labbé, *De la garantie*, p. 80 ; de Segogne, Guimbaud, de Combes.

SECTION III

ON NE PEUT ASSIMILER LA DATIO IN SOLUTUM A AUCUN AUTRE CONTRAT OU QUASI-CONTRAT

Divers systèmes qui ont eu pour défenseurs la plupart des glossateurs et qui comptent parmi leurs adeptes Accurse, Cujas, Voet, Doneau, etc., assimilent la *datio in solutum* à des contrats nommés ou innommés. Ils en font, en un mot, une véritable convention synallagmatique, selon les distinctions suivantes. On sait qu'il existe quatre sortes de pactes : *Do ut des, do ut facias, facio ut des, facio ut facias.* Dans le premier cas, qui consiste dans la prestation d'une chose, d'une *res* contre une somme d'argent, il faudra assimiler la dation en paiement à une vente. Dans le cas où il s'agira de l'exécution d'un fait contre une somme d'argent, la *datio in solutum* constituera un véritable louage de services. Dans le cas, au contraire, où la *datio in solutum* consistera dans la prestation d'une chose ou d'un fait pour obtenir une chose il y aura lieu à un contrat innommé notamment à l'échange. Si, enfin, il s'agit de la dation en paiement d'une créance, nous pourrons nous trouver en présence d'une novation.

Nous allons voir ce qu'il nous faut penser de tous ces divers modes de justification de la *datio in solutum.*

I. — **La datio in solutum n'est pas une vente.** — Voyons d'abord le cas de la *datio in solutum* d'une *res pro pecuniâ.* Est-ce véritablement une vente? On apporte en faveur de cette opinion d'assez nombreux textes. Mais hâtons-nous de dire qu'ils sont loin d'avoir toute la portée qu'on a cherché à leur attribuer.

De ceux-ci, le plus important peut-être est un texte d'Ulpien rendu fameux par les glossateurs à propos d'une controverse que nous retrouverons plus tard en étudiant les effets de la *datio in solutum* (1). Il est ainsi conçu: « *Eleganter apud me quæsitum* « *est, si impetrasset creditor a Cæsare ut pignus possideret, idque* « *evictum esset, an habeat contrariam pigneratitiam? Et videtur* « *finita esse pignoris obligatio et a contractu recessum : imo utilis* « *ex empto accommodata est, quemadmodum si pro soluto ei res* « *data fuerit, ut in quantitatem debiti ei satisfiat, vel in quantum* « *ejus intersit et compensationem habere potest creditor, si forte* « *pigneratitia vel ex alia causa cum eo agetur.* »

Voici donc un créancier obtenant par édit la possession du gage qui lui garantissait le paiement de ce qui lui était dû. Il le reçoit à titre de paiement; c'est donc là une véritable dation en paiement. Puis il est évincé. Or, Ulpien lui accorde en garantie une action *ex empto, utilis* cela est vrai, mais qui n'en fait pas moins de cette attribution, dit-on, une véritable vente.

Nous verrons en étudiant les effets de la dation en paiement la valeur qu'il faut attacher à cet argument, et si l'action *ex empto utilis* était en droit romain attachée exclusivement à la vente. Mais ce qu'il importe surtout de remarquer ici et à quoi l'on n'a pas assez fait attention jusqu'à présent, croyons-nous, ce sont les motifs qu'en donne Ulpien. L'obligation qui résulte du contrat de gage semble avoir pris fin, dit-il ; on est définitivement, semble-t-il, sorti du contrat.

Or n'est-ce pas évidemment parce que dans la pensée d'Ulpien la *datio in solutum* n'est autre chose qu'une vente suivie de compensation ; comme, par exemple, si, vous devant cent sous d'or,

(1) Ulpien (24 *princ.* Dig. *De pignor. act.* XIII, 7).

je convenais avec vous de vous donner à la place ma maison ? Ne serait-ce pas la même chose que vous vendre ma maison en convenant que le prix se compensera avec la somme que je vous dois moi-même?

En effet si la *datio in solutum* était un paiement, ce serait un acte unilatéral tirant sa perfection de la *res* livrée; et le créancier étant évincé de la *res*, c'est-à-dire ayant reçu celle-ci d'un non-propriétaire, serait considéré comme ne l'ayant jamais reçue. L'éviction prouve qu'il n'y a pas eu de *datio* valable, et par conséquent que la dation en paiement est censée n'avoir jamais été faite. Il faudrait donc non donner au créancier l'action *ex empto utilis* contre l'éviction, mais lui rendre les actions résultant du contrat, ou plutôt reconnaître que la dette n'ayant pas été éteinte, l'action du contrat subsiste encore (1).

Ce texte d'Ulpien ne nous semble cependant pas sans réplique. Son auteur a bien pu ne pas avoir l'intention qu'on lui prête. Le cas dans lequel il nous donne cette solution est en effet absolument spécial. Il s'agit d'un bien qui n'a été concédé au créancier que par les pouvoirs publics et qu'après de nombreuses formalités. Les tiers engagés n'ont-ils pas dû dès lors se croire à couvert par les formalités de ces pouvoirs publics, et se croire de bonne foi définitivement libérés des obligations accessoires qu'ils avaient pu contracter, caution, corréalité ?... Le créancier, de son côté,aura le plus souvent eu l'intime persuasion, en présence d'une telle acquisition, d'être réellement propriétaire; et peut avoir employé ses soins à accroître la valeur de la chose à lui donnée en paiement. Par les actions primitives, le seul droit qu'il puisse avoir c'est d'obtenir l'exécution de l'obligation primitive et par

---

(1) Dans un texte que nous verrons aussi à propos des effets de la *datio in solutum*, Marcien admet cette dernière théorie et fait subsister l'action du contrat (47 *pr.* Dig. *De sol. et lib.*, XLVI, 3) « *Si quis aliam rem pro alia* « *volenti solverit, et evicta fuerit, manet pristina obligatio.* »

conséquent la valeur de celle-ci. Par l'action *ex empto* au contraire, il obtiendra la valeur de la chose au moment de l'éviction, c'est-à-dire le remboursement complet de ce qu'il aura perdu par celle-ci.

Dans ce cas spécial, il semble donc bien raisonnable qu'Ulpien ne se contentant pas des actions primitives accorde une action en garantie spéciale aussi. Du reste, il ne dit pas absolument que les autres actions soient éteintes, mais qu'elles ont l'apparence d'être éteintes. Elles subsistent, mais les apparences permettent d'agir en ce cas comme si elles n'existaient plus, et de faire une application de l'analogie indéniable qu'il y a entre la vente et la *datio in solutum*.

D'autres textes paraissent cependant abonder dans le sens d'Ulpien, notamment la l. 4 Code *De evict.* VIII, 45. Ce texte suppose qu'un fonds hypothéqué, donné en paiement à un créancier, lui est enlevé par la poursuite des créanciers hypothécaires. Dans ce cas, dit Caracalla en 213 de notre ère « *utilis actio contra* « *debitorem competit. Nam hujusmodi contractus vicem venditionis* « *obtinet.* » Les derniers mots de ce rescrit semblent dire que la *datio in solutum* est un contrat. M. Grosjean dans sa thèse (1), où il adopte une opinion contraire à la nôtre, l'invoque en effet comme argument. Mais n'en détruit-il pas ensuite toute la portée, lorsqu'il veut que ce contrat ne soit pas le contrat de vente? Les mots *vicem venditionis obtinet* qui servent à prouver qu'il y a eu contrat signifient seulement, dit-il, qu'au point de vue spécial de la garantie la dation en paiement est traitée comme la vente, ce qui prouverait bien qu'elle ne lui est pas de tous points identique. Et il cite pour le prouver d'autres opérations juridiques qui sont assimilées, elles aussi, à la vente par des textes, et que les Romains n'ont jamais considérées comme de véritables ventes, notamment la loi 4, 31 Dig. *De doli mali et metus exc.* (XLIV, 4), et les lois 1

---

(1) Grosjean, *th.* 1891, p. 26 et 27.

et 3 au Dig. *Pro empt.* (XLI, 4), qui assimilent, le premier au point de vue du dol l'échange à la vente, le second le *litis contestator* au vendeur.

Ne pourrait-on pas lui répondre que le mot *contractus* peut bien lui aussi dépasser la portée que l'on voudrait lui attribuer, et n'avoir été amené là que par l'idée de vente qui domine la phrase? C'est ainsi que la tutelle qui n'est évidemment pas un contrat est désignée sous le nom de *contractus* au point de vue de la prestation des fautes dans la loi 23 *De reg. jur.* L. 17 (1).

Les textes que l'on pourrait mettre en avant pour assimiler la dation en paiement à la vente ainsi éliminés, voyons s'il n'y a pas de réelles différences entre ces deux états.

La première qui a déjà été signalée et que nous avons discutée est que la vente forme un contrat, tandis que la *datio in solutum* n'est qu'un acte unilatéral.

La seconde est que la *datio in solutum*, comme son nom lui-même l'indique, consiste dans un *dare*, pris dans un sens général, avons-nous dit, c'est-à-dire aboutit à *dare, facere* ou *præstare* quelque chose. Elle n'existe que par une tradition. Si, vous devant 100, je vous donne ma maison en paiement, la maison donnée, la dette est éteinte ; elle ne l'est pas auparavant. La vente est au contraire un contrat consensuel, c'est-à-dire existe indépendamment de son exécution par les parties. Si, pour reprendre l'exemple ci-dessus, vous devant 100, je conviens avec vous de vous vendre ma maison pour ce prix-là et de compenser celui-ci avec ma dette, cette dernière sera éteinte de suite, indépendamment de toute tradition ; en sorte que si ma maison vient à

---

(1) Nous ne nous arrêterons pas à l'étude d'un autre texte, loi 5, § 1. Dig., *De præscript. verbis*, XIX, 5 ainsi conçu : « *Et si quidem pecuniam dem ut* « *rem accipiam emptio et venditio est ; sin autem rem do ut rem accipiam,* « *quia non placet permutationem rerum emptionem esse, nasci civilem obli-* « *gationem.* » Il est évident qu'il ne s'agit pas ici de la *datio in solutum*, mais de la vente opposée à l'échange.

périr avant que celle-ci soit accomplie, je serai néanmoins libéré et la perte sera pour vous. Il faudrait pour que la dation en paiement soit une vente que les parties aient eu une semblable intention, et rien ne permet de le supposer.

Enfin, si la *datio in solutum* a eu lieu par erreur, si celui qui a donné une chose en paiement a cru être débiteur, tandis qu'il ne l'était pas, il aura la *condictio indebiti* ou la *condictio sine causa* pour revendiquer sa chose. Il en sera de même s'il a cru devoir plus qu'il ne devait réellement. Il lui suffira pour pouvoir exercer son droit de reprise d'avoir payé le montant de sa dette.

Si au contraire il y a eu vente, et qu'ensuite il soit prouvé que la dette n'existait pas ou n'était que d'une somme moindre, la vente n'en subsiste pas moins, puisqu'elle a sa cause en elle-même. Les parties l'ont consentie, cela suffit. La seule conséquence en est que le prix n'aura pu être compensé et dès lors, le vendeur aura l'action *venditi* pour obtenir son prix ou tout entier dans le premier cas ou au moins pour la part qui surpassera la dette que l'on voulait éteindre par la *datio in solutum* dans le second (1).

II. — **La datio in solutum n'est pas un louage.** — De même, dans le cas où il s'agit de l'exécution d'un fait en remplacement d'une somme d'argent due en vertu du contrat primitif, il y a, d'après les glossateurs, véritable louage de service. Nous retrouvons ici les mêmes objections que nous avons déjà signalées à propos de la vente, et nous conclurons de même. Il n'est pas

---

(1) Au reste une preuve évidente de la non-possibilité d'assimiler ensemble la vente et la dation en paiement, c'est que plusieurs textes les mentionnent à côté l'une de l'autre séparées par les mots *et, vel, sive*. — Code, L. 8, *De sent. et interl.*, VII, 45; L. 3, *De luit. pign.*, VIII, 31; L. 1, *Si ant. cred.*, VIII, 20. Voir aussi la L. 26, § 3, Dig. *De cond. indeb.* XII, 6. — En cas de dation en paiement trop élevée, Ulpien y autorise la répétition du surplus. Si c'était une vente, il n'y aurait lieu qu'à augmentation de prix.

plus possible d'invoquer ici un louage d'ouvrage qu'une vente dans le cas précédent (1).

III. — **La datio in solutum n'est pas une novation.** — On a prétendu aussi que la *datio in solutum* constituait une novation.

Qu'est-ce donc qu'une novation ? En droit romain la novation consiste dans le remplacement d'une obligation par une obligation nouvelle, ayant le même objet que celle qui précède. La novation produit donc un double effet. Elle éteint une dette et elle en fait naître une autre. Mais elle ne peut le faire qu'au moyen d'un procédé spécial, la forme *verbis*, c'est-à-dire la stipulation, au moins au temps de Gaius (2). Sous Justinien, il est vrai, ce formalisme n'est plus nécessaire et l'intention de nover suffit, pourvu qu'elle soit prouvée : « *Sed quum hoc quidem inter veteres cons-* « *tabat, tunc fieri novationem cum novandi animo in secundam* « *obligationem itum fuerat... Ideo nostra processit constitutio* « *quæ apertissime definivit tunc solum novationem fieri quotiens* « *hoc ipsum inter contrahentes expressum fuerit quod propter* « *novationem prioris obligationis convenerunt,* » dit-il (3).

Certains veulent voir dans ces derniers mots la preuve que la dation en paiement ne peut pas être une novation, en nous disant que sous Justinien comme au temps de Gaius il fallait que l'intention de nover fût exprimée en termes formels. Nous ne les suivrons pas dans ceci qui, pour nous, constitue une erreur. En effet, nous savons que Justinien, suivant en cela la marche progressive

---

(1) En effet les parties n'ont évidemment pas convenu de faire un louage d'ouvrage avec compensation entre la rémunération du service et le montant de la dette. Elles ont eu pour but unique de mettre fin à une obligation, et cette fin résulte non de l'intervention des parties, mais de la livraison de la chose.

(2) Gaius, *Inst.*, III, 176 et s.

(3) Just., *Inst.* III, 29, § 3 ; Loi 8, C. *De novatione*, VIII, 42.

du droit romain, abolit partout ce qui subsistait de l'ancien formalisme des procédures anciennes. Or, si tel était le sens de sa constitution précitée, elle aboutirait à donner naissance à un formalisme nouveau. A notre avis, cet empereur, bien loin de vouloir gêner l'intention des parties, a eu au contraire pour but d'affranchir pleinement leur volonté. Désormais, c'est de celle-ci seule et non plus, comme autrefois, des seules formalités extérieures que l'on pourra reconnaître la novation. Il faudra, évidemment, que l'on sache clairement qu'il y a eu novation, mais on pourra en acquérir la certitude juridique sans qu'il soit nécessaire de formalités spéciales. En résumé, Justinien ne consacre pas ici autre chose que le principe moderne (cf. art. 1273 du Code civil).

Il nous suffira pourtant de remarquer, ce qui justifie en partie l'opinion qui refuse, pour ce motif, de reconnaître une novation dans la dation en paiement, que rien absolument en celle-ci ne permet de croire que telle fût l'intention des parties.

Mais une autre objection plus sérieuse est que, tandis que dans la dation en paiement, le créancier et le débiteur de l'obligation restant les mêmes l'objet seul est changé, dans la novation, au contraire, le créancier ou le débiteur ou même tous deux peuvent être changés et seul l'objet de l'obligation doit rester le même.

Que cette dernière circonstance soit nécessaire à toute novation, même sous Justinien, de nombreux romanistes l'ont contesté. Mais M. Gide (1) l'a définitivement mis en lumière. Et, en effet, cette règle se justifie fort bien dans le formalisme romain. Celui-ci exige que la stipulation novatoire soit un acte indivisible. Il faut qu'une seule formule puisse d'un seul coup détruire l'ancienne obligation et en créer une nouvelle. Or, il n'y a pour obte-

---

(1) Gide, *de la Novation*, p. 117 et s. ; *Contra : Accarias*, t. II, p. 713. Pour lui la *datio in solutum* semble devoir être assimilée à la novation.

nir ce résultat qu'une seule formule possible, celle de la *stipulatio debiti* : « *Id quod debetur promittis ne?* » Par exemple à la place de l'esclave que j'ai acheté et que je ne veux plus, je stipule de mon vendeur un cheval. Y a-t-il là novation? Non, parce que nous ne trouvons pas là l'unité que le formalisme exige, parce qu'il y a là deux actes distincts : d'une part la stipulation d'un cheval, d'autre part la renonciation à une dette ancienne. Ces deux actes se suffisent à eux-mêmes ; ils portent sur deux objets très différents, et n'ont entre eux aucun lien juridique ; par conséquent une formule unique ne peut pas les confondre et en faire un seul tout (1).

Du reste, cette opinion que l'obligation primitive est éteinte par une convention de *datio in solutum* n'est pas admise par les textes qui reconnaissent plutôt que la libération ne peut avoir lieu que si la *datio* est opérée. La promesse de dation en paiement, nous le verrons plus tard, ne se confond pas avec la dation en paiement elle-même (17 C. *De Sol.* VIII, 43) (Inst. *Quib. modis obl. tol. III, 29 in princ.*). Or, en pareil cas il est impossible, avons-nous montré, de découvrir une obligation nouvelle, au moins comme obligation principale. Il y a là une négation absolue de toute idée de novation.

IV. — **La datio in solutum n'est pas un contrat innommé.** — Accarias, dans son *Traité des contrats innommés* (2), donne de ceux-ci la définition suivante : « Le contrat innommé n'est qu'une « transformation d'un pacte synallagmatique qui, primitivemen « nu et dépourvu d'action, a été exécuté par l'une des parties et « est en conséquence devenu obligatoire. » Il faut donc, d'après cette définition, deux conditions pour qu'il y ait un contrat innommé. Il faut d'abord une convention synallagmatique, c'est-

(1) Cf. *Molitor*, t. II, p. 478.
(2) *Théorie des contrats innommés*, Paris, 1886, 2e conférence.

à-dire un pacte obligeant les parties à l'exécution de telle ou telle prestation. Il faut en second lieu qu'en exécution de la convention l'une des parties ait accompli l'obligation qui lui incombait. Jusque-là, en effet, le droit romain, se confinant dans le rigorisme de son formalisme, ne reconnaît à cette convention aucun effet. Le consentement des parties n'étant pas apparent reste douteux pour lui, et il ne peut le sanctionner. Une fois au contraire que l'exécution de la convention par une des parties vient attester sa vitalité, il donne au créancier une action spéciale, l'action *præscriptis verbis*, qui lui permettra d'obtenir l'exécution du contrat par l'autre partie.

A ces deux conditions s'en joint enfin une autre, que le nom même de contrat innommé indique, et sur laquelle nous n'insisterons pas. Il ne faut pas qu'une pareille convention constitue un contrat nommé. Ainsi, la convention de prêt ne rentrera pas dans la classe des contrats innommés. De deux choses l'une, en effet : ou elle n'a pas encore été suivie de la numération des espèces, et alors il manque la prestation indispensable pour former le contrat innommé. Ou au contraire, les espèces ont été comptées, et dès lors, il s'est formé un contrat nommé, le *mutuum* (1).

Le système qui veut assimiler la dation en paiement à un semblable contrat est évidemment de tous ceux que nous avons vus le plus simple et le plus logique.

Nous avons vu en effet que, pour qu'il soit possible d'assimiler la *datio in solutum*, soit à une vente, soit à une novation, soit à un louage de service, il fallait supposer, chez les parties, l'intention particulière de réaliser l'un de ces contrats, intention qu'il sera en fait impossible de justifier. En matière de contrat innommé, au contraire, il n'est pas besoin que la manifestation de volonté

---

(1) Accarias compare encore le contrat innommé à la vente, et nous en fait ressortir la différence en ces termes : « Exécutée ou non, elle oblige, elle « est contrat, dès qu'il y a accord des volontés sur la chose et sur le prix. »

soit aussi précise. L'exécution de la convention par une partie suffit à montrer le désir qu'elle a de voir la prestation que lui doit de son côté l'autre partie, accomplie selon qu'il avait été décidé. Ici en particulier la prestation en paiement d'une chose autre que la chose due, mais acceptée par le créancier, le lie et l'oblige à ne plus rien réclamer au débiteur qui s'est ainsi libéré. Il y a donc, dit-on, véritable contrat innommé, *do ut facias*, ou plutôt, ce qui d'ailleurs revient au même, *do ut non facias*. Ces deux expressions sont équivalentes, disons-nous, car l'on peut supposer que le créancier ainsi payé est obligé ou à un fait positif, celui d'accorder au débiteur sa libération, ou, et nous croyons ceci plus exact, à un fait négatif celui de ne pas poursuivre le débiteur qui s'est libéré de cette façon (1).

Une seconde objection qu'il est possible de faire aux autres interprétations, et qui viendrait à l'appui de cette dernière théorie, résulte des actions accordées en cas de *datio in solutum*. Nous verrons plus tard que ces actions ne lui sont données qu'*utilitatis causâ ;* or, c'est là le propre des contrats innommés (2).

Mais on peut néanmoins faire à ce système la même objection qu'aux précédents. Dans le contrat innommé, quel qu'il soit, la première prestation, ainsi que le dit Accarias (*Cont. innom.*, p. 17), constitue une *causa obligationis* (L 7, §§ 2 et 4, Dig. *De pact.* II, 14), tandis que dans la *datio in solutum* elle constitue par elle-même une *liberatio*. Autrement dit, la prestation que fait un des

---

(1) Accarias admet en effet que le *facere* des contrats innommés ne désigne pas exclusivement les faits positifs mais comprend aussi les abstentions. « Il équivaut, dit-il, à *facere aut non facere*. Tel est en général le sens de ce « mot. En notre matière spécialement, ce sens large résulte d'un texte « important. L. 6 C. *De trans.* II, 4. » (*Théorie des cont. innom.* p. 20).

(2) Cette assimilation du contrat innommé et de la dation en paiement a encore été récemment faite par M. Grosjean, *thèse*, 1891. — Voir sur ce point Demangeat, t. II, p. 499. La dation d'une *res pro re* ne constitue pas un contrat innommé, mais bien une vente, d'après lui. La dation d'une *res pro pecunia* serait seule un contrat innommé.

contractants en matière de contrat innommé n'a qu'un seul but : c'est d'engager l'autre partie, d'obtenir la prestation réciproque qui sera désormais pour elle un droit. Or, que trouvons-nous dans la dation en paiement ? Il y a bien une prestation, mais elle n'est pas faite en vue d'obtenir une autre prestation, de faire naître un engagement à l'encontre de l'autre partie et de la lier d'une façon irréfutable ; elle n'a pour but que la libération du débiteur. Et cette libération résulte du fait même qu'il y a eu dation en paiement ; autrement dit à partir du moment où aurait pu naître l'obligation de celui qui reçoit, le contrat a perdu tout objet. D'ailleurs, qu'est-ce qu'un contrat synallagmatique où il n'y a pas d'obligation chez les deux parties ? Or, ici il est impossible de reconnaître que le créancier soit obligé. Un fait extiuctif peut bien faire l'objet d'un contrat (L. 4 Dig. *De cond. caus. dat.* XII, 4), mais une seule abstention ne peut, pensons-nous, pas suffire.

Au reste, une conséquence à laquelle n'ont certainement pas réfléchi les défenseurs de ce système, c'est qu'il arrive à faire très légitimement du paiement lui-même non un acte unilatéral, comme cela est universellement reconnu, mais un véritable contrat innommé. Si en effet le créancier en cas de dation en paiement consent à l'abandon de sa créance, n'en est-il pas de même en cas de simple paiement ? Et si d'un côté la renonciation au droit de poursuite constitue une obligation suffisante à la naissance d'un contrat, pourquoi n'en serait-il pas de même de l'autre ? Il est vrai que l'on pourrait objecter en faveur de cette différence que puisque le paiement procure au créancier ce qui lui était promis, il est très compréhensible de le voir mettre fin au contrat ; tandis que la dation en paiement, n'étant pas la prestation de la chose due, n'a pour effet que d'obliger le créancier à ne pas revendiquer celle-ci. Mais nous savons aussi que la *datio in solutum*, en principe du moins, c'est-à-dire toutes les fois qu'elle n'est pas imposée par la loi, résulte elle aussi d'une convention qui a bien pu avoir pour effet, par son exécution, d'anéantir la convention primitive.

Du reste, si l'on se refuse à reconnaître sous ce rapport une assimilation complète entre le paiement pur et simple et la dation en paiement, parce que celle-ci, comme nous venons de le dire, suppose une renonciation à un droit, il faudra reconnaître cette assimilation possible au cas où un terme aurait été apposé au paiement dans l'intérêt du créancier, et où celui-ci, consentant à recevoir de suite son paiement, en aura fait le sacrifice. Personne cependant, n'a jamais osé dire que par ce fait le paiement cessait d'être un acte unilatéral et constituait un contrat quelconque.

Nous admettrons donc que la *datio in solutum* constitue un véritable mode spécial de paiement et ne peut être assimilée à aucun contrat ou quasi-contrat.

CHAPITRE II

ÉLÉMENTS CONSTITUTIFS DE LA DATIO IN SOLUTUM

Au début (1), nous avons défini la *datio in solutum*, la prestation au créancier qui y consent d'une chose autre que la chose due.

De cette définition, il nous faut déduire que trois éléments sont nécessaires à sa perfection. Il faut d'abord une chose due, c'est-à-dire une dette à éteindre ; il faut en second lieu un consentement des parties à cette extinction, et par conséquent une certaine capacité d'y consentir ; il faut enfin la prestation d'une chose quelconque en remplacement de celle primitivement due.

Nous verrons dans ce chapitre ce que sont les deux premières conditions. La troisième fera l'objet du chapitre suivant.

---

(1) Voir page 14.

SECTION I

DETTE A ÉTEINDRE

En premier lieu, avons-nous dit, il est nécessaire pour que la *datio in solutum* puisse intervenir qu'il y ait une dette à éteindre. En effet, comme à tout acte juridique il faut à la *datio in solutum* une cause, une raison d'être. Ce sera cette dette. En étudiant sa nature, nous avons reconnu qu'elle constituait un véritable paiement; or, un paiement ne se comprend que comme mode libératoire, extinctif d'une dette préexistante. Le paiement n'est qu'une conséquence; il lui faut un point d'appui. Ceci ressort enfin avec évidence, d'un texte des Institutes de Justinien, que nous avons déjà cité, et qui s'exprime ainsi : « *Tollitur omnis* « *obligatio solutione ejus quod debetur, vel si quis consentiente* « *creditore aliud pro alio solverit* (1). »

Du reste, la phrase de Justinien que nous venons de citer assimile complètement à ce point de vue la *datio in solutum* au paiement. Comme par lui donc, toute dette pourra être éteinte par une *datio in solutum* à la condition cependant qu'elle existe vala-

---

(1) Just. *Pr. Inst.*, III, 29 : Gaius nous dit de même : « *Tollitur omnis* « *obligatio solutione ejus quod debeatur.* » Nous trouvons encore dans les textes: « *Aliud pro alio solvi non posse.* » 2, § 1. Dig. *De reb. cred.* XII, 1; « *Rem pro re* « *solvere* » 46 *pr.* Dig. *De sol et lib.* XLVI, 3; « *Rebus pro numerata pecunia* « *datis* » 17 C. *De sol et lib.* VIII, 43.

blement. Comment, en effet, comprendre le paiement d'une dette inexistante? Un tel paiement, nous le verrons, donnerait lieu à la répétition de l'indû ; il en sera de même de la dation en paiement.

Mais, ceci écarté, peu importera quel est l'acte qui a donné naissance à la dette primitive, que ce soit un contrat ou un quasi-contrat, un délit ou un quasi-délit, qu'il provienne même des seules exigences de la loi. Peu importera que la dette primitive consiste dans la prestation d'une *res* ou d'un *factum* ; qu'elle ait été contractée à titre onéreux ou à titre gratuit ; peu importera même que l'obligation primitive soit pure et simple ou accompagnée de certaines modalités, naturelles ou civiles. Il est pourtant nécessaire de préciser ces deux derniers points.

Les principales des modalités qui peuvent affecter une créance, en droit romain comme en droit français, sont le *dies*, la *conditio* et le *modus*.

Le *dies* ou *terme* n'empêchera évidemment pas la *datio in solutum* plus qu'il n'empêche le paiement (1). Il n'y aura même pas à rechercher ici comme au cas de paiement si le terme a été apposé dans l'intérêt du débiteur ou dans celui du créancier ; car il y aura toujours, en principe, consentement de ce dernier.

Quant à la *condition*, il nous faudra distinguer si elle est suspensive ou résolutoire. Une dette sous condition suspensive ne pourra certainement pas servir de cause à une *datio in solutum*. Tant, en effet, que cette condition n'est pas réalisée, le droit du créancier est considéré comme n'existant pas (2). Il ne prendra naissance qu'à son événement, mais alors rétroagira, il est vrai. Le paiement fait jusque-là ne serait par conséquent pas valable (3).

---

(1) *Quod certa die promissum est, vel statim dari potest* (70 Dig. *De sol. et lib.*) Cf. 137, § 2, *in fine*, Dig. *De verb. oblig.*, XLV, 1 : « *Quod in diem debetur,* « *ante solvi potest, licet peti non potest* » et l. 38, § 16, *au même titre.*

(2) L. 2, *De in diem add.* XVIII, 2 ; et 1 *De leg. comm.* XVIII, 3.

(3) L. 43, § 9, *De ædil. ed.* XXI, 1 ; l. 16 *pr. De cond. ind.* XII, 6.

Une dette sous condition résolutoire, au contraire, existe immédiatement, comme si elle était contractée sous un terme extinctif incertain. « Il suit de là, dit Accarias, (t. II, n° 542) que le droit « civil devait annuler la condition résolutoire comme il annule le « terme extinctif, et réputer l'obligation pure et simple. Il en « résulte aussi que le préteur devait user du même correctif pour « faire prévaloir la volonté des parties. » C'est assez dire que la *datio in solutum* concernant une semblable dette serait pleinement valable. Si postérieurement la condition résolutoire se réalise le *solvens* n'aura qu'un droit ; il pourra répéter ce qu'il aura donné en paiement, en se fondant sur ce que la cause de son obligation aura cessé d'exister (1).

Le *modus* n'empêchera pas évidemment la *datio in solutum*, qu'il soit au choix du créancier ou au choix du débiteur. Les deux parties, en effet, en consentant la *datio in solutum*, entendent évidemment renoncer à l'alternative accordée par le contrat.

Une obligation naturelle, avons-nous dit, peut elle aussi servir de base à une dation en paiement, puisque nous savons qu'elle justifie fort bien un paiement. L'essence en effet, de toute obligation naturelle est de ne pas lier civilement le débiteur, mais de l'empêcher de répéter lorsqu'il a payé, de lui ôter la *condictio indebiti*. Mais il faut que le débiteur agisse librement et en connaissance de cause, il faut qu'il sache bien qu'il acquitte une dette naturelle, et qu'il ait l'intention d'éteindre cette dette comme telle. La dation en paiement ne serait pas valablement faite, s'il se croyait tenu civilement.

Il faut décider enfin que l'on pourrait faire une dation en paiement pour une dette annulable ou rescindable. Cette *datio in solutum*, faite volontairement et en connaissance de cause, constituerait en effet une confirmation tacite.

. . . .

(1) L. 1, § 2, *De cond. sine caus.* XII, 7.

SECTION II

CAPACITÉ DES PARTIES

A. — Qui peut faire une dation en paiement

La *datio in solutum* étant, avons-nous dit, un paiement, il faudra appliquer ici les règles générales de capacité qui président à tout paiement.

Comme en cas de paiement proprement dit, toute personne, en principe, pourra faire une *datio in solutum*. Il n'est pas même nécessaire que ce soit le débiteur ou son mandataire exprès ou tacite. Ainsi en décident les Institutes (1) : « *Nec tamen interest* « *quis solvat utrum ipse qui debet an alius pro eo,* » disent-elles en parlant non seulement du paiement, mais encore de la *datio in solutum*, puisque ces deux modes sont mis sur le même pied dans la phrase précédente : « *Tollitur autem omnis obligatio* « *solutione ejus quod debetur, vel si quis, consentiente creditore,* « *aliud pro alio solverit,* » et que le texte ne semble faire entre eux aucune différence. Elle peut même être faite comme le paiement à l'insu ou contre le gré du débiteur : « *Liberatur enim et* « *alio solvente, sive sciente debitore, sive ignorante vel invito,* « *solutio fiat.* » La dation en paiement considérée en elle-même, aura toujours les mêmes effets ; car pour améliorer la condition des tiers, nous n'avons aucunement besoin de leur consentement. Cela est de droit naturel aussi bien que de droit civil (2).

(1) *Princ.* Inst. *Quib. mod. oblig. tollitur*, III, XXIX ; Conf. Gaius, *Inst.*, III, 168.

(2) En ce sens : L. 39, Dig. *De neg. gest.* III,5 ; L. 40 *De sol.* XLVI,3 ; L. 23 *eod. loc.* — La loi 53 *eod. tit.* pose le principe : *licere etiam ignorantis invitique meliorem conditionem facere.*

La raison d'en décider ainsi est la même qu'en cas de paiement proprement dit; c'est l'intérêt bien compris des parties. Celui du créancier évidemment d'abord, puisqu'il reçoit ce qui lui est dû ou, pour être plus exact, l'équivalent de ce qui lui est dû, tout au moins une prestation quelconque qui dans son esprit en est l'équivalent. Car, comme nous le verrons plus loin, il ne peut être forcé d'accepter une dation en paiement, comme il pourrait l'être de recevoir un véritable paiement. Si donc il accepte, évidemment il estime que tel est son intérêt.

C'est aussi l'intérêt du débiteur lui-même, à Rome surtout, où les poursuites contre le débiteur étaient fort rigoureuses, et allaient jusqu'à la servitude *(addictio)*.

Nous avons dit que la dation en paiement avait toujours en elle-même des effets identiques, quelle soit faite au nom du débiteur, par lui ou même malgré lui. Mais elle n'aura pas toujours les mêmes effets pour celui qui l'aura consentie. Ses rapports avec le débiteur ne devront évidemment pas être les mêmes dans ces divers cas (1). Si celui qui donne en paiement agit en vertu d'un mandat, il aura un recours contre le débiteur qu'il aura libéré, par l'action *mandati contraria* pour obtenir son remboursement. A-t-il agi sans mandat, *ignorante debitore* seulement, il aura l'action *negotiorum gestorum contraria* (2). Que si au contraire il a agi contre la volonté du débiteur, *invito debitore*, il n'en aura pas moins, croyons-nous, un recours *de in rem verso*. La plupart des auteurs le lui refusent en disant qu'il y a ici présomption de libéralité. Nous pensons avec Maynz (*loc. cit.*) qu'une libéralité ne peut pas se présumer et que l'action *de in rem verso* comprend tout ce qui profite au libéré. D'ailleurs il serait assez original d'appeler libéralité une prestation faite malgré la volonté

---

(1) Conf. Molitor, *Des obligations*, III, § 971; Accarias, *3e éd.*, t. II, § 690, p. 692; Maynz, t. II, § 288, n° 3.

(2) Ceci semble bien résulter de Papin., l. 31 *pr.* D. *De negotiis gestis*, III, 5; et L. 82 D. *Pro socio*, XVII, 2; Conf. L. 7, § 1, C. *Quod cum eo*, IV, 26.

de celui qui en profite. On ne peut semble-t-il forcer personne à recevoir une libéralité (1).

Tout le monde donc en principe peut faire une dation en paiement. Mais il faut évidemment à celui qui la fait la capacité nécessaire pour rendre sa condition pire, ou plutôt la capacité d'exécuter la prestation qui en fait l'objet.

Il faut donc d'abord qu'il soit capable d'aliéner.

De cette première condition, il découle que le pupille ne peut pas faire une dation en paiement valable. Il ne peut, en effet, pas aliéner, ou plutôt la chose qu'il a aliénée peut être revendiquée, si elle existe encore en nature, par lui lorsqu'il est devenu capable ou par son tuteur. La dation en paiement exige un transfert de propriété, au moins au cas le plus ordinaire où elle consiste en une *datio* proprement dite. Le transfert n'a ici pas pu avoir lieu et le créancier ne peut pas se considérer comme propriétaire. Si pourtant il a consommé la chose de bonne foi, rien ne pouvant lui être reproché, il sera libéré. Que si au contraire il l'a consommée de mauvaise foi, il sera tenu selon le droit commun de l'action *ad exhibendum*.

Une dation en paiement faite par le pupille pourra cependant être valable, s'il avait la capacité nécessaire que lui procure l'*additio auctoritatis* de son tuteur. Du reste la restitution n'est accordée au mineur contre les actes qu'il a passés lui-même qu'autant qu'il a éprouvé une lésion (2) ; c'est-à-dire qu'autant que son recours contre le véritable débiteur ne lui aura pas donné satisfaction, et que, d'autre part, cette *datio* en paiement lui aura fait éprouver une perte. Si, par exemple, la chose vient à périr plus tard par cas fortuit chez le créancier, il n'y a pas lésion pour le

---

(1) Au reste celui qui donne en paiement peut se faire céder les actions de celui à qui il paie et recourir contre le débiteur. Mais il ne pourra évidemment pas forcer le créancier à les lui céder.

(2) *Minor restituitur non tanquam minor sed tanquam læsus.*

mineur. Il ne peut donc pas y avoir lieu à rescision de la dation en paiement que le créancier doit considérer comme pleinement valable.

Mais il y aurait lieu à la *condictio indebiti* si le pupille avait payé en vertu d'une promesse qui ne pouvait pas le lier. Car une telle promesse (1), si elle fait naître une obligation par rapport aux tiers coobligés capables, comme par exemple les cautions, ne fait naître contre le pupille lui-même ni obligation civile, ni obligation naturelle : « *Quod pupillus, sine tutoris auctoritate, sti-* « *pulanti promiserit, solverit, repetitio est ; qua nec natura* « *debet* (2). »

Au reste, ce que nous avons dit du mineur s'applique à tous les autres incapables pourvus d'un tuteur ou d'un curateur.

Une seconde condition nécessaire pour la validité de la dation en paiement, c'est que celui qui la fait soit propriétaire. En effet, la *datio in solutum*, comme tout paiement en droit romain, a pour objet une *datio*, c'est-à-dire un transfert de propriété. Si celle-ci n'a pas été transférée au créancier, sa créance subsiste comme si rien n'avait été fait. « *Non videntur data, quæ* « *eo tempore quo dantur accipientis non fiunt,* » nous dit Paul (3). Il conserve donc le droit de poursuivre le débiteur primitif. Ce qui au reste ne l'empêche point, s'il le préfère, de tenir le paiement comme libératoire et de poursuivre son débiteur en garantie. Il pourra parfois par là, comme nous l'avons expliqué, obtenir plus que par l'action primitive (4).

Pourtant si la *datio in solutum* faite par un non propriétaire est en principe nulle, rien n'empêche qu'elle ne soit validée posté-

---

(1) Molitor, 3, § 972.
(2) L. 41, Dig. *De cond. ind.*, XII, 6.
(3) L. 167, Dig. *De reg. juris,* L, 17.
(4) Comp. à ce texte de Paul, Pomponius, 47 *in fine*. Dig. *Mand. vel contra* XVII, 1, et Ulpien, 54 *pr*. Dig. *de evict*. XXI, 2.

rieurement soit par l'usucapion, qui a justement pour but de transformer le possesseur en propriétaire, soit en vertu de la consommation faite de bonne foi, qui réduit à néant la propriété du tiers et rend le consommateur propriétaire incommutable. Nous trouvons dans le Digeste à propos du paiement deux applications très logiques de ces principes et rien ne nous permet de croire qu'ils ne doivent pas être étendus à la *datio in solutum*. C'est d'abord la loi 60 Dig. *De sol. et lib.* XLVI, 3, qui décide que celui qui a donné en paiement un esclave dont il n'était pas propriétaire sera libéré, lorsqu'il y aura eu usucapion par l'*accipiens* ; et la loi 78 du Digeste (*au même titre*), qui déclare que l'argent d'autrui donné en paiement ne peut être réclamé, parce qu'il a été consommé de bonne foi dès qu'il a été mélangé par le créancier avec le sien propre, en sorte qu'il ne puisse plus être reconnu. Javolénus, l'auteur de ce texte, s'appuie sur une décision de Gaius pour le justifier.

Du reste, le principe que nous avons posé, qu'il faut pour faire une dation en paiement être propriétaire, doit s'entendre en ce sens que celle-ci doit se faire au nom du propriétaire, si elle ne se fait pas par lui.

Ainsi, il n'est pas douteux qu'un mandataire spécial, qui a reçu du débiteur le mandat d'effectuer une dation en paiement à l'aide d'une chose appartenant à celui-ci, le libère effectivement et rend le créancier propriétaire, but cherché lorsqu'on dit que le *solvens* doit être propriétaire. C'est là une conséquence de la règle « *qui mandat ipse fecisse videtur* », quoi qu'il soit du reste à remarquer qu'elle était loin d'avoir en droit romain la portée que nous lui reconnaissons (1).

Mais il n'y a pas en droit romain que le mandat conventionnel ; il peut se présenter d'autres cas qu'il nous faut examiner rapidement.

---

(1) En principe le mandataire s'obligeait. Voir Accarias, t. II, p. 512.

Nous avons vu que le pupille ne pouvait pas faire une dation en paiement. Mais le tuteur et le curateur ne pourront-ils pas la faire à sa place, puisqu'ils ont un mandat général d'administration qui s'étend à tous les droits pécuniaires du pupille ? Il semble, en effet, que la loi 12 Dig. *De cur.* 27, 10, dans sa généralité, les y autorise ; et cela ressort avec évidence d'un sénatus-consulte rapporté par Ulpien (L.1, § 2. Dig.*De reb. eor.* XXVII, 9) : « *Interdicam tutoribus et curatoribus ne prædia rustica vel suburbana distrahant..... Quod si æs alienum tantum erit, ut ex rebus cæteris non possit exsolvi ; tunc prætor urbanus vir clarissimus adeatur qui pro suâ religione æstimet quæ possint alienari, obligarive debeant.* » Si donc un sénatus-consulte interdit l'aliénation en paiement de certains biens appartenant au pupille sans l'acomplissement de formalités protectrices, il faut en conclure qu'en règle générale une aliénation est permise. Au reste, pour pour cette aliénation, les tuteurs et les curateurs, selon le droit commun, encourront une responsabilité, s'ils pouvaient s'en dispenser et si elle est nuisible à celui dont ils sont chargés de sauvegarder les intérêts.

Que dire encore de l'héritier apparent d'une hérédité qui, pour payer une dette de celle-ci, fait avec un bien en dépendant une *datio in solutum* ? Cette dation n'aura aucun effet, c'est-à-dire que le véritable héritier pourra toujours revendiquer entre les mains de l'acquéreur ou de tout détenteur tant qu'il n'y aura pas eu usucapion (1), à moins toutefois qu'il ne poursuive l'ancien possesseur par la pétition d'hérédité et n'obtienne ainsi, par l'exécution des condamnations qu'il aura fait prononcer, l'équivalent des pertes qu'il aura subies. Du reste, s'il intente auparavant une poursuite en revendication contre le créancier ou le possesseur,

(1) Conf. L. 20, *pr.* Dig. *De acq. rerum dom.* XLI, 1 ; L. 11, § 54, Dig. *De reg. juris,* L, 17 ; L. 6 Code *Rebus alien. non alien.* IV, 51. — Voir Maynz, t. I, § 106, note 1.

quel qu'il soit, il pourra se voir opposer une exception, jusqu'à ce qu'il ait exercé la poursuite en dommages-intérêts qui pourra peut-être l'indemniser.

Cela résulte de la loi 25, § 17, au Dig. *De hered. pet.* V, 3, ainsi conçu : « *Item si res distraxit bonæ fidei possessor, nec pretio factus sit locupletior, an singulas res, si nondum usucaptæ sint, vindicare petitor ab emptore possit ? et si vindicet an exceptione non repellatur, quod præjudicium hereditati non fiat..... Et puto posse res vindicari, nisi emptores regressum ad bonæ fidei possessorem habent..... Et si id quod a debitoribus exegit possessor, petitori hæreditatis solvit (post exceptionem a persona emptorum) liberari debitores Julianus lib. 4 Digestorum scribit..... (1).* »

Quid enfin du fils de famille ayant un pécule ? S'agit-il d'un pécule *castrense* ou *quasi castrense*, il pourra, croyons-nous, en disposer valablement pour une dation en paiement. Car à leur égard, il est en principe réputé être un *pater familias* (L. 2. Dig. *De senatuscons. Maced.* XIV, 6) (2). Mais s'il s'agit au contraire d'un pécule *adventice* nous déciderons tout autrement. Le père en effet en est administrateur et usufruitier. Le fils de famille n'en a que la nue propriété (3). Il ne peut en disposer entre vifs qu'avec le consentement de son père (L. 8 § 5 *De bonis quæ liberis* VI, 61) et ne peut en disposer aucunement par testament (*pr.* Inst. *quibus non est permissum testamentum facere* II, 12 ; L. 11 *Qui test. facere pos.* VI, 22; L. 8, § 5 C. *De bonis quæ liberis* VI, 61) (4).

---

(1) Conf. *Eod. tit.* 51 *in fine* et 61, *de sol. et lib.* XLVI, 3.

(2) « *Usque ad quantitatem castrensis peculii : cum filii familias in castrensi peculio vice patrum familiarum fungantur.* »

(3) Accarias, t. I, 2e éd., p. 693.

(4) Voir Gaius, *Inst.* II, 80.

B. — Qui peut recevoir une dation en paiement.

En principe, pour être libératoire une dation en paiement comme un paiement doit être faite au créancier. Mais par exception elle peut être valablement faite à certaines autres personnes.

Nous avons dit d'abord que la dation en paiement doit être faite au créancier. En effet si en principe tout le monde peut la faire, parce que tout le monde y trouve son intérêt, seul le créancier peut être juge de l'opportunité qu'il y a pour lui à recevoir autre chose que ce qui lui est dû ; il est directement intéressé à apprécier les avantages que cela peut lui offrir.

Du reste pour recevoir une dation en paiement, comme pour la faire, il faut à Rome plus encore que chez nous la capacité d'aliéner ; car pour les Romains le paiement lui-même est une aliénation. Celui qui reçoit aliène sa créance (1). Selon les distinctions que nous avons déjà faites, un mineur, un fou, un prodigue, un fils de famille, à propos de son pécule adventice, ne pourront donc pas plus valablement recevoir une dation en paiement qu'ils ne pourraient la faire. Devenus capables ils pourraient, sauf l'exception de dol qu'on peut toujours leur opposer, considérer un pareil acte comme non avenu et poursuivre à nouveau leur débiteur (2).

Un débiteur qui veut se libérer entre leurs mains par une dation en paiement ne peut donc le faire qu'autant qu'ils sont autorisés par leur tuteur ou leur curateur.

---

(1) Just. *Inst.*, § 2, *Quib. alien. licet.* L. II, t. 8.

(2) L. 15, Dig. *De sol. et lib.* XLVI, 3 ; L. 4, § 4, *De dol. mal. et met. except.* XLVI, 4.

Mais ces derniers pourraient aussi recevoir seuls une *datio in solutum* pour le compte de leur pupille, car ils ont dans le sens le plus large les pouvoirs d'administration. Le Digeste leur fait même une obligation du recouvrement des créances, puisqu'il les rend responsables de l'insolvabilité du débiteur survenue après le terme, (L. 15 *De adm. et per.* XXVI, 7). D'ailleurs ce que le Digeste décide à propos du recouvrement des créances ne peut pas s'appliquer sans distinction à la *datio in solutum*, qui est plus que ceci et constitue une sorte d'aliénation qui, avons-nous vu, ne manque pas d'analogies avec la vente. Selon le droit commun, donc, le tuteur et le curateur en recevant une *datio in solutum* s'exposeraient à une responsabilité vis-à-vis du pupille, s'ils avaient fait une opération désavantageuse pour son compte. L'*in integrum restitutio*, qui compète en général à tous les mineurs ou incapables, pourrait même leur être accordée contre les débiteurs qui auraient payé même valablement ; car nous savons qu'une pareille action en droit romain n'avait en vue que l'intérêt du mineur contre les tiers, qui lui étaient toujours sacrifiés.

Mais il faudrait aussi, croyons-nous, avec MM. Accarias (II, p. 716, n° 292) ; Molitor (III, p. 402, n° 962) ; Bisson (*thèse*, p. 37 et 38) ; Grosjean (*thèse*, p. 46), étendre au cas qui nous occupe l'exception établie par Justinien (L. 25 C. *De adm. tut.* V, 37 ; Inst. II, 8, § 2) en matière de paiement. Le débiteur, avant de payer et par conséquent, disons-nous, avant de donner en paiement, pourra se faire autoriser par le magistrat dans une procédure sans frais. Celui-ci, après en avoir examiné et la nécessité et les conditions, y donnera son approbation qui liera le mineur, et libérera complètement le débiteur.

La dation en paiement peut encore être faite à d'autres qu'à ces représentants légaux des créanciers. Elle peut l'être à tout mandataire, qu'il s'agisse d'un mandataire spécial ou au contraire du *procurator omnium bonorum*, pourvu qu'il ait la *libera administratio*. Cette dernière expression implique pouvoir de disposer à titre onéreux, comme le reconnaissent en effet de nombreux textes (1). Mais au contraire n'a-t-il qu'un mandat général sans la *libera administratio*, il ne possède aucunement le pouvoir de disposer (2). Peut-être pourrait-il recevoir un paiement qui semble rentrer bien plus dans les actes d'administration que dans ceux de disposition. Mais il ne pourrait pas, croyons-nous, recevoir une dation en paiement, qui constitue pour lui une véritable aliénation. Le texte de Paul d'ailleurs, que nous avons déjà cité (3), fournit à notre solution un argument topique par *a contrario* : « *Procurator*, dit-il, *cui generaliter libera adminis-* « *tratio commissa est, potest aliud pro alio permutare et exigere.* » Avec la libre administration, il peut exiger une chose pour une autre, c'est-à-dire recevoir une dation en paiement ; il ne le peut pas sans cela.

Nous trouvons à Rome trois sortes de mandats spéciaux, le *mandatum pecuniæ credendæ*, la *procuratio in rem suam* et l'*adjectio solutionis gratiâ*. Du premier, nous n'avons pas à nous occuper ; car d'une façon générale, il existe dans tout mandat où le mandataire acquiert une créance, et par conséquent, dans tous les cas ci-dessus étudiés.

Quant à la *procuratio in rem suam*, il suffit de l'examiner superficiellement pour se rendre compte qu'elle renferme le droit strict, pour celui qui reçoit mandat, de disposer de la créance absolument comme il l'entend et par conséquent même de recevoir une dation en paiement. Elle est en effet, grâce à l'antique formalisme romain, un véritable mode détourné de cession s'appliquant surtout aux choses incorporelles (4). Comment cela ? En vertu de l'effet spécial de la *litis contestatio* qui transforme le

---

(1) En ce sens (Inst. § 43, *De divisione rerum*, II, 1 ; L. 58, Dig. *de proc.*, III, 3 ; L. 9, § 4, *De acquirendo rerum domino*, XLI, 1).

(2) L. 60 et 63, Dig. *De proc.* III, 3.

(3) L. 58, Dig. *De proc.* III, 3.

(4) L. 4, § 5, Dig. *De appel*, XLIX, 1.

droit déduit *in judicium*, et fait de celui qui a obtenu la formule le véritable créancier aux yeux de la loi, quoiqu'il puisse n'être de fait qu'un mandataire.

Nous déciderions au contraire que l'*adjectus solutionis gratiâ* n'a aucun droit de disposition. Ce n'est pour ainsi dire qu'une facilité de paiement dans l'intérêt des parties, une *electio creditoris*, comme il peut y avoir une *electio domus*.

Que si, en fait, tout autre que celui qui a le droit de recevoir une dation en paiement en a consenti une, les textes à ce sujet ne nous disent pas quel sera son sort. Il nous faut donc nous référer au droit commun, c'est-à-dire admettre qu'en principe le débiteur ne sera aucunement libéré. Il n'aura que la ressource d'opposer à son créancier l'action *de dolo* ou l'action *de in rem verso*, si celui-ci a profité du paiement; contre celui auquel le paiement avait eu lieu, s'il y a second paiement au véritable créancier, il aura la *condictio indebiti* ou la *condictio sine causâ*.

Il nous reste, après avoir vu les conditions requises dans chacune des parties, à étudier deux conditions nécessaires à la validité de toute dation en paiement; l'une a trait aux deux parties, c'est la nécessité de leur consentement; la seconde a trait à la chose qui fait l'objet du contrat, c'est la nécessité d'une tradition.

SECTION III

DU CONSENTEMENT DES PARTIES

A. — Sa justification.

Cette première condition, nous l'avons déjà indiquée dans notre définition même (1) ; et c'est d'elle que la *datio in solutum* tire tout son caractère original, qui lui donne des analogies, comme nous l'avons vu, avec la vente, le contrat innommé, la novation, et semble mettre une barrière infranchissable entre elle et le paiement proprement dit. Elle a donc une grande importance. La justification de sa nécessité n'est pourtant pas fort difficile. Tous les textes qui parlent de la dation en paiement par opposition au paiement ordinaire en font justement la différence principale. C'est ainsi que nous trouvons aux Institutes (III, 29 *princip.*) ces mots significatifs déjà cités : « *Tollitur omnis obligatio* « *solutione ejus quod debetur vel si quis consentiente creditore* « *aliud pro alio solverit* » et Paul ajoute (2 § 1 Dig. *de rebus cred.* XII, 1) « *Aliud pro alio invito creditori solvi non* « *potest* (2). »

---

(1) V. p. 17 et suiv.

(2) Ajoutez à ces textes absolument évidents, de nombreux autres, L. 16 et L. 17, C. *De sol. et lib.* VIII, 43 ; L. 14 Dig. *De sol, et lib.* XLVI. 3.

En effet pour peu que l'on y réfléchisse, la nécessité d'un consentement semble évidente. Il y a eu entre les parties un contrat d'où est né une obligation ; les deux parties ont pris des engagements et doivent les tenir. De quel droit pourrait-on forcer l'un à l'exécution, si l'autre cocontractant au lieu de payer la dette qu'il avait reconnu devoir, payait autre chose. Il ne devrait y avoir rien de fait. Le débiteur aurait la *condictio indebiti* ou la *condictio sine causa* pour obtenir la restitution de ce qu'il aurait ainsi livré, tandis que le créancier en échange aurait l'action du contrat qui n'aurait jamais été éteinte, pour obtenir son exécution intégrale par le paiement qui lui avait été promis et sur lequel il avait le droit de compter : « *Si dominus solutionem ratam non habuerit,* « *condictio ei qui solvit competit,* » dit Ulpien (1).

Mais les parties ayant fait un contrat sont libres de le modifier si elles y consentent. C'est là le droit commun. Comme le dit en un autre passage Ulpien : « *An potest aliud constitui quam quod* « *debetur quœsitum est; sed cum jam placet rem pro re solvi* « *posse, nihil prohibet et aliud pro debito constitui; denique si* « *quis centum debens frumentum ejusdem pretii constituat, puto* « *valere constitutum* (2). » Que l'on n'objecte pas ici le formalisme du droit romain. Nous verrons plus loin en quoi consiste le formalisme du paiement et s'il ne vient pas justement à l'appui de notre idée.

Au reste, s'il faut en notre matière le consentement des parties, nous devons appliquer comme en tout autre acte qui l'exige les règles qui le régissent. C'est dire que le consentement peut ne pas exister ou être vicié par l'erreur, la violence et le dol.

---

(1) L. 14 *pr.* Dig. *De sol. et lib,* XLVI, 3.

(2) L. 1, § 5, Dig. *De pec.-const.* XIII, 5. Il est remarquable que Cujas et les interprètes de cette école ont voulu voir dans ce texte la preuve d'une innovation d'Ulpien. Nous verrons plus tard ce qu'il en faut penser; L. 26, § 4, Dig. *De cond. ind.* XII, 6.

De cette absence ou de ce vice du consentement, nous ne nous occuperons pas, car elle rentre absolument dans le droit commun de l'étude de tout contrat, en ce qui concerne du moins le dol et la violence. En ce qui touche à l'erreur nous ne verrons qu'une seule question vraiment intéressante, c'est celle où il y a eu erreur sur la quantité.

I. — S'il a été payé plus qu'il n'était dû, y aura-t-il lieu à répétition de la part payée en surplus ou faudra-t-il dire que la dette subsiste toute entière sauf, pour le créancier, à restituer ce qui lui aura été livré? La question semble au premier abord assez difficile à résoudre. Nous trouvons en effet trois textes d'Ulpien accolés ensemble (L. XXVI, § 4, 5 et 6, Dig. *De condict. indeb.* XII, 6) qui donnent les deux solutions. Mais avec un peu d'attention, il est assez facile de démêler la pensée de ce jurisconsulte, qui loin de poser une règle générale, rappelle, en citant un autre juriste, deux espèces particulières.

Dans le premier de ces textes, tiré de Marcellus, il s'agit d'un fonds de terre livré en paiement d'une dette de somme d'argent de valeur moindre. Il n'y aura pas alors dation en paiement valable, et l'ancienne dette subsistera tout entière : « *Tamen si* « *ex falsa debiti quantitate majoris pretii res soluta est, non fit* « *confusio partis rei cum pecunia... sed et condictio integræ rei* « *manet et obligatio incorrupta; ager autem retinebitur donec* « *debita pecunia solvatur* (1). » Le créancier aura tout au plus un droit de rétention jusqu'à ce que la première obligation ait été exécutée. La règle semble donc bien précise.

Cependant le même Marcellus cité par Ulpien à la suite du texte que nous venons de voir pose deux espèces qu'il résout dans le sens opposé. Si le débiteur d'une somme d'argent donne en paiement de l'huile représentant une valeur supérieure à la

---

(1) Conf. 84 *pr.* Dig. *De reg. juris* L. 17.

somme due, il n'y aura lieu qu'à la répétition de ce qui a été indument payé ; le reste aura définitivement éteint l'obligation (1). Si encore pour la dette d'une part d'un fonds de terre, le débiteur paie l'estimation de ce fonds tout entier, il n'aura la *condictio indebiti* que pour la portion du prix afférente à la part du fonds qu'il ne devait pas (2).

Mais il y a, croyons-nous, à ces différentes solutions une raison d'être qui semble bien formelle, à laquelle on n'a pas assez fait attention et que l'on trouve tout au long dans le texte de Marcellus (§ 4, *loc. cit.*). Si dans le premier cas, la dation en paiement n'est pas valable, c'est que *nemo invitus compellitur ad communionem*. Restituer une partie du fonds, ce serait créer en effet entre le débiteur et le créancier une communauté d'indivision, état dangereux et préjudiciable pour les parties, état vu d'un mauvais œil par les jurisconsultes romains comme il l'est des nôtres (3), et qui engendrerait souvent des discussions judiciaires. Dans les autres cas, au contraire, les choses données en paiement étant essentiellement partageables, le même inconvénient n'est pas à craindre ; de là la règle différente, que donne Ulpien avec Marcellus, se justifie fort bien.

Il eût été à désirer cependant qu'Ulpien précisât davantage. Mais la manière dont se créait la jurisprudence à Rome est la seule cause de ce reproche. Répondant pour un seul cas particulier, Marcellus donne une solution juste sans poser le principe. Il faut en déduire que pour tout ce qui n'était pas chose fongible, la dation en païement était annulée dans le cas qui nous occupe.

---

(1) L. 26, § 5 Supra : « *Superfluum olei esse repetendum, non totum, et ob* « *hoc peremptam esse obligationem.* »

(2) L. 26, § 6 : « *Repeti posse non totum pretium, sed partis indebitæ.* »

(3) L. 14, § 2, Dig. *Com. div.* X, 31 ; L. 5, C. *Com. div.* III, 37 ; L. 1. Dig. *Com. div.* — Conf. Code civil, art. 815.

Paul a pris soin de venir lever nos doutes à ce sujet (1) : « *Cum* « *amplius solutum est*, dit-il, *quàm debebatur, cujus pars non* « *invenitur quæ repeti possit, totum esse indebitum intelligitur,* « *manente pristina obligatione.* »

Nous pouvons donc nous résumer en posant ce principe que la dette est réputée éteinte, toutes les fois que la chose supérieure à la dette que l'on a donnée en paiement est susceptible de division. La règle critiquée de Marcellus se justifie d'ailleurs en ce que les fonds de terre sont très souvent indivisibles.

II. — Mais que dire si, au contraire, il a été payé moins qu'il n'était dû. En ce cas, sur lequel les textes font le plus profond silence, nous inclinerions à admettre l'effet extinctif de la dation en paiement pour la part payée seulement en laissant la créance subsister pour le reste. Qu'est-ce autre chose ici en effet qu'un paiement partiel que le créancier peut toujours recevoir (41, 1 Dig. *De usur.* XXII, 1) ? On ne peut même pas arguer contre cette solution de l'effet absolu des formalités à Rome. La tradition suffit ici pour que la *datio in solutum* produise son effet extinctif. Elle ne le produira que jusqu'à concurrence de la valeur que les parties lui attribuaient ; pour le reste, qui par erreur n'est pas entré en ligne de compte, rien n'a été fait.

Pourtant si, comme nous l'avons dit, il faut pour toute *datio in solutum* le consentement des parties, la règle n'est pas d'une rigueur absolue. Elle souffre plusieurs exceptions, toutes spéciales d'ailleurs, provenant soit de la loi, soit de la volonté des parties. Il est, de plus, un cas où même entre parties capables et consentantes, la *datio in solutum* est prohibée dans un intérêt public.

. . . .

---

(1) 84, *pr.* Dig. *De reg. jur.* L, 17.

B. — Cas dans lesquels le Consentement n'est pas nécessaire.

I. — Le premier de ces cas est ce que nous appelons la *facultas solutionis*, si connue en droit français.

Un débiteur doit une certaine chose et ne doit rien autre, mais il a la faculté s'il le désire, de se libérer en livrant une autre chose. Cette faculté peut évidemment résulter d'une convention passée entre les parties, auquel cas elle recevra son exécution selon les règles ordinaires, et nous n'avons rien à en dire. Mais en droit romain plusieurs textes sont venus permettre légalement un pareil paiement, en y apportant parfois des conditions spéciales.

1° C'est ainsi que, en matière de vente, nous trouvons au moins à la fin de l'époque classique, un cas de dation en paiement obligatoire pour le vendeur qui a subi une lésion de plus de moitié. C'est Dioclétien en effet qui le premier décida que le vendeur lésé de plus de moitié pourrait faire rescinder la vente. Jusqu'à lui, la lésion n'était jamais une cause de rescision du contrat. Il fallait, mais il suffisait que le prix soit sérieux, c'est-à-dire qu'on ait l'intention de le payer et de l'exiger (1).

Frappé de cette idée que le vendeur pouvait avoir été pressé par le besoin, il admit que s'il était lésé de plus de moitié, c'est-à-dire s'il n'avait pas touché la moitié de la valeur de la chose vendue, il aurait le droit de répéter cette chose en restituant le prix qu'il avait touché. Jusqu'ici peu importe à notre sujet, il est vrai ; mais Dioclétien ajouta, pour corriger ce qu'une pareille

(1) L. 10, § 2, *De acq. vel amitt. posses.* XLI, 2; L. 16, § 4, *De min.* IV, 4; L. 22, § 3, et l. 23, *De loc.* XIX, 2; L. 38, *De cont. empt.* XVIII, 1.

décision pouvait avoir de trop fâcheux pour l'acheteur, qui avait peut être de bonnes raisons de désirer le maintien de son contrat, que ce dernier aurait le droit de payer, s'il préférait, le supplément du juste prix en gardant la chose (1). « *Humanum est*, dit-il, « *ut vel pretium te restituente emptoribus, fundum venumdatum* « *recipias auctoritate judicis intercedente; vel, si emptor elegerit,* « *quod deest justo pretio recipias. Minus autem pretium esse vide-* « *tur, si nec dimidia pars pretii soluta sit.* » Or, c'est bien là une véritable dation en paiement avec tous ses éléments. Le vendeur lésé n'est créancier que de la chose qu'il a vendue. Il ne peut pas exiger un supplément de prix. Seul l'acheteur a le droit, au lieu de la chose qu'il lui doit, de le satisfaire, qu'il le veuille ou non, en donnant en paiement ce supplément. La seule différence d'avec la dation en paiement ordinaire, c'est que le souverain appréciateur en la matière n'est plus le créancier, mais le débiteur.

Au reste, à notre avis, cette dation en paiement forcée nous paraît devoir être étendue à tous les cas de vente de meubles comme d'immeubles. Nous reconnaissons que la grande majorité des auteurs est contraire à cette opinion. Elle appuie sa décision sur le mot *fundus*, qui est employé dans les deux lois que nous avons citées. Il est vrai en effet que Dioclétien prévoit deux espèces particulières de ventes d'immeubles. Mais il pose auparavant le principe qui nous paraît fort général : « *rem majoris pretii si tu vel* « *pater tuus minoris distraxerit.* » Il suffit donc bien qu'il y ait vente d'une *res majoris pretii* sans qu'il soit distingué si cette *res* est un meuble ou un immeuble (2).

2° Il y a encore dation en paiement forcée dans le cas d'abandon noxal que prévoient les Institutes de Justinien (3). Le proprié-

---

(1) L. 2 et 8, C. *De resc. vend.* IV, 44.
(2) 2 *Pr. eodem tit.*
(3) *Pr.* L. IV, 8.

taire d'un esclave qui a commis un délit, un vol par exemple, est condamné en justice à payer le préjudice causé. Dès ce moment, il est devenu débiteur d'une somme d'argent, montant de la condamnation ; il pourra pourtant, s'il le préfère, abandonner à son créancier l'auteur du dommage et se libérer ainsi totalement : « *domino damnato permittitur aut litis æstimationem sufferre aut* « *hominem nexæ dedere* (1). », Ce n'est là pour lui, du reste, qu'une véritable *facultas solutionis*, dont il est absolument maître et que la loi lui concède dans son seul intérêt (6, § 1, Dig. *De re jud.*, XLII, 1) (2).

3° Un troisième cas de dation en paiement forcée résulte du legs de la chose d'autrui. Sa validité dans le droit de Justinien comme dans le droit classique dépend de la distinction suivante : Le testateur a-t-il su ou a-t-il ignoré que la chose ne lui appartenait pas ? L'a-t-il ignoré, le legs est absolument nul. Car il est probable que, sans cette ignorance, il n'aurait pas imposé à l'héritier la charge, qui peut être fort onéreuse, de se la procurer (L. 71, § 3, Dig. *De leg.*, XXX, 1). Au contraire, a-t-il su qu'il n'était pas propriétaire, le legs qu'il a fait est valable, et à l'héritier incombe la charge, qu'il a évidemment sous-entendue, d'acquérir cette chose pour en transférer la propriété au légataire. Si pourtant cet achat se trouve en fait impossible, soit parce que le propriétaire refuse absolument de la céder, soit parce qu'il en demande un prix exorbitant, l'héritier a le droit de donner en paiement l'estimation de la valeur de la chose (§ 4, *Inst.* Just. II, 20 ; *Inst.* Gai. II, 202). On ne peut forcer un propriétaire à céder son bien. C'est donc là le seul procédé possible pour donner satisfaction, approximative au moins, à l'intention du testateur. Il nous faut de ceci rapprocher une da-

---

(1) Dans le même sens Gaius, Inst. IV, 75 ; L. 1, Dig. *De nox. act.* IX, 4 ; L. 20, § 5, Dig. *De heredit. petit.* V, 3.

(2) C'est une conséquence de la règle *noxa caput sequitur*. Il devait parce qu'il était le maître.

tion en paiement autorisée dans les mêmes conditions, mais dans un but tout différent. Si un testateur a légué un esclave appartenant à l'hérédité, mais proche parent de l'héritier, celui-ci a le droit de donner en paiement son estimation. C'est là, remarquons-le en passant, une règle qui prouve que l'organisation de la famille, telle qu'elle était à Rome, c'est-à-dire toute fictive, n'était pas parvenue à briser les liens inhérents aux parentés du sang.

4° Un autre cas encore de dation en paiement forcée est prévu par la loi 16, § 3, Dig. *De pign. et hypoth.*, XX, 1. Marcien reconnaît expressément que le détenteur quel qu'il soit d'un immeuble hypothéqué le doit aux créanciers hypothécaires. Il peut néanmoins se libérer, s'il le préfère, en payant aux créanciers le montant de leurs créances. Ceci est équitable. Le détenteur de l'immeuble hypothéqué trouve évidemment son avantage à ce paiement, sinon il ne l'aurait pas consenti. Les créanciers ne peuvent rien y trouver à redire puisqu'ils touchent exactement ce sur quoi ils pouvaient compter, le montant intégral de leurs créances.

5° Un autre cas que l'on peut en rapprocher est celui du *locator* évincé. Son locataire, chassé de la maison qu'il avait louée, a contre lui une *condictio* pour obtenir des dommages-intérêts. Si pourtant son débiteur peut lui procurer un logement équivalent il est libéré (1).

6° Mais de toutes ces exceptions la plus célèbre est celle qu'introduisit Justinien dans la Nov. 4 ch. 3 (2) en faveur des débiteurs quels qu'ils soient, exception dont nous trouvons du reste avant lui un exemple dans l'histoire romaine.

Jules César, en effet, porta pendant sa dictature une loi qui autorisait la *datio in solutum* en certains cas, mais qui n'eut qu'un

---

(1) 9 *pr.* Dig. *Loc. cond.*, XIX, 2.
(2) 16, C. *De sol. et lib.* VIII, 43.

effet provisoire. Les guerres civiles qu'avait amenées la misère, causée en partie par la plaie de l'usure si intense à Rome, avaient par de nombreuses confiscation jeté un grand discrédit sur les terres au moment où justement la fortune publique avait besoin de se reconstituer. Il autorisa alors les débiteurs à faire faire une estimation de leurs propriétés et à les céder en nature en paiement de leurs dettes (1). Ceci est d'autant moins difficile à expliquer que proscrit lui-même pendant sa jeunesse il fut souvent obéré, et que d'autre part, la fortune n'étant répandue que dans quelques familles puissamment riches, les débiteurs se trouvaient beaucoup plus nombreux que les créanciers. Or, César, arrivé à la dictature à la faveur de la foule, devait se sentir le besoin de la fortifier et de la flatter, pour pouvoir lutter efficacement contre ses ennemis (2).

Quoi qu'il en soit, cette mesure fut, comme nous l'avons dit, politique avant tout et par conséquent essentiellement provisoire.

C'est Justinien qui la ressuscita, mais en en diminuant la portée, par la Novelle précitée. (Auth. col. tit. IV, Nov. IV, ch. 3).

Si un débiteur de somme d'argent ne peut payer ni en argent, ni en meubles, et s'il possède des immeubles suffisants en valeur pour désintéresser son créancier, il peut les faire estimer par le juge et se libérer ainsi à la seule condition qu'il fournisse caution en cas d'éviction.

Le motif qu'il en donne nous paraît étrange. Il craint que le débiteur ne soit forcé de vendre ses biens pour rembourser son créancier et ne puisse, ainsi pressé, le faire qu'à vil prix. Le créancier, s'il veut s'en défaire, comme cela est son droit, le pourra-t-il mieux qu'eux? Et pourquoi dès lors protéger les débi-

---

(1) Suétone, XLII; Tite-Live, liv. VII, ch. 21; César, *De bello civili*, III, 1.

(2) Suétone, XVIII; Sall., *Cat.* 49; Plutarque, *Crassus*, 8, *César*, 12; Appien, II, ch. II, n° 8.

teurs au détriment des créanciers? N'est-ce pas d'ailleurs tarir pour les premiers les sources de crédit qu'ils pouvaient avoir en rendant ces derniers beaucoup plus méfiants (1)?

Quoi qu'il en soit, il faut reconnaître que Justinien exigeait, avant que le débiteur puisse en arriver à ce résultat, la certitude absolue qu'il n'avait pas pour l'instant d'autre moyen de se libérer.

Il voulait d'abord que le créancier eût poursuivi en justice le remboursement de ce qui lui était dû. Le débiteur pour se libérer devait chercher des acheteurs à ses biens. Ce n'est que si, dans ces conditions, il n'avait rien trouvé, que les biens devaient être attribués en nature par les juges et non par le débiteur lui-même; « *Tunc judices aut præsides præparent subtili æstimatione facta* « *rerum debitoris, dari secundum quantitatem debiti, possessio-* « *nem immobilem creditoribus, cum tali cautela, cum qua* « *debitor possit.* » Si même la valeur des biens excédait le prix de la dette, le juge condamnait le créancier à rembourser cet excédent (2).

C'était bien là plus même qu'une dation en paiement; c'était une véritable cession de biens, mais aggravée pour le créancier par cette obligation d'acheter parfois le surplus de leur valeur (3).

7° Enfin peut-être pouvons-nous considérer comme un cas de dation en paiement forcée la compensation. Dans notre droit moderne, une telle assimilation ne soulèverait évidemment aucune objection, car la compensation opère libération de plein droit comme toute dation en paiement.

---

(1) « *Hoc nos clementer simul et legaliter decidentes, et infelicibus debi-* « *toribus auxiliamur et acerbis creditoribus non apparebimus duri, causam* « *eis deputantes ad quam si permanerent inobedientes, tamen modis omnibus* « *advenirent.* »

(2) En ce sens : Molitor, III, § 979, p. 211.

(3) Elle est plus avantageuse pour le débiteur que la cession de biens, parce qu'elle ne porte pas sur l'ensemble des biens.

A Rome, cependant, il est certain qu'il en fut autrement au moins jusqu'à Justinien. Pour en bénéficier, il était nécessaire de l'opposer à l'aide de l'exception *de dolo* (1), qui des seuls contrats de bonne foi fut étendue par Marc-Aurèle même aux contrats de droit strict (2). Dès l'époque de Paul, il est certain que la compensation fut fort pratiquée ; et Justinien élargit encore son champ d'action en permettant de compenser des dettes réelles, tandis que les seules actions personnelles pouvaient en bénéficier jusqu'à lui. C'est ainsi qu'il permet à l'héritier, dépouillé par la *querela inofficiosi testamenti*, d'opposer à celui qui l'évince la compensation pour tout ce qui lui était dû sur la succession (L. 21 § 2 Dig. *De inoff. test.* V, 2) (3).

Du reste il est très controversé de savoir quelle était ici la fonction du juge. Nous pensons qu'avant Justinien la compensation devait être opérée par lui, sur une exception produite par les parties ; mais que celui-ci, sans la rendre obligatoire, supprima la nécessité de l'exception, laissant désormais le juge souverainement maître de l'accepter ou de l'écarter.

Nous pouvons donc dire avec raison que la compensation n'est pas une véritable dation en paiement. Elle a en effet un caractère arbitraire qui en fait un mode de libération absolument à part.

---

(1) Pour les *argentarii* la compensation eut même de tout temps lieu de plein droit, comme dans notre droit français (Gaius, *Inst.* IV, § 68).

(2) « *Dolo facit,* dit-il, *qui petit quod redditurus est.* » L. 8, Dig. *De dol. mal. except.*, XLIV, 4.

(3) Voir encore : L. 31, § 2, Dig. *De her. pet.* V, 3 ; L. 48, Dig. *De rei vind.*, VI, 1 ; L. 14, C. *De comp.* IV, 31.

APPENDICE

CAS OU LA DATIO IN SOLUTUM EST PROHIBÉE

Un seul cas nous est connu. C'est la *lex commissoria* en matière de gage.

Lorsqu'un débiteur donne à son créancier un gage pour lui garantir le paiement de sa créance, il y a évidemment pour celui-ci un droit strict de vendre la chose, au moins dans l'époque classique, et l'on ne peut pas l'en priver (1). Toute convention contraire serait nulle. Mais réciproquement, il semble bien logique que cette vente, qui est une garantie pour le prêteur, doive en même temps pour l'emprunteur en constituer une qui ne puisse pas lui être être enlevée.

---

(1) 8, § 5, Dig. *De pign. act.*, VIII, 7; 8, Dig. *De dist. pign.*, XX, 5; L. 6. § 14. Cod. *De dist. pign.* VIII, 28. — *Le pignus prætorium* seul ne donne pas toujours droit de vente: 21, § 2, *in f.*, Dig. *Ex quib. caus. majores* IV, 6; 7, § 1, 2, 9, 10, 11, 12, Dig. *Quib. ex causis in pos. eatur* XLII, 4; L. 6, Cod. *De reb. auct. judic. possid.*, VII, 72.

Il en fut en effet ainsi de tout temps, et nous savons que déjà dans la *fiducia* et dans l'ancien *pignus*, le créancier ne pouvait garder pour lui la chose mancipée ou engagée. Les textes (Paul, II, 13, § 1, 4 et 5) nous apprennent qu'il était obligé de la vendre et de rendre compte de l'excédant du prix de la vente. « *Creditor* « *judicio, quod de pignore dato proponitur, ut superfluum pretii* « *cum usuris restituat, jure cogitur, nec audiendus erit, si velit* « *emptorem deligare; cum in venditione quæ fit, ex facto suum* « *creditor negotium gerat.* » (42 Dig. *Quib. mod. re contrah. oblig.*, III, 14). Pourtant, les parties pouvaient convenir que si le débiteur ne payait pas à l'échéance, il serait déchu du droit de demander la restitution (Cic. *Pro Flacco*, 21 ; 81. *pr* Dig. *De contrah. empt.* XVIII, 1). C'était là ce que l'on appelait la *lex commissoria*, véritable clause pénale qui tirait son nom de ce qu'elle menaçait le débiteur.

Il n'est pas difficile de démontrer les conséquences désastreuses de cette possibilité entre les parties. Ce devint bientôt une véritable *datio in solutum*. Le prêteur se faisait donner un gage bien supérieur à la valeur de sa créance, puis faisait insérer la clause commissoire. Les emprunteurs la signaient à Rome, comme maintenant ils acceptent des taux de 20 ou 25 0/0 chez les usuriers, poussés en partie par la nécessité de trouver en capital, en partie par cette illusion inhérente à l'être humain qui le porte à toujours croire à la possibilité de ce qu'il désire. Il se flatte de trouver de quoi rembourser son emprunt en temps voulu, tandis que le plus souvent, c'est le créancier qui a raison dans ses prévisions et profite ainsi d'un honteux marché. Il y a ainsi une véritable *datio in solutum*, fort onéreuse pour le débiteur.

L'abus de cette clause devint bientôt criant à Rome, et pour pallier au mal, Constantin dut l'interdire par une constitution en 326 (3, Code. *De part. pignor*, VIII, 35).

Mais quelle est l'étendue de cette prohibition ? Elle ne porte, croyons-nous, que sur la *lex commissoria* proprement dite, c'est-à-dire sur l'insertion dans le contrat constitutif de gage d'une clause d'attribution de la chose au créancier ; elle n'empêche nullement une pareille clause d'intervenir plus tard.

Que si le pacte commissoire constitue une véritable dation en paiement, c'est-à-dire n'intervient qu'à l'échéance de la dette, cela est bien facile à justifier. Rien en effet, avons-nous vu, n'empêche de livrer en paiement, si le créancier y consent, une chose autre que la chose due. Du reste, une vente serait alors parfaitement possible. Nous pouvons en faire découler notre solution par analogie. Puis les raisons que donne Constantin ne militent plus ici en faveur du débiteur. S'il y consent, n'est-ce pas qu'il y trouve son intérêt, aucune contrainte morale ne le pressant plus désormais. « *Rescriptum est creditorem a debitore pignus emere* « *posse; quia in dominio manet debitoris* (1), » « *Si quis pignus* « *pro debito vendiderit creditori evenit ut ex vendito tollatur obli-* « *gatio et debiti,* » dit le Digeste, et le texte semble très clair (2).

Mais la question devient plus délicate, si au lieu d'intervenir à l'échéance, le pacte commissoire survient entre l'époque du prêt et celle de l'échéance. Aucun texte ne prévoit l'hypothèse. Aussi plusieurs auteurs (3) pensent-ils qu'il y a lieu d'appliquer ici la constitution de Constantin, qui ne fait aucune distinction.

Mais pour nous, nous basant sur l'autorité de Bartole (sur la l. 45 Dig., *De solut.* XLVI, 3), nous reconnaissons qu'il n'y a pas ici lieu d'appliquer la prohibition.

En effet d'abord il est de principe que les exceptions sont de droit étroit : « *Odia sunt restringenda.* » Il faut donc interpréter ce texte dans le sens le plus favorable au droit commun, à la liberté des conventions. Puis que l'on interroge les motifs qui l'ont fait établir. Ils ne se retrouveront plus ici. Le débiteur en effet n'est plus alors soumis à la même contrainte morale ; il n'est plus

---

(1) 12 *pr.* Dig. *De dist. pign.* XX, 5; Conf. l. 20, Dig. *De sol.* XLVI, 3.
(2) 44, Dig. *De sol.* XLVI, 3.
(3) Entre autres de Ségogne, *th.* p. 35; Grosjean, *thèse,* p. 38.

dominé par le créancier; sa volonté est désormais complètement libre, et rien ne peut l'empêcher de refuser son consentement à la clause, si elle lui paraît trop contraire à ses intérêts. S'il l'accepte, c'est sans doute qu'elle n'est pas désavantageuse pour lui, et qu'il y trouve des facilités pour arriver à sa libération. L'on redoute, dit-on, dans l'opinion adverse, que l'on arrive ainsi à introduire après coup un pacte commissoire déjà convenu lors du contrat. Notre conviction est que cette crainte ne peut avoir rien de fondé. Du moment en effet que le débiteur a obtenu ce qu'il voulait, qu'il a par exemple touché les deniers qu'il cherchait à emprunter, il y regardera à deux fois avant de signer cette convention, et il ne la ratifiera pas si la valeur de la chose donnée en gage est par trop supérieure au montant de la dette.

Du reste, il faudrait considérer comme valable, en considération de ces motifs mêmes, le pacte commissoire qui consisterait dans l'obligation imposée au débiteur de laisser, s'il ne peut payer à échéance, la chose ou partie de la chose donnée en gage au créancier, qui la détient, sur une estimation qui en sera faite à ce moment-là. Si elle vaut plus que la dette, le créancier gagiste devra alors payer l'excédent. Seulement, il est remarquable que nous ne nous trouvons plus dès lors en face d'une véritable dation en paiement, mais bien d'une vente suivie de compensation. C'est ce que nous précisent les textes : « *Potest ita fieri* « *pignoris datio hypothecæve ut si intra certum tempus non sit* « *soluta pecunia jure emptoris possideat rem, justo pretio tunc* « *æstimandam : hoc enim casu videtur quodam modo conditio-* « *nalis esse venditio et ita Divus Severus et Antoninus rescrip-* « *serunt* (1), » et encore au Code : « *Cum dominam non mino-* « *rem viginti quinque annis ea quæ obligaverat tibi jure dominii* « *possidere permisisse et in solutum dedisse, precibus significes,* « *dominæ contractus et voluntas ad firmitatem tibi sufficit* (2). »

---

(1) 16, § 9, Dig. *De pign.* XX, 1.
(2) 13, C. *De pig.*, VIII, 14.

CHAPITRE III

OBJET DE LA DATIO IN SOLUTUM

SECTION I

NÉCESSITÉ DUNE PRESTATION

Le troisième élément nécessaire à toute *datio in solutum*, le dernier qu'il nous reste à voir, est, avons-nous dit au début du chapitre deuxième, la prestation d'une chose quelconque à la place de la chose primitivement due.

La nécessité d'une pareille prestation résulte en effet de tout ce que nous avons dit jusqu'à présent, notamment sur la nature de la *datio in solutum*. Assimiler le paiement et la dation en paiement, c'est d'ailleurs exiger cette condition ; l'un comme l'autre par définition même n'ont de raison d'être que par cette prestation. Jusque-là, il ne peut y avoir qu'une promesse de dation en paiement, qui certes n'est pas dénuée d'effets, mais qui néanmoins est loin d'aboutir au même résultat que la dation en paiement, car par elle-même, elle n'éteint aucunement la dette.

Quels effets donc produira cette promesse?

Il nous faut distinguer selon qu'elle aura été faite dans les formes légales ou, au contraire, faite sans celles-ci.

Dans ce dernier cas, nous savons qu'elle ne constitue pas en droit romain un véritable contrat. Il n'y a là qu'un pacte qui, selon les règles ordinaires, ne produit aucun effet par lui-même. La *datio in solutum* seule par la prestation produira la libération. Jusque-là il n'y aura eu, en quelque sorte, qu'une *facultas solutionis* laissée à la disposition du débiteur.

Si, au contraire, la promesse de dation en paiement a été faite dans une forme légale, par exemple par une stipulation ou en vertu d'un contrat *litteris*, elle produira par elle-même certains effets variables que l'on pourra apprécier d'après l'intention des parties. Cette promesse pourra juxtaposer une seconde obligation à côté de la première, et donner ainsi à la dette primitive un double objet laissé au choix, soit du créancier, soit du débiteur; ou bien au contraire elle aura pour effet de venir prendre la place de la dette primitive et donner ainsi naissance à un nouveau droit pour le créancier et à une nouvelle obligation de la part du débiteur.

Mais les parties, au moment où cette promesse a été faite, peuvent n'avoir aucunement manifesté leur intention. M. Guimbaud estime qu'il faudra, en ce cas, admettre que l'intention des parties a été de reconnaître au débiteur la faculté de se libérer en payant soit l'objet primitif, soit la chose promise *in solutum* (1). Il appuie cette solution sur cette règle générale qu'il faut toujours interpréter la convention dans le sens le plus favorable au débiteur (2). Le créancier, en effet, dit-il, doit avant tout chercher à

---

(1) *Thèse*, 1889, p. 56.
(2) Accarias, t. II, n° 499.

recevoir son dû et la promesse de fournir autre chose n'est pour lui qu'un pis aller. Quant au débiteur, il se peut qu'il soit plus tard en état de payer sa dette, pourquoi ne pas lui permettre d'échapper ainsi aux conséquences d'une promesse qu'il aura faite le plus souvent sous l'empire de la nécessité? Il invoque enfin à l'appui de sa décision la loi 45 Dig. *De sol. et lib.* XLVI, 3, qui contient une solution d'Ulpien. Un mari promet à sa femme de lui restituer non la dot, mais les biens qui la garantissent. Or, ce jurisconsulte reconnaît ici que le mari aura le droit de se libérer en restituant la dot elle-même. Son argumentation est, peut-être, très probante, mais, il nous semble possible d'y ajouter une considération tirée des caractères essentiels du droit romain.

A notre avis, en droit pur, si les parties n'ont aucunement manifesté leur volonté, il y aura évidemment eu juxtaposition d'une dette nouvelle à la dette ancienne; puisque le droit civil ne reconnaît pas à un seul acte le pouvoir de remplacer une créance par une autre (1). Mais, selon le droit du préteur, le débiteur poursuivi par le créancier pourra lui opposer l'exception *de dolo* pour faire valoir la promesse de dation en paiement et se libérer en livrant l'objet promis.

---

(1) Voir, page 14.

SECTION II

OBJET DE CETTE PRESTATION

La *datio in solutum*, avons-nous dit, doit être considérée comme un paiement. De même que celui-ci, donc elle peut s'appliquer à tout ce qui est susceptible de présenter aux yeux des parties un intérêt quelconque même non estimable en argent. Son objet pourra donc varier à l'infini et sera au moins aussi illimité que le sont les divers arrangements suggérés aux hommes par leur intérêt pécuniaire. Les textes nous disent, en effet, que la *datio in solutum* consiste à donner *aliud pro alio*, formule aussi vaste que possible.

Pour l'étude de cet ensemble, nous nous référerons donc à une division générale des objets de droit et nous verrons successivement les cas où il s'agit de la *datio in solutum* d'une *res*, d'un *factum* ou d'une *créance*.

A. — Datio in solutum d'une res.

La *datio in solutum* d'une *res* est celle qui se présente le plus souvent dans la pratique. Il est d'ailleurs remarquable que c'est lorsqu'il s'agit d'une *res* que le mot *datio* est le plus exact, puisqu'en droit romain il signifie transfert de propriété.

La condition nécessaire et suffisante pour qu'une *res* puisse faire l'objet d'une dation en paiement, c'est qu'elle soit dans le commerce.

Ainsi, comme le disent les Institutes à propos du paiement (1 et 2 *De inut. stip.* III, 19) ne pourraient être données en paiement une chose qui n'existe pas, non plus qu'une *res sacra* ou *religiosa*, par exemple un objet consacré au culte, ou qu'une *res publica*, par exemple un forum, un théâtre. Ne pourraient non plus faire l'objet d'une dation en paiement un homme libre (1), qui ne peut être une chose, ou un immeuble dotal qui, au moins sous Justinien, est temporairement hors du commerce d'une façon absolue (2).

Au reste, ajoutent les Institutes, ces biens ne pourraient être donnés en paiement sous la condition qu'ils retombent un jour dans le commerce : « *Nec in pendenti erit stipulatio ob id quod* « *publica res in privatum deduci potest ; sed protinus inutilis* « *est.* » Ils sont pour l'instant hors du commerce d'une façon absolue. Une pareille condition fut cependant parfois admise en matière de stipulation, par exemple s'il s'agissait d'un esclave tombé au pouvoir de l'ennemi (3) ; mais le motif qui en est donné,

---

(1) 103, Dig. *De verb. oblig.*, XLV, 1.

(2) Gaius, II, 63; Paul, *Sent.* II, 21 *bis*, § 2; 8 *pr.* Inst. II, § 15; C. *De rei ux. act.*, V, 13. Justinien défend l'aliénation de l'immeuble dotal sans le consentement de la femme, comme l'avait décidé la loi Julia (rendue sous Auguste). La femme aurait donc pu, en cas d'aliénation par le mari seul, critiquer celle-ci dans le cas où elle y aurait trouvé son intérêt; mais la laisser subsister quand elle l'aurait voulu. Donc, pendant toute la durée du mariage, le sort de l'immeuble aliéné aurait été en suspens.

Aussi, Justinien ne se contente-t-il plus de cette décision ; il reconnaît que la règle de l'inaliénabilité de l'immeuble dotal s'étend au cas où la femme aurait renoncé à s'en prévaloir. Jusque-là le mari était incapable de l'aliéner, désormais c'est le fonds dotal lui-même qui devient inaliénable.

De plus, tandis que dans le droit classique les biens italiques seuls tombaient sous le coup de cette inaliénabilité, Justinien étend la même règle à tous les fonds provinciaux.

(3) 55. Dig., *De act. empt.*, XIX, 1.

quia inter ementem et vendentem esset commercium, ne nous semble pas être le véritable. Nous pensons que si une pareille stipulation était possible, c'est parce qu'avant l'époque de la tradition l'esclave pouvait retomber dans le domaine privé des parties. Comme ici c'est à l'époque de la tradition qu'il faut se reporter pour savoir si la chose peut être livrée valablement, un pareil contrat était en ce cas valable.

Mais il ne suffit pas pour qu'une *res* puisse faire l'objet d'une *datio in solutum* qu'elle soit dans le commerce d'une façon générale. Il faut de plus selon le droit commun qu'elle soit, de même que pour un paiement ordinaire, dans le commerce par rapport à celui qui la reçoit. Ainsi ne pourra pas être valablement donné en paiement un fonds de province à l'égard du gouverneur de la province où est situé le fonds et de certaines autres personnes qui y exercent des fonctions soit civiles soit militaires (62 *pr*. Dig. *De cont. empt.*, XVIII, 1), non plus que les choses qui font l'objet de leurs fonctions. Ainsi un préposé aux blés ne peut faire dans sa province un achat de blés sous peine du quadruple ; il ne pourra pas davantage les recevoir en paiement (46 Dig. *De cont. empt.*) (1). De même les biens du pupille ou de l'individu en curatelle sont hors du commerce à l'égard des tuteurs ou curateurs et plus généralement les biens d'un tiers à l'égard de celui qui est chargé de les administrer. « *Tutor rem pupilli emere non potest; idque porrigendum est ad similia, id est, curatores, procuratores, et qui negotia aliena gerunt.* » (L. 34 § 7 Dig. *De contrah. empt.*, XVIII, 1) (2). De même encore un maître qui a dû affranchir son esclave pour l'avoir maltraité ne pourrait pas le racheter. A son égard, il est sorti du commerce ; aussi ne pourrait-il pas davantage

(1) Conf. L. 46, § 2, Dig, *De jure fisc.* XLIX, 14 ; L. 8, § 1, *De lege Jul. repet.* XLVIII, 11 ; L. 33, *De reb. cred.* XII, 1 ; Cicéron, *in Verrem*, 2e *act.*, IV, 5.
(2) Conf. L. 5, § 2, Dig. *De auct. tut.*, XXVI, 8 ; 56, Dig. *De adm. tut.* XXVI, 7.

le recevoir en paiement (L. 2, Dig. *De his qui sui vel alien. juris*, I, 6; Gaius I § 53; Instit. I tit. 3 § 2 *in fine*) (1). Enfin dans le dernier état du droit, les esclaves chrétiens sont affranchis de plein droit s'ils tombent entre les mains des juifs ou des hérétiques; ils sont vis-à-vis d'eux *extra commercium* (L. 1, Cod. *Ne christ. manc.*, I, 10; Code théod. *Ne christ. manc.*, XVI, 9; L. 2, Cod. *Ne christ. manc.*, I, 10).

Quant à la *datio in solutum* entre époux, interdite en droit français d'une façon absolue semble-t-il (argument de l'art. 1595 du C. civ.), il nous faut distinguer. Si en effet les donations entre époux sont toujours interdites dans notre droit, il n'en est pas de même à Rome.

La *datio in solutum* est-elle faite d'une façon sérieuse, c'est-à-dire en remplacement d'un paiement vraiment dû, il faut reconnaître qu'elle sera pleinement valable (L. 45, Dig. *De sol.*, XLVI, 3).

Que si, au contraire, la *datio in solutum* cache une libéralité entre époux, il nous faudra reconnaître qu'elle ne sera valable que suivant les règles qui régissent les donations entre époux. Primitivement donc, celles-ci étant valables, il devait en être de la *datio in solutum*. Mais elle devait en être excessivement rare, la femme étant le plus ordinairement *in manu*, c'est-à-dire n'ayant aucun bien. Bientôt, du reste, la coutume prohiba les libéralités entre époux (2).

De pareilles donations, et par conséquent la *datio in solutum* entre époux, ne furent dès lors valables que confirmées expressément dans le testament. Septime Sévère modifiant la législation les reconnut valables, mais révocables; désormais elles furent donc tacitement confirmées par cela seul que le donateur mourait sans les avoir révoquées et le mariage subsistant encore

(1) Conf. L. 12, C. *De episc. aud.*, I, 4.

(2) L. 1, 2, 3, *pr.* Dig. *De don. int. vir. et ux.*, XXIV, 1; *Fr. vat.*, § 96; L. 65 et 67, *De don. int. vir. et ux.* XXIV, I.

(L. 32, *prin.* §§ 2 et 10, Dig. *De don. int. vir. et ux.*, XXIV, 1). Dès lors, la *datio in solutum* faite entre époux et ayant pour but une libéralité fut valable, mais révocable.

Quant au mode de transfert d'une *res* donnée en paiement, nous n'en dirons rien, car il rentre de tous points dans le droit commun.

Pour les *res* de droit civil on procèdera par la mancipation, la cession en justice, la tradition. L'usucapion servira à acquérir les *res mancipi* qui n'auraient été que tradées sans qu'on ait eu recours à la *mancipatio* ou à l'*in jure cessio*.

Mais il faudra, ainsi que nous l'avons déjà exposé, un transfert de la propriété. Ce n'est d'ailleurs là qu'une présomption de volonté entre les parties. La *datio in solutum* doit procurer au créancier tout le bénéfice qu'il est en droit d'en attendre. Et s'il consent à ne recevoir qu'un démembrement de la propriété, un droit d'usufruit ou d'habitation par exemple, rien n'empêchera une pareille dation en paiement d'avoir son plein et entier effet et d'éteindre complètement la dette (1).

B. — Datio in solutum d'un factum.

Nous n'avons à ce sujet absolument rien à dire, car il n'y a qu'à faire l'application du droit commun (2). Peuvent être donnés en paiement tous les faits quels qu'ils soient, positifs ou négatifs,

---

(1) De Ségogne, *th.* p. 42.

(2) Il faudra donc que le fait soit licite et n'ait rien de contraire aux bonnes mœurs.

c'est-à-dire consistant à faire ou à ne pas faire quelque chose. L'abstention peut en effet être considérée comme un fait, si l'on raisonne d'une façon abstraite : « *Et hanc significationem habet,* dit Paul, « *ut abstineat quis ab eo facto quod contra conventio-* « *nem fieret et curaret ne fiat* (1) ». Pas n'est besoin même, pensons-nous, que le fait donné *in solutum* soit appréciable en argent. M. Grosjean exige cette condition (2) ; mais suivant nous, c'est là outrepasser les exigences. Il faut et suffit que le créancier pour lequel on accomplit ce fait ou cette abstention y attache un intérêt qu'il juge l'équivalent de la dette dont il fait remise. Un intérêt d'affection semble donc bien être suffisant.

C. — Datio in solutum d'une créance.

En principe aussi toute créance peut être donnée en paiement, qu'elle soit civile ou naturelle, conditionnelle ou pure et simple (L. 3, C. VIII, 54 ; L. II, Dig. *De her. vel. act. vendenda,* XVIII, 5). Pour les créances à terme on l'a contesté (de Combes, *th.*, p. 62), mais nous n'en saisissons guère le motif. On appelle créance à terme une créance dont l'échéance est fixe et non celle dont la naissance est repoussée plus loin. Une telle créance ne se concevrait pas. Ce qui peut être repoussé, c'est la date de l'exigibilité, celle du service des intérêts, mais non celle de la

---

(1) II, 189.
(2) *Thèse*, 1891.

créance elle-même. En un mot, ou il n'y a rien ou il y a une créance au moins conditionnelle; en ce sens on ne peut pas dire qu'il y ait des créances à terme. Peu importe encore que la créance ait telle ou telle cause. Le contrat, le quasi-contrat, la loi, et les délits ou quasi-délits aussi bien qu'eux, peuvent leur servir de base régulière (L. 7, § 1, Dig., *Comm. vel contr.*, XIII, 6.)

La raison d'être d'une pareille faculté est très facile à saisir. Une créance peut gêner un débiteur et au contraire convenir parfaitement au créancier, qui peut par exemple s'il n'a pas besoin d'argent être heureux de n'avoir pas à chercher un nouveau placement. Pourquoi n'autoriserait-on pas une pareille *datio in solutum* dans un but de protection pour le créancier. S'il l'accepte, c'est bien qu'il y trouve ses avantages. Mais aussi faut-il qu'il l'accepte, car c'est là, avons-nous dit, le droit commun en matière de dation en paiement.

Pourtant la dation en paiement des créances n'en est pas moins soumise aux règles générales que nous avons exposées à propos de la *datio in solutum* d'une *res*. Tout comme il est impossible de céder valablement un homme libre ou d'accomplir valablement un fait illicite, il est impossible de céder une créance qui est hors du commerce soit d'une façon générale soit au contraire pour une catégorie seulement de personnes.

Nous trouvons dans la premiére de ces catégories, d'abord *les actions populaires* (L. 5 *De pop. act.*, XLVII, 23). On désigne sous ce nom des actions dont la caractéristique est d'appartenir en principe à tout le monde (1). Quiconque le veut peut les exercer valablement. Elles ne peuvent donc être livrées en paiement à aucune personne puisqu'elles ne lui procureraient aucun avantage. Qu'il la reçoive ou non, il a par lui-même le

(1) L. 2 et l. 3, *pr. eod. tit.*

droit de l'exercer. Du reste, puisqu'elle est dans le domaine public, elle est intransmissible et incessible (1).

Puis nous trouvons à côté certaines actions qui, bien loin d'être populaires, ne peuvent être exercées par personne autre au contraire que celui en la personne de qui elles sont nées. Elles sont essentiellement personnelles et ne peuvent faire l'objet d'aucune cession. Telle est l'action *injuriarum*, l'action *de dejectis et effusis* dans l'hypothèse où un homme libre a été blessé et non tué, enfin l'action *résultant du dommage* causé à une personne libre par certains animaux placés sur la voie publique (L. 5, § 5, Dig. *De his qui eff.*, IX, 3 ; L. 34, *pr. De obl. et act.*, XLIV, 7 ; L. 11, § 1; L. 18, *pr.* ; L. 28, *De inj.*, XLVII, 10).

De plus, certaines autres créances, qui n'ont pas le caractère d'actions, sont personnelles et par conséquent ne peuvent faire l'objet d'une dation en paiement : ce sont le droit aux aliments (L. 8, Dig. *De trans.*, II, 15), le droit d'usage (L. 10, Dig. *De usu et habit.*, VII, 8) et, sous l'empire, de nombreuses pensions.

Enfin de nombreuses exceptions aux droits d'achat et de vente des créances ont été établies par Justinien au détriment de diverses catégories de personnes. Faut-il toutes les étendre à la matière qui nous occupe, c'est là ce qu'il nous reste à voir.

Les deux principales résultent : la première d'une constitution des empereurs Dioclétien et Maximien ; la seconde, connue sous le non de *lex Anastasia*, d'une loi de l'empereur Anastase.

La constitution de Dioclétien et de Maximien défend la cession des créances à une personne qui, par sa puissance ou sa position sociale, serait un adversaire plus dangereux que le cédant pour le débiteur, *cessio in potentiorem* (L. 1 et 2. Code *ne liceat potens* II, 14). On craint la rapacité et les exigences d'un tel créancier

---

(1) L. 12, *pr.* Dig. *De verb. signif.* L., 16 ; L. 32 *pr.*, *ad leg. falcid.*, XXXV, 2; L. 7, § 1, *De popul. act.*, XLVII, 23 ; L. 10, *De sep. viol.*, XLVII, 15 ; L. 56, § 3, *De fid.*, XLVI, 1.

qui semble vouloir n'acheter la créance que pour profiter de tout le poids de son autorité : « *Aperta enim credentium videtur esse voracitas.* »

Cette constitution n'est du reste pas une nouveauté. Sous la République, une loi *Licinia* (1), avait d'après Marcien (12. dig. *De alien. judic. mut. causa*, IV, 7), posé le même principe. Enfin Paul nous rapporte (*Sent.*, 7, liv. 5, 12) la même défense par rapport au fisc qui ne peut pas de son temps acquérir une créance litigieuse : « *Litem in perniciem privatorum fisco donari non oportet* « *nec ab eodem donatam suscipi.* »

Les motifs de cette loi nous permettent d'affirmer, quoiqu'on ait checrhé à le nier (Bisson, *th.*, p. 15), qu'on doit l'étendre non seulement à la cession de créances proprement dite, mais encore à la dation en paiement d'une créance. Il est vrai que ce que ces empereurs paraissent redouter avant tout, c'est la rapacité, la voracité des puissants, qui feraient métier d'acheter à vil prix des créances litigieuses, dont par leur pouvoir ils obtiendraient ensuite le paiement, en poursuivant le débiteur jusqu'à ce qu'il ne puisse plus faire les frais d'un procès. Il est vrai encore que cela sera moins à craindre si la créance, au lieu d'être achetée par lui, est reçue en paiement d'une dette qui lui est due ; rien ne prouve ses mauvaises intentions. Mais le fait n'en subsiste pas moins tout entier. Il pourra arriver en pareil cas ce que l'on redoute en cas de vente; cela est suffisant pour justifier notre extension. Le débi-

---

(1) Trois lois de ce nom furent adoptées en l'an 387 de Rome. Elles cherchaient à venir en aide aux citoyens pauvres et obérés. Il est donc probable que c'est bien à l'une de ces lois que se réfère Marcien.

Au reste, c'est à tort que l'on qualifie les *leges Liciniæ* de *lois agraires*. L'une d'entre elles, il est vrai, est intitulée *De modo agrarum*, mais il semble qu'elle avait pour but, comme les deux autres, la protection des plébéiens obérés et qu'elle s'appliquait aux *biens des particuliers*, aussi bien qu'à l'*ager publicus*. Tel n'est cependant pas l'avis de Niebuhr.

teur cédé en paiement, aura-t-il plus de modes de défense que s'il avait été vendu, et l'acquéreur sera-t-il moins puissant ?

Quant à la seconde exception que nous avons signalée, et qui est de beaucoup la plus célèbre, elle avait pour but d'empêcher les spéculateurs d'acheter des créances à vil prix (1). Dans ce but, Anastase décida que le créancier, acheteur d'une créance, ne pourrait en aucun cas exiger du débiteur plus qu'il n'aurait payé lui-même. Il suffit pour être libéré que le débiteur le rende complètement indemne. C'est la célèbre loi *per diversas* (l. 22, C. *Mand.*, IV, 35) confirmée par Justinien dans la constitution *ab Anastasio* (L. 23, *h. tit.*)

Le motif de ces deux lois nous permet d'y apporter dès le début une restriction qu'elles font elles-mêmes d'ailleurs, mais qui ne nous concerne pas : Les cessions à titre onéreux y sont seules soumises. « *Si autem per donationem, cessio facta est, sciant* « *omnes hujusmodi legi locum non esse.* »

Mais parmi les cessions à titre onéreux, notre loi vise-t-elle les dations en paiement ? Dans le principe, non bien certainement. La loi *per diversas* le dit en propres termes : « *Exceptis his ces-* « *sionibus quascumque vel creditor, vel is qui res aliquas possi-* « *det, pro debito accepit.* » Cependant, si nous considérons cette dation en paiement comme prohibée, c'est à bon droit, semble-t-il. Une constitution de Justinien, que nous ne possédons pas, a en effet abrogé toutes ces exceptions et décidé que toutes les cessions à titre onéreux tomberaient sous le coup de la loi.

Quant à l'existence de cette loi, elle est indéniable ainsi que son étendue. Trouvée en texte grec dans les Basiliques (XIV, 1, 86), elle fut traduite par divers commentateurs, notamment par Cujas, et introduite au *Corpus Juris* à la suite des deux autres (2)

---

(1) Les art. 1699 et suiv. du Code civil admettent ce principe, mais restreint aux seules créances litigieuses.

(2) La version de Cujas est généralement adoptée. V. sur ces points Maynz, t. II, § 190, p. 99, n. 29.

(L. 24, *hoc tit.*). Elle ne se contente pas même d'abroger toutes les exceptions qui concernent les cessions à titre onéreux : « *Inveniens autem in ea quasdam personas exceptas præcipit et* « *in iisdem personis hanc legem observari,* » elle annule même les cessions à titre gratuit si elles sont faites dans le but d'éluder la prohibition : « *Quod si donatio simpliciter actionum fiat, lex* « *jubet cessionem donationum causa factam valere, nisi forte* « *circumveniendi animo facta sit.* »

Si donc l'on ne peut considérer cette prohibition comme une exception proprement dite au droit de donner en paiement une créance, il faut bien reconnaître qu'elle lui apporte un correctif. Le créancier, recevant en paiement de sa dette une créance sur un tiers, ne pourra donc désormais plus avoir espoir de profiter d'une bonne chance si cette créance est plus forte que ce qui lui était dû, et devra au contraire subir toutes les mauvaises.

Notre loi ne dut cependant pas nuire beaucoup à la dation en paiement des créances. Il faut bien en effet reconnaître que le créancier consentant une dation en paiement subit une nécessité et accepte un pis aller ; il n'aura que très rarement le désir de spéculer en pareille matière où il y a en général plus à perdre qu'à gagner.

Enfin, faut-il étendre à la dation en paiement des créances la novelle 72, ch. V (*Auth.* VI, 1) qui interdit aux tuteurs ou curateurs les acquisitions de créances contre leur pupille ? Nous l'admettrons à la faveur du texte qui est aussi compréhensif que possible ; il parle en effet des créances acquises par donation, achat, « *aut alio quolibet modo.* » Il n'y a du reste aucune raison de distinguer.

Quant aux modes de transmission de ces créances, nous ne nous en occuperons point, car ils rentrent entièrement dans le droit commun des transmissions romaines. Nous aborderions du reste ainsi un autre sujet aussi complexe au moins que celui qui nous occupe.

CHAPITRE IV

EFFETS DE LA DATIO IN SOLUTUM

Les effets que produit la *datio in solutum* peuvent s'envisager à trois points de vue différents : elle libère le débiteur, c'est-à-dire éteint sa dette ; elle procure au créancier toute la satisfaction sur laquelle il compte, et pour la lui assurer, elle engendre une obligation de garantie ; enfin elle est opposable même aux créanciers du *solvens* qui n'ont contre elle qu'un seul droit, celui d'intenter l'action paulienne en cas de fraude.

SECTION I

EFFET EXTINCTIF DE LA DATIO IN SOLUTUM

La *datio in solutum*, avons-nous dit, acquiert sa perfection lors de l'exécution de la prestation, lorsque la chose a été donnée, le fait accompli, la créance transmise. Dès lors la première dette a cessé d'être exigible, elle est éteinte, et le créancier ayant reçu satisfaction n'a plus rien à réclamer. Le débiteur est donc libéré.

Mais cette libération est-elle aussi absolue qu'en cas de paiement, et le créancier n'aura-t-il pas action pour la faire considérer comme non avenue ? En d'autres termes et pour être plus précis, de même que l'on a beaucoup discuté pour savoir si la *datio in solutum* était un paiement, une vente, ou un contrat innommé, on s'est demandé aussi si elle éteignait directement l'obligation, ou si elle n'avait ce résultat que par ricochet, pour ainsi parler ; si elle éteignait l'obligation *ipso jure* ou au contraire seulement *exceptionis ope*.

Voyons d'abord quel est l'intérêt qui s'attache à la question. Il était surtout considérable sous la période formulaire, mais subsista néanmoins jusque sous Justinien.

1° C'est d'abord un intérêt de procédure. Sous le système formulaire, le débiteur poursuivi par le créancier auquel il a fait une *datio in solutum* ne pourra invoquer celle-ci devant le juge que si elle constitue un mode d'extinction de l'obligation opérant *ipso jure*. Tout mode défensif qui ne peut opérer que *exceptionis ope* doit en effet être invoqué *in jure* (1), c'est-à-dire précisé devant le magistrat qui devra l'insérer dans la formule que l'on présentera au juge ; plus tard, il n'est plus recevable. Au reste, cette règle ne disparut pas avec le système formulaire ; elle s'est en quelque sorte perpétuée jusqu'à nos jours (2), en subissant des modifications complètes de forme. Sous le système de la procédure extraordinaire, il n'y a plus lieu à proposition de l'exception dans une formule préparée d'avance il est vrai, mais l'exception doit toujours être invoquée *in limine litis*.

2° Un second intérêt, qui vise au fond même, c'est que lors-

---

(1) Cic., *De inv.*, II, 19 ; Gaius, IV, § 125.
(2) *Art.* 175 et suiv., C. pr. civ.

qu'une obligation est éteinte de plein droit, toute personne intéressée peut s'en prévaloir. Il n'en est pas toujours ainsi des exceptions. Sans doute elles sont souvent absolues (1), mais ce caractère ne découle pas de leur nature propre, n'est pas essentiel et il en est beaucoup qui ne peuvent être invoquées que par une seule personne et opposées qu'à une senle personne ; telle est par exemple l'exception résultant du pacte *de non petendo*. On peut encore citer l'exception *nisi bonis cesserit* et celle au moyen de laquelle se réalise au profit de l'associé, de l'ascendant, du patron, le *bénéfice de compétence* (§ 4, Inst. IV, 14 ; 7 *pr*. Dig. XLIV, 1).

3° Enfin, quand une obligation est éteinte *ipso jure*, elle est éteinte définitivement et rien ne peut la faire revivre ; quand au contraire elle n'est éteinte qu'*exceptionis ope*, elle n'est que paralysée et peut revivre ; par exemple, le pacte *de non petendo* peut être anéanti par un pacte contraire, *ut petatur*.

Ceci posé, voyons la controverse en elle-même. Nous la trouvons exposée dans un texte de Gaius (III, 168) ainsi conçu : « *Tollitur autem obligatio præcipue solutione ejus quod debeatur.* « *Unde quæritur, si quis consentiente creditore aliud pro alio* « *solverit, utrum ipso jure liberetur, quod nostris præceptoribus* « *placet : an ipso jure maneat obligatus, sed adversus petentem* « *exceptione doli mali defendi debeat, quod diversæ scholæ auctoribus visum est.* »

Pour les Sabiniens donc, la *datio in solutum* équivaut au paiement ; elle opère *ipso jure*. Comment raisonnent-ils pour arriver à ce résultat ? Ils argumentent d'abord de la même idée qu'ils ont exposée en matière de vente, où elle n'a pas triomphé du reste. De même, disent-ils, que le prix de vente peut consister en un objet quelconque, de même en toute obligation, le paiement

---

(1) Notamment l'exception, *Quod metus causa* (L. 4, § 33, D. *De dol. mali et met. except.*, XLIV, 4), l'exception de dol au point de vue actif (L. 4, § 27, 31, 33, Dig. *eod. tit.*)

peut valablement être remplacé par une *datio in solutum*. Qu'est-ce en effet que de l'argent? C'est une marchandise tout comme autre chose, et qui ne s'en distingue que par sa commodité, seule source de cette habitude que l'on a de la prendre comme point de comparaison. Mais rien n'empêche, dès lors que les parties y trouvent un avantage, de remplacer l'argent par une autre chose quelconque.

Pour les Proculiens, au contraire, la *datio in solutum* n'éteint l'obligation que *exceptionis ope*. Voici quel dut être leur raisonnement. Si l'on analyse ce mode d'extinction des obligations, on y trouve d'un côté un transfert de propriété qui n'était pas dû; d'un autre côté un pacte *de non petendo* ; or, les pactes n'opèrent, cela est de principe, que par le moyen d'une exception. Ce système semble bien au moment où a commencé cette controverse l'opinion la plus logique. Si l'on suit en effet le développement du droit romain relativement à cette matière, il faut bien reconnaître, et nous l'avons fait du reste, que primitivement la *datio in solutum* ne pouvait constituer un mode spécial de libération. Mais lorsque, les progrès du droit aidant, on en vint à voir dans celle-ci un mode de libération suivant de très près le paiement, il y eut de nombreuses raisons de lui reconnaître le même pouvoir libératoire. C'est ainsi que les besoins de la pratique firent peu à peu dévier la logique, pourtant si stricte, du vieux droit romain et créèrent en notre matière un véritable acte juridique spécial.

Au reste, peut-être, ne faut-il pas chercher dans cette innovation de vraie théorie juridique. La théorie, en effet, que mettaient en avant les Sabiniens par analogie avec la vente, puisqu'elle avait triomphé à propos de la *datio in solutum* aurait dû avoir les mêmes conséquences en matière de vente et faire admettre l'assimilation de l'échange à la vente. Or, il est certain qu'elle n'aboutit à ce résultat et que toujours l'échange en fut distingué.

Quoi qu'il en soit au point de vue de la logique, il est évident que la doctrine sabinienne triompha promptement sur ce point. Nous en avons pour garant l'issue de la controverse relative à la nature de la *datio in solutum*, qui fit de celle-ci un véritable paiement. Une constitution de Dioclétien de la fin du IIIe siècle n'a déjà d'ailleurs aucunement l'air de se référer à une controverse et décide ouvertement dans le sens de cette dernière : « *Manifesti « juris est, tam alio pro debitore solvente, quam rebus pro nume- « atâr pecuniâ consentiente creditore datis, tolli paratam obliga- « tionem.* » Il est inutile d'ajouter que cette même décision est aussi celle de Justinien. Une phrase déjà citée de ses Institutes en fait foi d'une façon absolue : « *Tollitur omnis obligatio vel solu- « tione ejus quod debetur, vel si quis consentiente creditore aliud « pro alio solverit* (1).

La *datio in solutum* libère donc le débiteur. Mais que faudra-t-il décider dans le cas où il s'agira d'une dette contractée par plusieurs débiteurs *correi*? La *datio in solutum* faite par l'un seul de ceux-ci libèrera-t-elle les autres, ou au contraire le lien qui existait entre ce débiteur et le créancier sera-t-il seul brisé ?

Il nous semble qu'un pareil paiement libèrera tous les débiteurs *correi*, et dissoudra tous les liens que la corréalité avait fait naître. Nous n'avons à cet égard, il est vrai, aucun texte ; mais il nous est possible d'obtenir par analogie une quasi-certitude.

Le paiement d'abord produit un semblable effet ; peu importe, même qu'il soit fait tout entier par l'un des *correi*, ou qu'au contraire chacun ne donne que sa part de la chose due (2). Si l'on reconnaît avec nous que la *datio in solutum* constitue un véritable paiement, il y a évidemment lieu de lui faire produire les mêmes effets. Dès lors donc que la totalité de la chose donnée en paiement a été fournie une fois, l'obligation est entièrement éteinte, même en admettant que cette chose ait été fournie en partie par chacun des *correi*.

---

(1) L. 17, C. *De sol. et lib.*, VIII, 42 ; *pr.* Inst. Just., III. 29.
(2) § 1, Inst. Liv. III, tit. 16; L. 34, § 1. Dig. *De sol et lib.*, XLVI., 3.

Si nous supposons par exemple deux débiteurs *correi* d'un cheval, qui donnent en paiement dix mesures de blé, ils seront libérés soit qu'un seul des débiteurs ait fourni le blé tout entier, soit qu'il l'ait été pour moitié par chacun d'eux.

Au reste, ce que nous venons de dire du paiement est également vrai de tous les autres modes de libération, notamment de l'acceptilation, de la novation ou du pacte de constitut. Les textes en font foi (1).

Mais si, au lieu de débiteur *correi*, nous supposons deux débiteurs conjoints, la solution se trouvera changée. Envisageons par exemple deux *fidejussores*. Au début peut-être la *datio in solutum* faite par l'un deux libérait-elle l'autre de plein droit. Sous Justinien, grâce au bénéfice de division, il n'en sera en principe plus de même. Chacun des débiteurs sera présumé n'avoir fait un paiement que pour sa part, comme il en avait le droit; car il y a là pour lui un avantage, dont il sera présumé avoir voulu profiter.

SECTION II

DE LA GARANTIE

La *datio in solutum*, avons-nous dit, éteint la dette. Pour cela, elle doit procurer au créancier toute l'utilité sur laquelle il était en droit de compter et que lui aurait procurée le paiement véritable.

---

(1) L. 2, *De duob reis const.*, XLV, 2; L. 13, § 12 et L. 16, *pr. De accept.*, XLVI, 4; L. 20, *ad s. c. t. Vell.*, XVI, 1; L. 10, *De pec. const.*, XIII, 5.

Comme la dation en paiement ne peut se conclure qu'avec le consentement du créancier, celui-ci peut y mettre pour condition que le débiteur lui donnera une *cautio de evictione*, c'est-à-dire lui fera une promesse de garantie. Mais si le créancier n'a pas exigé cette promesse, sera-t-il pour cela seul dénué de tout recours contre son débiteur, au cas où il aura été évincé de la chose donnée en paiement? Bien évidemment non : il y aurait là une injustice que le droit romain n'a pas pu sanctionner.

Mais en cette matière, sur la controverse que nous venons d'exposer vient s'en greffer une seconde beaucoup plus importante et qui dura jusqu'à l'époque de Justinien. Par quelle action, le créancier évincé exercera-t-il son recours?

Cette controverse nous est rapportée par Ulpien et par Marcien. Il est pourtant remarquable que Gaius n'en parle aucunement dans ses *Institutes*.

D'après Ulpien, le créancier a droit à l'action *ex empto utilis* : « *Eleganter apud me quæsitum est, si impetrasset creditor a* « *Cœsare ut pignus possideret idque evictum esset, an habeat con-* « *trariam pigneratiam? Et videtur finita esse pignoris obligatio,* « *et a contractu recessum : imo utilis ex empto accommodata est* « *quemadmodum si pro soluto ei res data fuerit.* » (1) D'où vient cette action? Evidemment pour lui elle résulte de cette pensée d'Ulpien que la *datio in solutum* n'est autre chose qu'une vente suivie de compensation, ou du moins a la plus grande analogie avec elle. Pourquoi dès lors seulement un action utile? Parce que la ressemblance n'est pas parfaite entre les deux opérations. La vente n'est en fait qu'un contrat purement consensuel et ne nécessite de la part du vendeur qu'une tradition de la chose. De cette différence dans la forme résulte une différence dans le fond: l'acheteur doit attendre l'éviction pour agir contre le vendeur,

---

(1) L. 24, Dig. *De pign. act. vel contra*, XIII, 7.

pourvu toutefois qu'il fût de bonne foi, tandis que celui qui a reçu une chose à titre de *datio in solutum* peut exercer son recours dès l'instant qu'il s'aperçoit n'être pas propriétaire.

Cette solution que donne Ulpien en matière de gage, nous la retrouvons au Code (1) en matière d'hypothèque. Si un bien hypothéqué a été donné en paiement à un créancier autre que ceux qui ont ces hypothèques, celles-ci subsistent : « *Causa pignoris* « *mutata non est.* » Si donc celui qui a reçu le bien en paiement est évincé, il aura un recours contre son débiteur, et ce recours il l'exercera, dit le texte, par une action utile en vertu de son analogie avec la vente, c'est-à-dire par l'action *utilis ex empto.*

L'opinion contraire qui nous est indiquée par plusieurs textes admet que le créancier évincé se trouve investi de son action primitive, *locati, ex stipulatu, ex mutuo.* L'éviction prouve en effet qu'il n'y a pas eu *datio* puisque *nemo dat quod non habet.* La dette n'a donc pas été éteinte, et l'action du contrat normalement subsiste toujours.

Nous trouvons de cet avis d'abord Marcien (2) : « *Si quis aliam* « *rem pro alia volenti solverit, et evicta fuerit, manet pristina* « *obligatio; et si pro parte fuerit evicta, tamen pro solido obli-* « *gatio durat, nam non accepisset re integra creditor nisi pro* « *solido ejus fieret.* » Pour lui, même une éviction partielle suffit à la justification de l'exercice de son action ; car, dit-il, il n'aurait pas accepté une dation en paiement qui ne le rendant pas propriétaire de toute la chose ne suffirait plus pour le désintéresser.

Paul nous donne la même solution (3). Il nous parle d'un père qui, mariant sa fille, lui constitue une dot en hypothéquant un de ses biens pour garantir son paiement. Il cède ensuite à son gendre en paiement de celle-ci le bien même hypothéqué. C'est une

(1) L. 4, C. *De evict.*, VIII, 45.
(2) 46, *pr.* et 1°, *De sol.*, Dig., XLVI, 3.
(3) L. 98 *pr.*, Dig. *De sol. et lib.*, XLVI, 3.

dation en paiement, puisqu'au lieu d'argent le gendre reçoit un immeuble. Mais cet immeuble avait été primitivement hypothéqué en garantie d'autres dettes et le créancier antérieur évince le mari. Celui-ci a donc un recours contre le père de sa femme. Paul nous apprend ici que ce recours aura lieu par l'action de dot, tandis que dans la doctrine d'Ulpien il aurait fallu lui accorder l'action *ex empto utilis.*

Enfin de ces deux textes, on peut rapprocher une espèce particulière qui se trouve prévue au Code (1). Il s'agit d'une femme libre vendue ou donnée en paiement comme esclave. Lorsque le juge aura reconnu sa qualité, celui qui l'aura ainsi introduite dans son patrimoine pourra exercer un recours contre le cédant; il le fera, dit la loi, par l'action *empti* s'il est acheteur et *ob debitum reddendum, si in solutum data est, repetere non prohibetur.* Ceci évidemment ne veut pas dire qu'il aura une action en répétition, car que pourrait-il réclamer? mais signifie qu'il pourra, c'est là un sens très fréquent du verbe *repetere,* le sens primitif même, demander de nouveau l'exécution de ce qu'on lui doit ; c'est-à-dire agir par l'action du contrat primitif comme il l'aurait fait s'il n'y avait pas eu dation en paiement.

Les deux partis mis en présence, voyons d'abord l'intérêt de la controverse?

Si le créancier se sert de son action originaire, il obtiendra le chiffre même de sa créance; et de plus, les garanties accessoires, personnelles ou réelles, dont il avait eu le soin d'entourer sa créance subsisteront encore, puisque l'obligation primitive subsiste tout entière. Que si, au contraire, le créancier est considéré comme un acheteur et a pour agir l'action *ex empto,* il a droit à la valeur de la chose au jour même de l'éviction, c'est-à-dire, suivant les cas, à plus ou moins que le chiffre originaire de sa créance, mais très rarement à la somme exacte de celle-ci ; car

---

(1) L. 8, *De sent. et interl.,* VII, 45.

en admettant que la valeur de la chose donnée en paiement répondît exactement à ce qui était dû, au moment de la livraison, (chose assez difficile déjà), il est bien plus que probable que depuis lors il y aura eu un changement quelconque de valeur en plus ou en moins. Quant aux garanties accessoires, elles ont disparu.

De cette comparaison, il résulte que le système d'Ulpien est beaucoup plus favorable aux tiers. Quant au créancier, le système d'Ulpien peut aussi lui être plus favorable lorsque, au jour de l'éviction, la chose a une valeur supérieure au chiffre originaire de la dette.

Quoi qu'il en soit de cet intérêt, il nous faut bien reconnaître qu'il est assez difficile de savoir quelle opinion triompha. Il est en effet aisé de voir par les textes que nous avons cités que toutes deux existaient encore sous Justinien. La persistance d'une pareille anomalie a du reste exercé la sagacité des romanistes au Moyen Age, et les a portés à examiner s'il n'y aurait pas un moyen de concilier ces deux opinions. Les essais en ce sens se sont prolongés jusqu'à nos jours. Nous allons voir à quelle décision, il nous semble possible de nous rallier.

A. — D'après une première opinion, déjà émise dans la grande glose d'Accurse, que nous retrouvons dans Bartole et dans Cujas (1), et qui vraisemblablement fut celle de la plupart des glossateurs, Ulpien et Marcien envisageraient deux hypothèses différentes. Ulpien suppose que l'obligation originaire avait pour objet une somme d'argent, et que, par conséquent, le créancier, en se contentant d'une *datio in solutum*, a reçu *rem pro pecunia*. Marcien, au contraire, suppose que l'obligation originaire avait pour objet autre chose qu'une somme d'argent, c'est-à-dire qu'en acceptant une *datio in solutum* il a reçu *rem pro re*.

(1) Grande glose sur la loi 4, C. *De evict.* — Cujas Obs. *lib.* XIX, *ch.* 38.

Ces deux juristes auraient donc statué en présence de deux hypothèses absolument différentes. Au premier cas l'arrangement intervenu entre le débiteur et le créancier est vraiment une vente. En effet tous les éléments de la vente s'y rencontrent. Le prix est la somme due que, comme le dit si bien Labbé (1), le créancier paie en renonçant à l'exiger, et moyennant laquelle le débiteur procure un corps certain, la chose donnée en paiement. C'est pourquoi Ulpien donne l'action *ex empto.* Au second cas, l'arrangement intervenu n'est certainement pas une vente, puisque l'extinction de la dette a pour cause directe une *datio.* Il y a là un contrat innommé *do ut liberer,* ou un paiement peu importe. Or, l'éviction prouve que la *datio* n'a pas existé; il n'y a, par conséquent, pas eu libération et le créancier a conservé son action primitive.

Cette explication est fort ingénieuse; elle cadre d'une façon suffisante avec les textes que nous avons cités d'Ulpien et de Marcien (2); mais elle a le malheur d'être en opposition flagrante avec le texte que nous avons cité de Paul. Le gendre qui, en paiement de la dote promise en argent, a reçu un bien dont on l'évince a, en effet, d'après ce texte, l'action originaire *ex dotis promissione;* c'est-à-dire que, se trouvant dans l'hypothèse d'Ulpien où une *res* est donnée *pro pecunia,* Paul décide comme Marcien au cas de dation en paiement d'une *res pro re.* Enfin, ajoute M. Labbé, on se demande pourquoi en raison le créancier serait inégalement

---

(1) Voir *De la garantie ou des recours pour éviction* par Labbé, Paris, Marescq, éditeur, 1865, p. 84. — Consulter du reste en tout ce qui concerne la garantie cet ouvrage de M. Labbé, qui semble être le dernier mot de la critique.

(2) M. Labbé trouve pourtant que le texte de Marcien est conçu dans des termes généraux qui embrassent toutes les hypothèses, même celles où la dette primitive consistait en une somme d'argent. Ceci nous semble exagéré.

protégé contre l'éviction selon la nature de l'objet de la dette primitive.

B. — D'après un second système auquel Voët et Pothier ont fait une grande célébrité, et qui semble encore de nos jours avoir la préférence (1), le créancier aurait le droit de choisir celle des deux actions qui lui serait la plus avantageuse. Pour beaucoup même (2), il aurait le droit de cumuler les avantages de l'une et de l'autre jusqu'à concurrence de la plus forte condamnation.

A l'appui de cette idée on peut d'abord invoquer, disent-ils, cette admission simultanée des deux opinions par Justinien, que nous venons de signaler. Les textes qui admettent une action nouvelle *ex empto* ne refusent pas expressément l'action de la dette primitive, et inversement ceux qui maintiennent l'ancienne obligation ne s'expliquent pas sur l'inexistence d'une action nouvelle.

Pour nous cet argument est loin d'être topique. Il ne suffit pas en effet qu'aucun texte ne condamne ce droit d'option du créancier. Il faudrait nous montrer des hypothèses où les juristes romains l'accordent. Toutes celles que l'on trouve, au contraire, accordent à celui-ci tantôt l'une, tantôt l'autre, suivant les cas et d'après une règle qui ne nous est pas connue, mais ne se réfèrent jamais à une semblable dualité.

L'objection que nous venons de faire n'arrête cependant pas les partisans de cette opinion, qui même cherchent à retourner l'argument. Il est vrai, disent-ils, que les textes statuent sur des

---

(1) Voet, *Ad pand. De sol. et lib.*, XIII ; Pothier, *Vente*, n° 604. — Dans le même sens, voir Doneau, *De jure civili*, XVI, 9 (éd. de Rome, t. IV, page 736) ; Molitor, II, 980 ; Renusson, *Tr. de la subrog.*, *ch.*, 5, *n°* 29 ; Grosjean, *thèse*, p. 71 ; Bisson, *th.*, p. 78 ; de Combes, *th.*, p. 90 ; surtout Labbé qui, dans son opuscule cité, ne cache pas ses préférences pour cette solution.

(2) Doctrine traditionnelle française.

espèces différentes; mais elles se rapportent toutes à la *datio in solutum*. Il faut en conclure que l'une et l'autre action est offerte au créancier. Ceci est, à nous aussi, certain; mais il ne faudrait pas croire que cette offre de l'une et de l'autre action soit simultanée. Le système que nous combattons tombe justement dans cette erreur. Le créancier aura tantôt l'action *empti*, tantôt l'action primitive; mais sans qu'il puisse opter entre l'une et l'autre.

Le système du cumul, que semble adopter M. Labbé, va plus loin encore, et raisonne de la manière suivante :

Il est évident qu'il serait illogique d'admettre le concours de l'action *empti* proprement dite et de l'action primitive. Car s'il y a vente, la vente (ou tout autre contrat analogue) a éteint la première obligation dont on ne peut plus se prévaloir.

Mais, en l'espèce, l'action *empti* ne suppose pas une vente, et n'est donnée qu'*utilitatis causa*. « L'opération simple que constitue la dation en paiement est assimilée à la vente sous un rapport unique, sous le rapport de la garantie (1). Il s'ensuit que le « créancier conserve ses droits primitifs, inaltérés par une dation « en paiement, qui n'a été qu'apparente, et de plus il a une action « nouvelle en garantie. » D'ailleurs, cette action *empti utilis* a, en la matière, une raison d'être. Elle tient lieu de l'action *præscriptis verbis*, qui, faute d'une *res* que l'éviction a montrée inexistante, ne peut s'appliquer ici. Il fallait une action qui puisse s'appuyer sur le seul consentement. L'action *ex empto* a été choisie parce qu'elle était la plus usuelle, et donnée *utilitatis causa*.

A cette doctrine, il suffit d'opposer un seul texte tiré d'un rescrit de Dioclétien et de Maximien (2), que nous avons analysé en exposant la controverse. Ce rescrit prévoit deux hypothèses, celle d'une vente et celle d'une *datio in solutum*, et décide que,

---

(1) Labbé, *loc. cit.*, p. 90.
(2) L. 8, C. *De sent. et interl.*, VII, 45.

s'il y a eu vente le créancier évincé peut agir en indemnité par l'action *empti*, et, s'il y a dation en paiement, qu'il peut agir en vertu de son action d'origine. L'opposition établie entre la vente et la dation en paiement démontre que le créancier, évincé de la chose donnée en paiement, ne saurait avoir en même temps ou à son choix et l'action de la dette ancienne est une action nouvelle en indemnité. M. Labbé réplique que dans notre hypothèse l'empereur a bien pu vouloir donner les deux actions et il paraphrase ainsi ce qu'il suppose avoir été sa pensée : « Le consultant voulait, « à ce qu'il semble, que l'empereur rescindât la sentence rendue « en faveur de Théodora. L'empereur répond : cette rescision, « vous ne pouvez l'obtenir, mais vous avez une autre voie de « recours et il l'indique sommairement. »

Mais la paraphrase de M. Labbé est loin de serrer le texte de près. Dioclétien ne semble nullement vouloir indiquer de recours accessoire ; il dit seulement que dans un cas le créancier aura une action, que dans l'autre cas il aura droit à une autre action. Ceci nous paraît très clair.

De plus, ce système de conciliation nous semble contraire à l'équité. Il n'est en effet pas admissible que le débiteur soit à la merci du créancier et supporte toutes les mauvaises chances, sans en pouvoir espérer de bonnes.

C. — D'après un troisième système enfin cette controverse entre Ulpien et Marcien se rattacherait à la controverse qui exista entre Proculiens et Sabiniens, sur la valeur extinctive de la *datio in solutum*, controverse que nous avons déjà étudiée (1).

Le système de Marcien découlerait alors de la doctrine sabinienne par le raisonnement suivant : Puisque à leurs yeux la *datio in solutum* se confond avec le paiement, l'éviction en cas de

---

(1) Ce système est celui de Demangeat, t. II, p. 497 et 498.

datio doit produire les mêmes effets qu'en cas de paiement. Or le créancier évincé de l'objet qui lui était dû a droit à son action originaire, car l'éviction prouve qu'il n'a pas été payé. Il en est de même si le créancier est évincé d'un objet donné *in solutum*.

Le système d'Ulpien aurait son origine au contraire dans la doctrine proculienne. Quel rapport voit-on donc ici entre les deux doctrines ? D'après les Proculiens, la *datio in solutum* n'engendre qu'une exception. Or cette exception est fondée sur l'idée de vente suivie de compensation. Cela étant, si le créancier évincé intentait son action primitive, elle serait toujours paralysée par une exception de *dol*. L'action primitive étant inefficace pour le créancier, il faut lui en donner une autre. Laquelle ? L'analogie de la *datio in solutum* avec le contrat de vente permet de lui donner l'action *empti*.

Ce système ne nous paraît pas soutenable pour plusieurs raisons.

1° Les Proculiens n'admettaient pas que le prix de vente pût consister en autre chose qu'en argent. Or la doctrine d'Ulpien conduit précisément à tolérer le contraire, toutes les fois du moins que la créance originaire n'a pas pour objet une somme d'argent. Il y a donc contradiction entre les deux systèmes (1).

2° Si ce rapprochement existait, nous arriverions à un résultat bizarre dans la doctrine proculienne. La *datio in solutum* est-elle translative de propriété, elle n'engendre qu'une exception. Au contraire, assimilée au paiement, n'a-t-elle produit aucun effet par suite de l'éviction, c'est alors qu'elle donne ouverture à une action.

3° Ulpien dont on dit le système issu de la théorie des Proculiens relativement à l'effet extinctif de la *datio in solutum*, semble au contraire avoir admis sur cette dernière controverse la doctrine

(1) Cf. Accarias, II, p. 533.

sabinienne (1). Une telle divergence d'opinion serait incompréhensible.

4° Il y a erreur à soutenir que dans le système proculien sur l'effet extinctif de la *datio in solutum*, l'action découlant de la créance originaire est nécessairement et dans tous les cas paralysée par l'exception de dol ; sans doute elle est efficace si la *datio* a produit son effet, mais dans le cas contraire le débiteur se rendrait lui-même coupable de dol en invoquant une exception qui a cessé d'être fondée. Le créancier repousserait cette exception par une réplique de dol.

Pour tous ces motifs, il nous semble préférable d'admettre qu'il n'y a entre la controverse touchant la nature de la *datio* et celle qui existe sur le recours à accorder au créancier évincé, aucune connexité.

Vraisemblablement, celle de ces deux actions qui exista d'abord fut l'action générale en garantie, appelée *ex empto utilis* par assimilation avec les actions de la vente qui étaient les plus fréquentes. Lorsque plus tard la dation en paiement fut assimilée à un paiement, l'action née du contrat revécut tout naturellement.

Mais il faut ici remarquer que le créancier et le débiteur pouvaient n'être pas les seuls intéressés. La dette primitive avait peut-être été sanctionnée par des cautions, *fidepromissores, fidejussores* ou *sponsores*, contre lesquels leur bonne foi rendait injuste une poursuite que le maintien de l'action primitive rendait légitime.

Peut-être, dès lors, faudrait-il reconnaître que le créancier évincé avait l'action primitive seule ; mais que les anciennes cautions, qui se seraient crues de bonne foi libérées, pouvaient invoquer contre lui lorsqu'elles étaient poursuivies l'exception résul-

---

(1) 26, § 4, Dig. *De cond. ind.* XII, 6.

tant de la tradition de la chose? Il serait vis-à-vis d'elles considéré comme un acheteur.

Jusqu'ici nous n'avons étudié la garantie qu'au cas de *datio in solutum* d'une *res*. Que dire de celle d'une créance?

Elle suivra exactement les règles que nous venons de tracer.

Il nous faut cependant faire remarquer que le cédant d'une créance ne sera garant que de l'existence du débiteur cédé, et, sauf le cas où il y aurait eu dol de sa part, ne sera aucunement responsable de sa solvabilité, à moins qu'il n'y ait eu clause contraire (1).

SECTION III

EFFETS DE LA DATIO IN SOLUTUM VIS-A-VIS DES TIERS

En étudiant l'effet extinctif de la *datio in solutum*, nous avons dit que, soit qu'elle fût faite par le débiteur lui-même, soit qu'elle fût faite par des tiers, mandataires ou non, elle opérait l'extinction de la dette *re*, c'est-à-dire par la prestation de la chose. Nous avons étudié les conséquences qu'engendrait cette prestation en ce qui concerne le créancier et le débiteur. Mais ne peut-elle pas avoir effet à l'égard d'autres personnes, dont nous n'avons pas

(1) L.L. 4 et 5, Dig. *De her. vel act. vend.*, XVIII, 4; L.74, § 2, Dig. *De evict.*, XXI, 2.

encore parlé? N'y a-t-il pas d'autres personnes qui puissent avoir à souffrir de la dation en paiement?

Evidemment la dation en paiement pourra nuire aux créanciers du débiteur; elle diminuera en effet leur gage, en faisant sortir une valeur du patrimoine de ce dernier. Il nous reste à voir quels droits ils auront de s'y opposer.

En principe les créanciers d'un débiteur ne peuvent arguer du préjudice causé pour obtenir l'annulation d'un acte passé par lui. Ils doivent supporter les conséquences de tous les actes qu'il accomplit; car un débiteur reste maître de disposer de ses biens de la façon qu'il lui plaît sans avoir à en rendre compte à ses créanciers. Il faut pourtant en excepter un seul cas, celui de fraude. Un préteur, nommé Paulus, probablement vers l'époque de César, permit en effet aux créanciers de poursuivre la révocation des actes faits par leur débiteur en fraude de leurs droits. Il créa pour cela l'action Paulienne, qui a passé dans notre Code civil (*art.* 1167).

Cette action n'est cependant pas absolument universelle. Le préjudice éprouvé par les créanciers du débiteur ne peut servir de base à l'action paulienne, si le débiteur, qui a payé en fraude de leurs droits, n'a fait qu'acquitter lui-même une dette. Que faudra-t-il donc décider en cas de *datio in solutum*?

Si celle-ci est assimilée à la vente, aucun doute ne sera possible. L'action paulienne est en effet de la nature même de ce contrat à cause de la bonne foi qui doit y présider (1). Mais si on en fait avec nous un véritable paiement, la solution deviendra très douteuse. Le paiement en effet n'est évidemment pas passible de cette action, dès lors qu'il ne fait qu'acquitter ce qui était dû (2). Il ne réunit d'ailleurs jamais les conditions requises pour l'exercice de

(1) L. 26, *De contr. empt.*, XVIII, 1.
(2) L. 6, § 7, Dig., *Quæ in fraud. cred.*, XLII, 8

çette action. Il n'y a en effet aucune fraude de la part du débiteur à accomplir un acte qu'il ne pouvait éviter.

D'ailleurs, ce motif nous engage à trouver en cette matière une solution différente en cas de *datio in solutum* de celle admise en cas de paiement. Ici, en effet, la fraude sera non seulement possible, mais d'autant plus facilement présumable que l'acte profitera souvent au créancier, qui pourra acquérir ainsi une valeur plus considérable que la somme due.

TABLE DES MATIÈRES

DROIT ROMAIN

DROIT FRANÇAIS

ESSAI

SUR LA

LIQUIDATION DES SOCIÉTÉS

BIBLIOGRAPHIE

ALAUZET. — *Commentaire du Code de commerce,* 1879.
AUBRY et RAU. — *Cours de Droit civil,* 4e édition, 1869.
BÉDARRIDE. — *Des Sociétés,* 2e édition, 1872.
BOISTEL. — *Précis de Droit commercial,* 3e édition, 1884.
BRAVARD et DEMANGEAT. — *Traité de Droit commercial,* 1862.
CHAMPIONNIÈRE et RIGAUD. — *Traité des Droits d'enregistrement,* 6 volumes, 1re édition.
DEMANTE et COLMET DE SANTERRE. — *Cours analytique de Code civil,* 1884.
DEMOLOMBE. — *Traité des Contrats,* 3e édition.
DOMAT. — *Traité de la Société,* Paris, 1777.
DURANTON. — *Cours de Droit français,* 1834.
FAVRE (président). — *Rationalia in Pandectas;* Genève, 1619.
FOURCADE. — *Des Faillites non déclarées,* Lyon, 1889.
FRÉMERY. — *Etudes de Droit commercial,* Paris, 1833.
GARRAUD. — *De la Déconfiture, Rev. prat.,* t. XLVII.
GUYOT. — *Répertoire universel et raisonné de Jurisprudence,* Paris, 1785, t. XVI.
JOUSSE. — *Nouveau commentaire sur l'Ordonnance de 1673,* Paris, Debure, 1761.
LAURENT. — *Principes de Droit civil français,* t. XXVI, 1877.
LYON-CAEN. — *Précis de Droit commercial,* 1884.— *Traité,* 1891.

MARCADÉ et PONT. — *Commentaires des Sociétés civiles et commerciales*, 1872-1880.

MERLIN. — *Questions de Droit*. V° Sociétés, Paris, 1827.

PARDESSUS. — *Cours de Droit commercial*, 5e édition, Paris, 1841.

POTHIER. — *Traité des Sociétés*, 2e édition, Paris, 1861.

SAVARY. — *Parfait négociant*, t. I, 2e partie, livre 1er, chap. 2, Paris, Estienne, 1757.

SCACCIA. — *Tractatus de Commerciis et Cambio*, Francfort-sur-Mein, 1648.

SRAFFA. — *La Liquidazione della Societa commerciali (Archivio giudiricho)*, an. 1889.

THALLER. — *Des Faillites en Droit comparé*, 1887.

TOUBEAU. — *Institut du Droit consulaire*, Paris, 1700.

TROPLONG. — *Du Contrat de Société*, 1843.

VAN DEN HEUVEL. — *De la Situation légale des Associations sans but lucratif*, 2e édit., 1884.

VAVASSEUR. — *Traité des Sociétés civiles et commerciales*. 2e éd. 1878.

VORON. — *De la Liquidation judiciaire*, 1890.

Annales de Droit commercial.

Journal des Sociétés.

Revue de Jurisprudence.

Revue des Sociétés.

Ces dernières années, une malheureuse affaire fort importante, et dont le souvenir est encore dans tous les esprits, a donné une nouvelle actualité aux questions qui concernent le règlement des Sociétés civiles après la dissolution. Le peu de satisfaction que donnent les règles qui les régissent a même été si apparent que l'on a dû faire une loi sur ce cas spécial, la loi du 1er juillet 1893, qui suspendait le droit de poursuite individuelle des créanciers de la Société du Canal Interocéanique de Panama, et donnait au liquidateur pleins pouvoirs pour agir selon leurs intérêts.

Chose étrange, mais qui explique bien la nécessité de cette loi d'exception, on ne trouve à peu près aucun texte sur la matière, et toutes les questions ont été laissées à l'arbitraire de nos Tribunaux. Ils se sont, il est vrai, après de nombreuses hésitations, formé, depuis 1891 surtout, une jurisprudence favorable aux tiers.

Mais lorsque nous avons voulu étudier celle-ci, et nous demander pourquoi on n'avait pas jugé bon de l'étendre à la Société de Panama, il nous a semblé qu'elle manquait de base, et que son extension n'était guère possible. Son procédé n'a en effet rien de très juridique ; absolument prétorien, il peut se résumer dans ces paroles : il en est ainsi, parce que tel est mon bon plaisir.

Aussi, avons-nous été amenés à nous demander s'il n'y aurait peut-être pas quelques principes juridiques, permettant, sinon de justifier complètement la doctrine jurisprudentielle, et de l'étendre autant qu'il serait désirable, au moins d'expliquer quelques-unes de ses conséquences.

Telle est la raison d'être de notre sujet.

Notre principe ne donne évidemment pas satisfaction complète, mais, peut-être, étudié plus savamment que nous ne pouvons le faire, ouvrira-t-il de nouveaux horizons favorables à la réglementation des sociétés civiles.

CHAPITRE PREMIER

NOTIONS GÉNÉRALES. — DÉFINITIONS

Le mot *liquidation* joue aujourd'hui un très grand rôle dans le monde des affaires. Pour peu que l'on se trouve mêlé à la vie juridique, commerciale, ou financière, on l'entend très souvent répéter autour de soi dans les sens les plus divers. C'est en effet, dans notre langue, un de ces mots génériques, ne renfermant en eux-mêmes qu'une idée très peu précise, parce qu'elle est très générale. Et sa définition est fort difficile, par le fait même qu'il s'applique à bien des situations, qui n'ont entre elles qu'une analogie lointaine. Si l'on consulte son étymologie, *liquidum agere, rendre clair*, *débrouiller*, il est évident que l'on pourrait l'appliquer à toute opération, ayant pour but de mettre au net une situation plus ou moins compliquée, et l'on ne s'en fait pas faute dans le langage courant. D'ailleurs, le Dictionnaire de l'Académie lui-même reconnaît au mot *liquidation* ce sens très compréhensif, puisqu'il le définit : « L'action par laquelle on fixe ce qui était « indéterminé en toute espèce de compte. » C'est ainsi qu'on parle tous les jours de liquidation de dépens, d'intérêts, de fruits, de liquidation et partage d'une succession ou d'une communauté.

C'est ainsi encore que ce terme est très usité à la Bourse elle-même, où il désigne officiellement le règlement de compte qui s'effectue à intervalles fixes (tous les mois ou toutes les quinzaines) pour clôturer les opérations à terme.

SECTION I

DÉFAUT DE PRÉCISION DU MOT LIQUIDATION

Ses nombreux sens. — Mais, si dans ces locutions le sens exact du mot liquidation se trouve en pratique suffisamment déterminé, parce qu'il est toujours suivi d'un autre mot qui l'explique et précise sa portée, il n'en est pas toujours ainsi. Dans le langage juridique, le mot liquidation sans épithète, et le mot liquidation judiciaire, les mots liquidateur et liquidateur judiciaire prêtent à de nombreuses équivoques.

En droit commercial d'abord, nous trouvons établies sous le nom de liquidations judiciaires des situations très diverses. Je veux parler de sociétés et même d'individus, dont l'activité est suspendue, pour un temps ou définitivement, soit que, sociétés, elles arrivent au terme prévu par leur acte constitutif, soit que, individus comme sociétés se voient contraints, par des circonstances imprévues, de mettre un terme au cours de leurs opérations, peu important du reste qu'elles soient ou non au-dessous de leurs affaires. En d'autres termes, malgré des situations respectives qui présentent au fond les plus graves différences, les sociétés normalement dissoutes et pourvues d'un liquidateur par le Tribunal, les commerçants procédant à un règlement amiable en quelque sorte de leurs affaires, mais sous l'autorité de justice, les commerçants (individus comme sociétés) admis à la procédure de faveur que la loi du 4 mars 1889 a permis de substituer à la faillite dans des conditions déterminées; tous se trouvent, ou peuvent se trouver placés sous la même épithète (1).

M. Garraud en effet, en 1882 (2), prévoyait deux hypothèses, dans lesquelles la liquidation judiciaire pouvait légalement fonctionner, mais à la condition essentielle qu'elle demeurât une mesure agréée de tous et essentiellement provisoire.

« 1° Le commerçant qui se retire des affaires est maître de « charger un tiers de liquider son commerce; mais si sa situation « est embarrassée, il peut avoir intérêt à présenter requête au « Tribunal consulaire, pour être pourvu d'un liquidateur. Cette « mesure aura l'avantage, en mettant sous la main de justice le « gage des créanciers, de rassurer ceux-ci et de les amener à ne « pas entraver, par des poursuites intempestives, le travail de la « liquidation. Quoiqu'elle ne soit prévue par aucun texte, la « nomination d'un tel liquidateur judiciaire paraît rentrer dans « l'exercice de la juridiction gracieuse.

« 2° Un commerçant cesse ses paiements; ses créanciers ne « veulent pas provoquer contre lui une déclaration de faillite, « mais ils ne peuvent pas s'entendre pour organiser une liquida- « tion amiable; pourquoi ne pas leur reconnaître également le « droit de s'adresser au Tribunal consulaire, et de se pourvoir en « nomination d'un liquidateur, chargé d'achever les affaires com- « mencées, de payer les dettes et de faire rentrer l'actif commer-

---

(1) Nous devons, pour être complets, mentionner encore un autre sens de notre mot liquidation. Avant la loi de 1889, dans le but d'arracher aux rigueurs de la faillite des commerçants en état de cessation de paiement, mais jugés dignes d'intérêt, parce qu'ils n'étaient que malheureux et non coupables, les Tribunaux les déclaraient parfois en état de liquidation judiciaire. C'était un expédient illégal et il le serait encore plus depuis lors. — V. sur ce point. Voron, *Liquidation judiciaire*, nos 38 et s. — Garraud, *De la Déconfiture, Revue pratique*, t. 47, p. 317. — *Journal des faillites*, 1882, p. 145. — Fourcade, *Des faillites non déclarées*, p. 42 et s.

(2) *Journal des faillites*, 1882, p. 155. — Voir aussi Thaller, *De la faillite des agents de change*, p. 75.

« cial? Le Tribunal n'est pas saisi d'une demande en déclaration « de faillite; et s'il peut, en cas de suspension de paiement, « déclarer la faillite d'office, c'est pour lui une faculté, mais non « une obligation; rien ne l'empêche donc d'ouvrir une liquidation « judiciaire, réclamée par les intéressés, toutes les fois qu'il le « juge utile (1). »

Nous ne voyons pas pour quel motif ces mêmes solutions ne seraient pas admises encore aujourd'hui. Elles se basent en effet sur le grand principe de la liberté des conventions consacré par l'art. 1134 du C. Civ. « Les conventions légalement formées tien- « nent lieu de loi à ceux qui les ont faites. »

Si du droit commercial, dont nous nous sommes uniquement préoccupés jusqu'ici, nous passons au droit civil, notre champ va singulièrement s'élargir. Toutes les fois qu'une personne civile quelconque se trouvera sous le coup de poursuites judiciaires, à propos de sa dissolution, il va y avoir lieu à liquidation judiciaire contentieuse, car, par suite du défaut absolu d'organisation de la déconfiture, la liquidation sous l'autorité de justice se trouve être le mode normal capable de dénouer la situation.

Une succession bénéficiaire pourra, elle aussi, enfin, donner lieu à l'ouverture d'une liquidation judiciaire dans les deux cas suivants : 1° en cas d'abandon des biens de la succession par l'héritier, conformément à l'art. 802, § I du C. civ. ; 2° peut-être, aussi, au cas où l'héritier commettrait dans la gestion des biens de la succession, avant le paiement des dettes ou legs, des fautes

---

(1) Il est important de remarquer que cette combinaison n'est pas à conseiller. Le débiteur qui la pratiquera s'exposera, en effet, à de très graves conséquences. Il laissera souvent passer le délai qui lui est imparti pour déposer son bilan. Et au cas où, plus tard, les créanciers demanderaient, comme ils en ont le droit, la déclaration de faillite, il pourra être condamné comme banqueroutier simple (art. 586-4° du Code de commerce). Depuis la création de la liquidation judiciaire, il encourra de plus la déchéance du droit d'obtenir le bénéfice établi par la loi du 4 mars 1889 (art. 2, § 1, de cette loi).

graves susceptibles de compromettre le gage commun. A notre avis, le Tribunal serait en droit de lui enlever l'administration pour la confier à un tiers (1).

Nous voilà donc en fin de compte à la tête de cinq ou six situations, qui ont entre elles, nous le reconnaissons, de nombreux points communs et des analogies très apparentes, mais qui sont pourtant au fond très différentes. Toutes sont connues sous le nom de liquidations judiciaires. De cette assimilation de mots résulte une confusion dans les idées, inévitable pour le public, et souvent trompeuse, même pour l'homme le plus rompu aux affaires. Les règles des unes et des autres diffèrent. Ne sera-t-on pas tenté souvent d'oublier le point de départ, en face de règles commodes édictées pour une situation voisine ?

Ceci, hâtons-nous de le dire, n'est point chimérique. On en trouve de nombreux exemples. Nous nous bornerons à en citer deux très saillants. M. Brunet, liquidateur de la Société du Canal Interocéanique de Panama, ancien conseiller à la Cour de cassation, a produit, le 12 juin 1889, l'argumentation suivante, devant la Justice de paix du 9e arrondissement de Paris. « Attendu, dit « le jugement, que Brunet soutient que la mise en liquidation « d'une société civile, ainsi que la mise en liquidation d'une « société commerciale quelconque, entraîne le dessaisisse- « ment de l'administration des biens du débiteur et la prohibition « des poursuites individuelles ; attendu que Brunet appuie aussi « cette prétention sur les dispositions de la loi du 4 mars 1889 (2). » Nous ne ferons pas à M. Brunet l'injure de croire qu'une pareille confusion de principes et un pareil enchevêtrement d'idées, entre la liquidation normale et la liquidation judiciaire de 1889, aient pu sortir de la plume d'un ancien conseiller à la Cour de cassation. Nous croyons fermement que toute cette argumentation provient

(1) V. Garraud, *loc. cit.*, p. 164. — Charmont, *Revue critique*, 1891, p. 183.
(2) V. sur ce point, *Annales de droit commercial*, 1889, p. 230.

d'un apprenti jurisconsulte, chargé de la rédaction ; mais il n'en est pas moins vrai qu'il y a là confusion évidente et malheureusement assez fréquente.

Nous nous permettrons de citer encore un jugement du Tribunal de la Seine du 15 janvier 1891 (1), qui révèle une argumentation absolument analogue. Le liquidateur d'une société dissoute prétendait se baser sur la loi du 4 mars 1889, pour assurer l'égalité entre les créanciers, en les privant du droit de poursuite individuelle, et en faisant, par conséquent, c'était son but, considérer comme non avenue une saisie-arrêt faite par plusieurs d'entre eux. Le Tribunal, par une argumentation très puissante, rejeta cette prétention et montra, ce qui n'aurait pas dû faire doute, que la loi du 4 mars 1889 ne s'applique pas à toutes les sociétés en liquidation, mais seulement à celles qui sont en liquidation forcée après dépôt de leur bilan.

La confusion est donc réelle, et, pour tous, il importe d'y remédier (2).

Fixation d'un vocabulaire. — La première chose à faire pour éviter à l'avenir toute confusion serait, croyons-nous, la fixation

---

(1) *Gaz. des Trib.* du 4 avril 1891.

(2) Les exemples que nous avons cités montrent cette confusion faite par des gens du métier, mais il est remarquable que les magistrats eux-mêmes semblent ne pas en être toujours exempts. A Paris, au lendemain de la loi établissant la liquidation judiciaire, deux corporations se sont trouvées en présence : celle des liquidateurs qui se chargeait des liquidations ordinaires de sociétés, et celle des syndics qui avait pour but la liquidation des faillites. La première liquidation fut confiée par les magistrats aux liquidateurs. Mais les réclamations fondées des syndics changèrent vite cette manière de voir. Les syndics prirent le titre de : *Liquidateurs judiciaires et syndics,* et la corporation des liquidateurs celui de *Liquidateurs de Sociétés et administrateurs.* A quoi peut-on attribuer cette hésitation de nos Tribunaux ? Evidemment la faute en est à ce mot liquidation qui engendre la confusion.

d'un vocabulaire, autant que faire se peut dans les limites légales, et l'abandon du terme générique à une seule situation, la liquidation qui se passe toute entière en dehors de nos Tribunaux. C'est à ceux-ci qu'il appartient de faire passer peu à peu dans le langage courant de nouveaux termes, qu'ils sont souverainement libres de choisir, au moins dans les limites de leur juridiction gracieuse. Du reste, il semble bien qu'ils se soient déjà spontanément engagés dans cette voie. Nous faisons des vœux pour qu'ils élargissent encore leur cadre, et se tiennent avec persévérance dans les limites qu'ils se seront fixées.

En matière civile contentieuse, l'expression adoptée par les Tribunaux semble à l'heure présente être celle de *séquestre* (1) Elle a le grand mérite de faire ressortir d'un mot le caractère distinctif de cette liquidation : le liquidé n'a plus la libre disposition de ses biens. Mais elle tombe d'un autre côté dans le défaut que l'on a voulu éviter. Il ne faudrait pas, en effet, confondre ce séquestre avec celui qui est organisé par les articles 1961 et suivants du Code civil, lequel n'est qu'un simple dépôt, qui ne donne aucun droit d'action à celui qui le détient. On trouve pourtant aussi en matière civile l'expression *d'administrateur provisoire*, mais elle semble à peu près réservée à la succession bénéficiaire (2).

Si nous revenons à la matière la plus importante, la liquidation commerciale, c'est ici surtout que nous allons pouvoir constater des distinctions établies par la jurisprudence et en cherche de nouvelles.

Au début des embarras de certaines sociétés, les Tribunaux, se trouvant en présence de l'un des cas que nous citions tout à l'heure à la suite de M. Garraud, ont plusieurs fois nommé des agents

(1) V. Guillouard, *Tr. du dépôt et du séquestre*, nº 176.
(2) V. Orléans, 19 mai 1888. — Dal. 189, 2, 205.

qu'ils intitulaient *administrateurs provisoires* (1), tout comme ils les appelaient *séquestres* en droit civil, — agents sans pouvoirs propres, ayant besoin de l'adhésion de tous pour chacune de leurs opérations, essentiellement donc provisoires à ce titre, — agents, la plupart du temps, vite contraints de céder devant la moindre opposition, contre laquelle le peu d'étendue de leur mandat ne leur permet pas de lutter avec succès, pour faire place à de véritables liquidateurs ou à des syndics, suivant les cas. Cette expression nous semble très heureusement choisie. Ce sont des administrateurs, ils ont donc un certain pouvoir ; mais ce pouvoir est essentiellement fragile, comme le montre le mot provisoire. Et il ne pouvait guère en être autrement, puisque ces agents ne tiennent pas leur autorité de la loi, avec laquelle ils sont pour ainsi dire en opposition.

En matière contentieuse, réglée par nos codes, la latitude de nos magistrats est moins grande ; mais elle est encore considérable.

En inaugurant une nouvelle liquidation, nos législateurs de 1889, s'ils ne pouvaient guère prévoir que leur expression serait mal accueillie du commerce, auraient dû au moins se douter qu'ils apportaient par là, dans le même ordre d'idées, un nouvel élément de confusion, en une matière que nous avons déjà vue si peu claire. Grâce à elle, en effet, on peut trouver, dans une même liquidation, deux liquidateurs à pouvoirs bien différents. L'art. 4 al. 2 de la loi du 5 mars 1889 prévoit expressément cette situation.

Qu'on relise les discussions qui eurent lieu à la Chambre des Députés sur la question de savoir, si, en cas de cessation de paiement d'une société déjà dissoute, et pourvue à ce titre d'un liqui-

---

(1) V. Vavasseur, *Traité des Sociétés*, t. I, p. 68. — Fourcade, *Des faillites non déclarées*, p. 52. Des mesures de ce genre ont été notamment prises pour la Société de Panama (15 oct. 1888) ; le Comptoir d'Escompte de Paris (23 mars 1889) ; la Société des Dépôts et Comptes courants (14 mars 1891.)

dateur, il y avait lieu de continuer à ce dernier ses pouvoirs, en présence de l'autre liquidateur, qui devait être nommé d'après la nouvelle loi. L'on verra que ce vocable unique, affecté à deux personnages munis au fond de fonctions différentes, ou plutôt placés vis à vis l'un de l'autre en antagonistes, a amené le rapporteur à une confusion des plus lamentables, que ne parvinrent même pas à dissiper les explications, pourtant très nettes, de M. Thévenet (1).

Le Sénat paraît au contraire avoir toujours vu très clair dans la question. Il comprit très bien la possibilité d'une coexistence de deux liquidateurs et ne fit aucune difficulté pour l'admettre. Ceci pour nous aussi, hâtons-nous de le dire, n'est guère critiquable au point de vue juridique.

Dans toute liquidation, en effet, il y a en présence deux intérêts diamétralement opposés. D'une part, l'intérêt du liquidé : tous ses efforts doivent tendre évidemment à dissimuler le plus possible son actif, à faire croire sa situation très embarrassée pour tâcher de soustraire quelques parcelles de son avoir aux exigences de ses créanciers. D'autre part, l'intérêt de ces derniers : leur but est de dévoiler tous les agissements de leur antagoniste, de surveiller exactement les rentrées de capitaux, et d'en vérifier l'exacte répartition ; d'empêcher enfin que, par des manœuvres habiles, le liquidé ne parvienne à soustraire de l'actif, qui répond de leurs créances, quelque somme, dont il pourrait plus tard jouir à leur détriment. Et le législateur de 1889 s'en est bien rendu compte, d'autre part, lorsqu'il a institué des contrôleurs, qui peuvent être nommés dans toute liquidation judiciaire légale (art. 9, §§ 3 et 4), pour veiller aux opérations des liquidateurs nommés par le Tribunal.

(1) Séance du 7 février 1889. Au reste nous nous proposons de revenir plus loin sur l'argumentation produite ce jour-là par M. Laroze. D'après lui, la faillite et partant la liquidation mettent fin à la société.

Au reste, il est très logique de laisser en fonction l'ancien liquidateur. Pourquoi ne pas conserver pour la liquidation un homme qui connaît déjà très souvent à fond la situation du liquidé, un homme qui doit inspirer toute confiance aux créanciers, puisqu'il a été choisi ou tout aux moins agréé par eux. Le nouveau liquidateur surveillera dans l'intérêt des créanciers sa gestion dont il sera responsable ; il a donc ainsi sa réelle utilité puisque les contrôleurs ne sont responsables que de leurs fautes lourdes.

Mais le principe juridique de la dualité de fonctions vis-à-vis de la dualité d'intérêts une fois admis, on peut faire une critique fondée de la façon dont il a été appliqué. Nos législateurs, victimes eux-mêmes, comme nous venons de le voir, de la similitude de mot, n'eussent-ils pas bien fait de rappeler dans la dénomination des deux agents la différence qui existe entre leurs fonctions ? Pourquoi n'avoir pas admis, par exemple, l'expression de *curateur* qui avait été proposée (1) ? Elle aurait, opposée à celle de liquidateur, très bien fait sentir la différence de leurs mandats, actif chez l'un, tout passif chez l'autre. Et certes, la distinction étant bien comprise, personne n'aurait songé à trouver étrange qu'en cas de cessation de paiement d'une société déjà dissoute, il y eût concurremment un liquidateur chargé de compléter la capacité du liquidé dans son intérêt, et un curateur chargé de veiller sur les premiers dans l'intérêt des créanciers.

Malheureusement nos législateurs n'ont pas fait cette distinction et l'on trouve en pratique des sociétés ou des individus pourvus de deux liquidateurs. Aux Tribunaux et à la pratique, il appartient de faire néanmoins sentir la différence, en se servant d'une épithète toujours la même pour chaque catégorie, par exemple,

---

(1) Cette expression désigne en Belgique et en Italie le personnage qui correspond à notre Syndic. — V. Bailly, *An. de droit com.*, p. 58, n° 5. — Lyon-Caen et Renault, *Manuel*, p. 964.

en appelant *liquidateur social* celui qui gérait la société dissoute et qui agit dans son intérêt, et en laissant le terme de *liquidateur judiciaire* à celui qui, en vertu de la loi de 1889, est nommé dans l'intérêt des créanciers (1).

SECTION II

OBJET DE NOTRE ÉTUDE

Faisant donc, désormais, abstraction de toutes les distinctions que nous venons d'établir, nous nous contenterons d'étudier la liquidation extra-judiciaire, ou plutôt la liquidation ordinaire des sociétés qu'avec M. Voron nous appellerons *liquidation normale* (2). C'est en effet la liquidation type, celle qui a servi de modèle à tous les nombreux dérivés que nous avons cités plus haut.

Nécessité d'une Liquidation. — Prise dans son sens le plus général la liquidation d'une société est la suite naturelle de sa fin, tout comme l'ouverture d'une succession est la suite naturelle de la mort d'un individu. Aussi, toutes passent-elles par cet état, soit qu'elles arrivent au terme prévu par l'acte de la société, soit que des circonstances extérieures quelconques, comme, par exemple, la mort de l'un des associés ou son intention d'abandonner la société, les obligent à arrêter le cours de leurs opéra-

---

(1) M. Voron semble avoir déjà eu cette idée. *De la Liquidation judiciaire*, n° 134. — Et ce sont aussi les termes que semble avoir adoptés le Tribunal de commerce de la Seine. *Gaz. des Trib.*, 1er février 1891.

(2) Voron, *loco citato*, n° 269.

tions. Peu importe, du reste, qu'il s'agisse de sociétés commerciales ou civiles, de sociétés clôturant avec des bénéfices ou au contraire de sociétés se trouvant au dessous de leurs affaires. Comme nous le montrions au chapitre précédent, il y a là bien des diversités dans le mode d'application et dans la dénomination ; mais l'idée dominante est toujours la même : après chaque dissolution de société, il doit y avoir, sauf exceptions que nous verrons plus tard, un état spécial antérieur au partage, la liquidation. Sauf exceptions, avons-nous dit, et la possibilité (1) de ces dérogations au principe que nous avons posé se justifie aisément si l'on songe que les Sociétés ne font que passer par cet état, qui n'est ainsi qu'un moyen et non un but ; le but de toute dissolution est le partage et la liquidation n'en est que la préparation immédiate. Si le but est nécessaire par essence, jamais il n'en fut de même du moyen.

Au reste, l'opinion que nous émettons ici peut s'étayer sur les témoignages de nombreux auteurs. C'est ainsi que M. Boistel définit la liquidation : « Une opération qui a pour but de réaliser « l'actif et d'éteindre le passif de manière à faire ressortir l'actif « net qui se partagera ensuite entre les associés » (*Précis*, n° 379 *in principio*).

MM. Lyon-Caen et Renault : « La liquidation consiste à achever « les affaires commencées, à payer les dettes sociales, à recouvrer « les sommes dues à la Société. » (*2e édition*, tome II, n° 363.)

Enfin M. Rivière (2) et M. Bravard (3) comprennent la liquidation d'une façon identique. C'est pour eux une opération qui a pour but de reconnaître et de constater le montant exact de l'actif et du passif (4).

---

(1) Nous en étudierons plus tard la légitimité.

(2) *Répét. écr. sur le Code de commerce*, p. 162.

(3) *Traité de dr. com.*, n° 429.

(4) MM. Aubry et Rau ne définissent pas la liquidation de sociétés; nous verrons plus tard la raison de ce silence.

De ce concept, il faut logiquement conclure qu'il devra y avoir lieu à l'ouverture d'une liquidation toutes les fois qu'il y aura à dégager un actif ou un passif, c'est-à-dire à peu près toujours. Car, comme le disait déjà Pothier (1), il est de l'essence du contrat de société que les parties se proposent, par le contrat, de faire un gain ou un profit dans lequel chacune des parties contractantes puisse espérer d'avoir part à raison de ce qu'elle a apporté à la société. L'art. 1832 du C. civ., qui donne en matière de sociétés les règles fondamentales, régissant les sociétés de commerce comme les sociétés civiles, le dit du reste, lorsqu'il exige vue de partager les bénéfices pour qu'il y ait société valable. Et l'art. 1833 explique encore cette idée en demandant qu'il y ait un intérèt commun. Enfin, pour exprimer encore davantage la pensée de nos législateurs et y appuyer plus fortement, l'art. 1855 exige qu'il y ait participation de tous les associés aux gains et aux pertes (2).

Or, si tous les associés doivent participer aux gains et aux pertes,il faut évidemment faire une répartition, un partage, et partant le préparer, fût-il aussi rudimentaire que possible. Il est, en effet, bien peu de sociétés dont les affaires soient tellement à jour qu'elles puissent être arrêtées sur-le-champ et qu'il soit possible de procéder incontinent à la répartition entre associés. Toujours,il y aura en cours des opérations qu'il ne sera pas possible de laisser en suspens. Elles feront acquérir à la société des droits nouveaux, qu'elle ne doit pas abandonner, ou la grèveront de charges nouvelles, postérieures à la dissolution, qu'elle ne pourra pas se refuser à reconnaître.

---

(1) Sociétés, 12.

(2) En droit romain ce point fut vivement débattu. Mais l'opinion sabinienne qui finit par triompher était moins sévère que notre droit moderne (l. 29, § 1, Dig. Liv. XVII, tit. II). Une société était valable lors même que l'un des associés ne participait pas aux pertes.

Puis la société a aussi des débiteurs, solvables ou insolvables, dont la situation doit être réglée. Elle a des créanciers, intéressés à un règlement prompt et à une situation claire qui ne leur fasse pas courir des risques qu'ils n'auront pas dû prévoir.

Elle peut avoir des immeubles et des meubles corporels. Il faut, sinon les vendre, au moins en déterminer la valeur assez exactement pour que les parts soient sensiblement égales dans le partage.

Enfin, tout cela fait, la société pourra être, et sera le plus souvent créancière ou débitrice des associés. Il y aura lieu de la part de ceux-ci à des rapports ou à des reprises (1), toutes opérations préliminaires au partage, dont il subsistera toujours au moins quelques-unes, et qui seront l'objet de la liquidation.

Difficultés de la matière. — Pourtant, lorsque l'on veut pousser un peu l'analyse, que l'on cherche à se rendre un compte exact des principes qui président à la liquidation et à en déduire les règles à suivre, on se heurte dès le début de la matière à de très graves difficultés. De nombreux points n'ont jamais été élucidés ou du moins ne l'ont été que d'une façon fort imparfaite. Qu'est-ce que cet état ? Toutes les sociétés peuvent-elles passer par celui-ci ? Celles qui en sont susceptibles doivent-elles nécessairement y être soumises ? Quels sont les faits qui y donnent lieu ? Qui doit organiser la liquidation et nommer le liquidateur ? Qui sera représenté par lui ? Celui-ci une fois nommé, quels sont ses pouvoirs et à quelles opérations peut-il se livrer ? Enfin, quand peut-il considérer sa mission comme terminée ? Ce sont là autant de points restés obscurs et livrés à la discussion.

Si, en effet, nos législateurs ont étudié d'une façon très détaillée la faillite et les états qui lui sont connexes, entre autres la liqui-

---

(1) L'apport des associés peut n'être que de la jouissance. En ce cas, les choses soumises à ce droit seront reprises préliminairement au partage.

dation judiciaire dans la loi du 5 mars 1889, ils n'ont à peu près rien consacré au droit commun, à la liquidation normale.

On ne peut pourtant pas mettre cette omission de nos législateurs sur le compte d'un oubli. Lors de la confection du Code de commerce, la proposition de consacrer à la liquidation commerciale un titre spécial, fut en effet faite par le Tribunal et le Conseil de commerce de Lyon; mais elle fut repoussée par la Commission de révision qui invoqua un motif rien moins que probant, un motif qui, nous semble-t-il même, devait suffire à montrer la nécessité de la réglementation demandée (1). De tout ceci, il faut bien conclure que l'on a entendu laisser le champ ouvert à l'application du droit existant. Mais quel est-il? Ici commencent les discussions et les controverses.

Définition et division. — La jurisprudence est pourtant parvenue à tomber d'accord sur la définition à donner de la liquidation des sociétés. Elle a restreint la compréhension que nous avons vu donner à ce mot; elle a fait de la liquidation un état spécial, différant de tout ce que nos codes ont expressément prévu, état que nous pouvons définir : Une réglementation des affaires sociales sous le régime qui a été celui de la société pendant toute la durée de sa pleine activité.

Mais cette définition semble au premier abord anormale; elle ne cadre pas avec ce que nous trouvons dans le Code civil. Un autre mode de réglementation est établi par lui, en matière diffé-

---

(1) « Si l'acte de Société, disait la commission de revision, n'a pas déféré « la liquidation à l'un des associés, elle n'appartient de droit à aucun des « associés en particulier : elle est la propriété de tous. » Cette proposition est évidente, mais nous croyons qu'elle est loin d'avoir la portée qu'on lui attribuait. Si la liquidation appartient à tous, raison de plus pour réglementer le mode à suivre, lorsqu'il s'agit d'en confier l'exercice à quelques-uns seulement des associés, cas auquel se réfère expressément l'art. 64 du C. com. que nous étudierons plus loin.

rente, il est vrai, mais assez connexe pourtant. C'est celui qu'il nous a livré dans le titre des successions. Nous l'étudierons et verrons s'il ne faut pas l'appliquer à notre matière. Puis mettant en regard le mode spécial de réglementation que nous venons de définir et auquel nous réserverons, avec la jurisprudence, le terme de liquidation, appelant l'autre règlement de communauté, nous approfondirons les conséquences de l'un et de l'autre, et verrons quelle utilité il y avait à la création du mode spécial qui nous occupe.

CHAPITRE II

PRINCIPES QUI RÉGISSENT ACTUELLEMENT LA LIQUIDATION EN MATIÈRE COMMERCIALE ET EN MATIÈRE CIVILE

SECTION I

DIVERS MODES DE RÉGLEMENTATION DE LA SOCIÉTÉ APRÈS SA DISSOLUTION

A. — Du règlement de communauté, article 1872

Fondements. — Nous venons de dire que dans l'opinion générale la liquidation, prise dans son sens restreint, en matière de sociétés, était un état spécial, dérogeant au droit commun que nous avons qualifié dans un but de clarté règlement de communauté.

En effet, dit-on, il y a à l'admission de celui-ci comme droit commun deux motifs :

Le premier, un argument de texte, l'art. 1872 du Code civil, qui applique expressément au partage entre associés : « les règles « concernant le partage des successions, la forme de ce partage « et les obligations qui en résultent entre les cohéritiers. » On ferait donc ici une assimilation absolue entre le règlement d'une succession et celui d'une société dissoute. Et l'on ne peut nier, en effet, qu'il n'apparaisse dès le premier coup d'œil une analogie de situation entre les deux états, analogie qui paraîtra plus profonde encore lorsqu'on aura étudié le second argument, beaucoup plus délicat que celui-ci. (Nous verrons plus tard, lorsque nous en arriverons à sa discussion, quel cas il nous en faut faire.)

En second lieu, ajoute-t-on, quand y a-t-il lieu d'appliquer l'un ou l'autre de ces deux modes qui nous occupent? Lorsque finit la société, comme nous dit l'article 1865 du Code civil, c'est-à-dire, ajoute Merlin, lorsque la dissolution de la société a été opérée *ipso facto* (1).

Mais qu'est-ce donc que la dissolution? La dissolution fait cesser la société, la raye de l'existence. Désormais, elle est morte; il n'en subsiste plus aucun vestige, elle est anéantie. Quelle que soit la cause de cette dissolution « un état d'indivision se substitue entre les associés à l'état de société (2). » Si donc il ne reste plus aucun rapport social, s'il ne subsiste plus entre les ex-associés qu'une communauté d'intérêts, qui doit cesser par un partage, on devra suivre évidemment la marche prescrite pour le règlement des simples communautés. Qu'importe qu'il y ait eu primitivement un contrat, créant un état spécial de copropriété que l'on appelle une société. Celle-ci est morte, et les règles spéciales qui étaient autorisées par la loi pendant sa durée, ne doivent plus avoir leur application, à moins de convention spéciale.

Or, et l'on arrive ici à la même conclusion que celle du premier argument tiré de l'art. 1872, comment doit s'effectuer le règlement d'une communauté qui cesse? D'après les règles posées au chapitre VI du titre des Successions intitulé : Du partage et des rapports. C'est en effet lui qui constitue le droit com-

---

(1) Merlin, *Questions de droit*, v° Sociétés, § IX.
(2) Lyon-Caen et Renault, *Traité de droit commercial*, t. II, n° 298.

mun dans notre matière, ainsi que le prouve l'art. 1476 du même Code (1), écrit en matière de régime de communauté par contrat de mariage, qui y renvoie expressément.

Et que l'on n'objecte pas que la dissolution n'est pas opérée de plein droit, puisque les associés peuvent maintenir la société toutes les fois que la chose est possible, puisque par conséquent tout ne disparaît pas, à la dissolution, de ce qui formait la société. Non, il ne dépend pas des associés de se refuser à cette dissolution; elle a lieu qu'ils le veuillent ou qu'ils s'y refusent. Lorsque les parties déclarent maintenir la société, c'est une convention nouvelle qui se forme, et par conséquent, c'est une nouvelle société qui a été créée. Les associés ne peuvent, par aucun moyen, maintenir l'ancienne société que la loi a déclarée dissoute de plein droit. La dissolution est dès lors un fait accompli, quelle que soit la cause qui l'ait provoquée, et aucun être humain n'a jamais pu faire que ce qui est consommé soit non avenu dans le passé. Mais la loi ne met obstacle nulle part au contrat de société; elle l'encourage même. Aussi comprend-on fort bien qu'une nouvelle société puisse être créée exactement dans les termes de l'ancienne; elle aura effet dans l'avenir, et non dans le passé. Ce qui montre bien que cette dissolution a lieu de plein droit, c'est que, pour l'éviter dans les limites du possible, les associés sont obligés de prévoir expressément dans leur pacte social que certaines causes de dissolution n'auront pas d'effet.

Conséquences. — Comment s'effectuera donc ce règlement de

---

(1) « Au surplus le partage de la communauté pour tout ce qui concerne « ses formes, la licitation des immeubles quand il y a lieu, les effets du « partage, la garantie qui en résulte, et les soultes, est soumis à toutes les « règles qui sont établies au titre des successions pour les partages entre « cohéritiers. »

communauté? Devra-t-on suivre, de tous points, les règles prescrites au titre des Successions, ou bien faudra-t-il faire entre elles un choix, et n'en prendre que quelques-unes, en reconnaissant les autres inapplicables.

Pour nous, s'il nous fallait opter entre ces deux partis, nous nous déciderions sans hésiter pour le second. L'art. 1872, en effet, que l'on oppose aux partisans de ce système, est loin d'avoir l'étendue d'application qu'on veut bien lui prêter.

Il nous dit, il est vrai, au début, que « les règles concernant le « partage des successions... s'appliquent aux partages entre asso« ciés. » Si notre article se bornait à ceci, il n'y aurait certainement pas l'ombre d'un doute à avoir; l'assimilation serait absolument parfaite, et l'on ne pourrait pas y apporter la moindre exception. Mais l'article 1872 ajoute aussitôt : « Les règles concernant « la forme de ce partage et les obligations qui en résultent entre « les cohéritiers s'appliquent aux partages entre associés. » Cette disposition ne peut avoir pour but que de restreindre la portée de la première partie de la phrase. En effet si l'on ne veut pas admettre cette idée, il faudrait convenir qu'il y a là une énumération bien inutile, en même temps que bien incomplète et par conséquent maladroite. La conséquence en est donc que les termes de notre article ne sont pas aussi absolus qu'ils le paraissent, et que l'intention du législateur a été de ne pas rendre applicables au partage des sociétés toutes les règles du partage des successions.

Mais alors se pose une grave question. Quelles sont les règles à lui appliquer et celles qu'il faut au contraire laisser de côté? L'art. 1872 n'ayant à ce sujet rien précisé d'une façon absolue, il nous faudra donc nous référer au droit commun. Or le droit commun se trouve, avons-nous montré, dans le titre des successions; toute la question est dès lors de savoir si aux dispositions générales, intercalées ainsi par défaut de méthode à propos d'une situation spéciale, il n'en a pas été joint quelques-unes, qui ne se justifient que dans le cas expressément prévu. Autrement dit, en principe, le partage (1) est un seul et même fait juridique, consistant toujours à mettre fin à une indivision, quelle que soit la cause qui ait donné naissance à celle-ci : Quasi-contrat, contrat de mariage, succession ou société : puis donc que le fait juridique est identique, les conséquences doivent aussi en être les mêmes. Seulement, les rapports des cohéritiers entre eux n'étant pas les mêmes que ceux des associés entre eux, certaines des dispositions, ayant leur raison d'être entre les uns, ne pourraient se justifier entre les autres ; celles-ci on ne les appliquera pas. Il reste à savoir, maintenant que nous avons trouvé le critérium, quelles sont les unes et les autres.

A notre avis ne s'appliquera pas d'abord l'art. 841, ainsi conçu : « Toute personne, même parente du défunt, qui n'est pas son « successible et à laquelle un cohéritier aurait cédé son droit à la « succession, peut être écartée du partage, soit par tous les cohé- « ritiers, soit par un seul, en lui remboursant le prix de la « cession. » C'est le retrait successoral (2). Les motifs, qui l'ont fait admettre en effet en matière de succession, ne se retrouvent pas du tout lorsqu'il s'agit de sociétés. On a craint l'ingérence d'étrangers curieux qui pourraient, par ce moyen, connaître tous les secrets d'une famille et s'en faire peut-être plus tard une arme indélicate ; on a, de plus, voulu éviter en un règlement de compte où devait régner un grand esprit de conciliation et de famille, l'avidité d'un étranger, qui, voulant faire une affaire de spéculation, n'aurait aucun des égards que peuvent avoir entre eux des parents. Que ce soit bien là la véritable raison d'être de notre disposition, Lebrun lui-même s'est chargé de nous l'indiquer lors de la confection de notre Code : « Il a été introduit, dit-il, par

---

(1) Il n'est pas question ici de liquidation, puisque nous étudions le cas où il n'y en aurait pas par hypothèse.

(2) Inconnu en droit romain, il fut admis dans notre ancien droit par une interprétation des lois *Per diversas* et *ab Anastasio* (l. 22 et 23, C., *Mandati vel contra*, IV, 35) qui étaient relatives aux cessions de droits litigieux.

« cette raison qu'il y a ordinairement de la vexation ou un « étrange intéressement de la part d'un étranger curieux d'ap- « prendre les affaires d'autrui... *curiosus quin sit malevolus,* « avait déjà dit Plaute. »

Or, il est évident qu'en matière de société pareil motif ne peut être mis en avant. Nous ne trouvons plus ici que des intérêts pécuniaires, sans aucun intérêt moral. Il ne s'agit pas de secrets, mais d'affaires faites au grand jour, écrites et consignées dans les livres sociaux, que l'on peut, il est vrai, avoir parfois intérêt à cacher, mais sans que la moralité publique soit en jeu (1).

De plus, nous nous trouvons ici en matière exceptionnelle, s'il en fût; le retrait, quel qu'il soit, ne peut aucunement s'étendre par analogie, et notre loi a pris soin de nous indiquer chaque fois qu'elle a donné l'autorisation d'en faire usage, précaution logique puisqu'il est au fond un véritable dépouillement de propriété autorisé par la loi. C'est ainsi qu'en cas de communauté entre mari et femme, elle ne l'autorise qu'au profit de la femme, et encore dans un seul cas (2). La doctrine d'ailleurs admet comme la jurisprudence cette solution (3).

Ne sera pas applicable non plus, croyons-nous, l'art. 882, au moins dans sa partie finale, qui déclare que les créanciers d'un copartageant ne peuvent attaquer le partage consommé, à moins toutefois qu'il n'y ait été procédé sans eux et au préjudice d'une opposition qu'ils auraient formée. En droit commun, en vertu de l'art. 1167, les créanciers peuvent en leur nom personnel attaquer les actes faits par leur débiteur en fraude de leur droit. Pas n'est

---

(1) Ainsi jugé, Paris, 7 juillet 1836 (Dal. v° Success. n° 1870).

(2) Art. 1408, § 2. — Lorsque le mari a acquis une portion ou la totalité d'un immeuble appartenant par indivis à sa femme.

(3) Voir, Paul Pont (p. 514, n° 783); Laurent (t. XXVI, n° 411); Duranton t. XVII, n° 443); Troplong (n° 1059); Delange (n° 713); Bravard (p. 330); Aubry et Rau (4e éd. t. IV, p. 573); Alauzet (n° 265); Taulier (t. VI, p. 399; *Contra* Pardessus (n° 1087); Dageville (t. I, p. 80); Demante (t. VIII, p. 62).

besoin, pour qu'ils puissent agir, qu'ils aient fait opposition à la consommation de l'acte. Leur droit serait alors parfaitement évident. L'art. 1167 a justement pour but de leur donner un droit beaucoup plus étendu, capable de sauvegarder suffisamment leurs intérêts.

Que l'art. 882 écarte une pareille disposition, cela se comprend parfaitement, et d'ailleurs l'art. 1167, dans sa partie finale, mentionne cette dérogation que, par là même, il reconnaît de droit exceptionnel. En effet notre législateur, dans le but d'assurer la stabilité des partages de succession (où se trouvent souvent en jeu, avons-nous dit, des intérêts moraux), a substitué au moyen répressif de droit commun un moyen préventif. Il donne aux créanciers du copartageant le droit de faire opposition au partage et d'y intervenir, pour veiller à la conservation de leurs intérêts, tandis que d'ordinaire les créanciers, laissant par le fait même à leur débiteur la libre administration de leur patrimoine, n'ont aucun moyen de s'opposer à des fraudes toujours possibles.

Nous venons de montrer que l'article 882 est exceptionnel ; en vertu de l'adage *exceptio est strictissimæ interpretationis* et du texte *in fine* de l'art. 1167, qui l'applique expressément à deux cas spéciaux d'indivision, il nous faut donc admettre qu'il ne s'appliquera pas en matière de société.

Les créanciers sociaux devenus, par suite de la dissolution qui a rendu les associés copropriétaires indivis, créanciers pour une part de chacun des associés, pourront donc, s'ils y ont intérêt, critiquer le partage, et les créanciers personnels de chacun des associés auront, eux aussi, le même droit. C'est dire que le règlement de la communauté n'aura jamais, ou du moins pourra souvent ne pas avoir, un caractère suffisant de stabilité, et n'être ainsi qu'un instrument incomplet (1).

---

(1) Rejet, 9 juillet 1866 (Dal. 66, 1, 369). — Pont (p. 515, n° 785); Laurent (XXVI, n° 413). — Voir aussi Duvergier (n° 475); Troplong (n° 1060); Delangle (n° 706); Aubry et Rau (4e éd. t. IV, p. 573 et note 6).

En ce qui concerne l'apposition des scellés, nous croyons, quoique le cas ne se soit guère présenté en jurisprudence, qu'il pourra y avoir lieu d'y procéder avant la liquidation. Ce n'est là en effet qu'une mesure conservatoire aussi utile en matière de société qu'en matière de successions. On ne trouve à cette décision qu'une objection à faire (1). Les scellés peuvent empêcher la liquidation. Mais, à cela il est aisé de répondre qu'il en est absolument de même lorsqu'il s'agit d'une succession, et pourtant ici l'objection n'a arrêté personne. Les juges peuvent, en effet, prendre des mesures propres à éviter cet inconvénient, en nommant, par exemple, un juge liquidateur qui aura le droit de faire lever les scellés des objets qu'il voudra vendre.

Enfin il ne sera pas non plus possible d'appliquer au partage entre associés la prohibition édictée par l'art. 792. « Les héritiers « qui auraient diverti ou recélé des effets d'une succession sont « déchus de la faculté d'y renoncer ; ils demeurent héritiers purs « et simples, nonobstant leur renonciation, sans pouvoir pré- « tendre aucune part dans les objets divertis ou recélés. »

En effet, nous pouvons dire d'abord que ce texte, édictant une pénalité, doit être interprété restrictivement, selon le droit commun. Et cela est d'autant plus certain qu'il serait ici absolument impossible d'appliquer notre article et que nous ne pourrions procéder qu'en vertu d'une analogie plus ou moins lointaine. De toutes les pénalités qu'il édicte une seule serait applicable, pénalité, il est vrai, suffisante peut-être en matière de société, mais la moins grave de celles qu'encourt l'héritier. On pourrait concevoir qu'un associé, détournant des effets à partager, soit privé de son droit d'une part de ces mêmes effets. Mais peut-il y avoir pour lui déchéance de la faculté de renoncer et obligation d'accepter purement et simplement ? Cela ne se comprendrait pas. Il faudrait

(1) Alauzet (3e éd., t. II, n° 501). — Troplong (n° 1057). — Taulier (t. VI, p. 399).

donc comme le dit M. Laurent (1) « scinder la loi, ce qui serait « l'étendre plutôt que l'appliquer », et l'extension est si peu possible que le législateur lorsqu'il a voulu le faire pour un cas très analogue a jugé à propos de le dire expressément. L'art. 1477 en effet l'applique en cas de communauté : « Celui des deux époux « qui aurait diverti ou recélé quelques effets de la communauté « est privé de sa portion dans les dits effets. » Pourtant s'il était un endroit où il ne fut pas nécessaire de s'expliquer sur ce point, ce devait bien être ici, puisque l'article précédent venait déjà de nous dire que « le partage de la communauté pour tout ce qui « concerne ses formes, la licitation des immeubles quand il y a « lieu, les effets du partage, la garantie qui en résulte et les « soultes, est soumis à toutes les règles qui sont établies au titre « des successions pour les partages entre cohéritiers. »

Aucune pénalité ne pourra donc être infligée légalement aux associés, recéleurs ou voleurs, sauf bien entendu, celles prévues par les lois pénales (2).

Reste à voir ce qu'il nous faut penser de l'art. 815 du Code civil (3). Trouvera-t-il ici son application ? Les ex-associés devront-ils opérer le partage ? Évidemment notre article s'appliquera en ce sens que chaque associé pourra le demander et que sur sa demande, il sera obligatoire (4). Mais pourront-ils convenir aussi qu'il n'aura pas lieu immédiatement, laisser les créances et les dettes dans l'indivision après la dissolution de la société et faire

---

(1) *Loc. cit.*, n° 414.

(2) Voir Dal. 1865, 1, 352. — Pont (p. 516, n° 787). — Aubry et Rau (4e *éd.*, t. IV, p. 673 et note 5); Bravard (p. 333); Alauzet (n° 264); Marcadé (*Rev. crit.*, t. II, p. 77).

(3) « Nul ne peut être contraint à demeurer dans l'indivision, et le partage « peut être toujours provoqué nonobstant prohibitions et conventions « contraires. On peut cependant convenir de suspendre le partage pendant « un temps limité; cette convention ne peut être obligatoire au-delà de cinq « ans, mais elle peut être renouvelée. »

(4) Pothier (soc. 162 et 166), Alauzet, n° 266; Rauter, n° 270.

attendre plusieurs années à leurs créanciers une situation qui leur soit moins défavorable?

Nous croyons que ceci est leur droit absolu. L'art. 815 prévoit expressément une indivision, sans vouloir se référer uniquement aux communautés de successions, et, l'art. 1872 renvoie à tout ce qui concerne le partage des successions sans qu'aucun motif permette d'y déroger. Nous avons déjà fait remarquer, il est vrai, que ce dernier article n'est pas aussi absolu qu'il semble au premier abord et nous avons montré que, spécialisant sa pensée, il applique aux sociétés les règles concernant les formes du partage et les obligations en résultant entre les cohéritiers. Enfin nous avons pu poser en principe que le résultat absolu de cette restriction est de refuser l'application au partage entre associés des règles ne se justifiant dans le partage de succession que par la situation particulière des cohéritiers entre eux. Or il n'en est pas ainsi de notre article et à ce point de vue les ex-associés se trouvent exactement dans les mêmes conditions que des cohéritiers. Ils ne sont comme eux que des copropriétaires par indivis (1).

Au surplus, quoique cela semble au premier abord paradoxal, ne peut on pas dire que ce soit là un obligation résultant du partage. C'est une obligation négative, il est vrai ; mais elle résulte bien, non du partage proprement dit, mais de sa possibilité immédiate. Les ex-associés pouvaient partager immédiatement ; ils se sont engagés à ne pas le faire. Cette obligation sera pleinement valable.

Après avoir ainsi écarté les questions litigieuses, et précisé ce qu'il fallait reconnaître inapplicable parmi les règles que le Code pose en matière de partage, nous allons voir rapidement les conséquences qu'engendre un pareil système.

---

(1) *Contra* Duvergier (n° 473) ; Comp. MM. Troplong (n° 1058) ; Bédarride (n° 503) ; Talon, (p. 229). — Taulier (t. VI, p. 400) ; Bravard (*Soc. com.*, p. 318) ; Alauzet (n° 266).

De ces conséquences la plus importante, et celle qui, pour ainsi dire, engendre toutes les autres, c'est que l'actif devenu la propriété collective des associés ne pourra pas être réalisé sans leur consentement. Il faudra donc, si quelques-uns sont mineurs, observer les formalités prescrites dans notre Code, formalités longues et coûteuses (1). Si encore, le contrat de mariage de l'un des associés donne à l'autre époux un droit d'intervention, en certains cas, il pourra y avoir lieu à d'autres formalités fort gênantes ; comme par exemple en cas d'aliénation par un associé d'un immeuble sur lequel sa femme pourrait avoir des droits.

D'ailleurs cette nécessité d'un accord de tous les associés à propos de chacune des opérations du règlement des affaires sociales offrira souvent d'autres graves inconvénients. Il pourra arriver, et en fait il se présentera souvent, que, à la suite de cette dissolution, l'accord soit loin de régner dans la société ; il sera dès lors facile, à celui d'entre eux qui en aura le désir, de paralyser complètement les opérations, en refusant toujours son consentement.

De plus, comme les rapports particuliers qu'avait créés le contrat de société ont cessé, qu'il n'y a ni liquidateur, ni administrateur, les créanciers sociaux n'auront pas d'autres ressources que d'agir directement contre les associés individuellement. Mais alors il leur faudra subir le concours des créanciers personnels de chaque associé ; ils seront frustrés dans leurs plus légitimes espérances. Leurs calculs les plus sages seront souvent déjoués sans qu'il en soit de leur faute (2).

Puis, les frais seront bien plus considérables, s'il faut poursuivre chaque associé, surtout dans les sociétés où ils sont en

---

(1) Art. 817 et suiv. du Code civil.

(2) C'est là, il faut bien le dire, le principal des motifs qui ont poussé à la théorie de la liquidation. Il était inique en effet de voir un ensemble d'individus réunir leurs fortunes pour offrir aux tiers de plus grandes garanties qui, grâce à de nombreux créanciers personnels, se trouvaient souvent réduites à néant.

nombre considérable, notamment dans les sociétés par actions (1). Et à cela on ne peut même pas répondre que pareille défaveur se comprend assez, puisque la société a été faite dans l'intérêt des associés. Ceci d'abord n'est pas prouvé. La société est autorisée et trouve de nombreuses facilités dans notre Code, justement à cause de son caractère d'utilité publique, c'est-à-dire des avantages qu'elle présente aux tiers aussi bien qu'aux associés. Puis quand cela serait, n'est-ce pas nuire par là même à leur crédit, en inspirant des craintes à leurs cocontractants. De plus les associés en souffriront exactement pour leurs créances dans les limites ou cela leur serait profitable pour les dettes. Autant ils seront d'associés, autant il leur faudra exercer de poursuites contre chaque débiteur, chacun pour leur part (2). Et les débiteurs pourront leur refuser de payer tant qu'il ne connaîtront pas pertinemment le montant de celle-ci. En pratique les poursuites contre un débiteur devront être faites simultanément par tous les associés, ce qui entraînera souvent de grands embarras; et réciproquement chaque débiteur devra poursuivre simultanément tous les associés, conséquences peu faites pour faire aimer le système, car elles ôtent à la société son principal élément d'action, le crédit.

Il n'y aura pas de domicile spécial pour les sociétés dissoutes, puisqu'il ne subsistera plus rien qu'une communauté d'indivision entre les ex-associés. Le Tribunal compétent pour connaître des actions intentées contre eux ne sera donc pas unique. Chacun sera poursuivable devant le Tribunal de son propre domicile. C'est assez dire quels inconvénients engendrera cette conséquence. Si, par exemple, de deux associés poursuivis séparément, chacun

---

(1) Pour ces dernières même, de pareilles poursuites seraient absolument inconcevables; les porteurs d'actions sont très souvent inconnus, les actions au porteur étant en effet fort répandues, justement à cause des sûretés qu'elles offrent à leurs propriétaires et à la commodité qui résulte de leurs formes pour les transmissions.

(2) Art. 1220.

pour leur part, devant deux Tribunaux différents, l'un est condamné et l'autre absous, quelle sera la situation ! L'ordre public n'est-il pas intéressé à l'unité des jugements (1) ?

Puis, si les ex-associés vendent un bien immobilier indivis, il faudra purger sur chacun d'eux séparément et la purge est au premier chef une formalité longue et coûteuse. En effet, à la dissolution de la société, les droits de chacun d'eux, de mobiliers qu'ils étaient sont devenus immobiliers, et il faut purger pour les faire disparaître. L'art. 529 du C. civ. en effet ne reconnaît le caractère mobilier de ceux-ci que tant que dure la société. Or il est admis, nous l'avons montré et c'est d'ailleurs la base du règlement de communauté, qu'à partir de la dissolution celle-ci n'existe plus.

Si aussi les ex-associés confient, comme ils en ont du reste le droit, le règlement de la société dissoute à un seul d'entre eux ou à un tiers quelconque, plus capable de mener à bien cette tâche difficile, il est souhaitable qu'il ait une stabilité absolue qui assurera l'unité d'opération, qu'il ne soit pas privé de ses fonctions avant d'en avoir terminé ; eh bien, ici pourtant cette convention prendra fin d'après le droit commun, par la mort, la faillite ou la déconfiture d'un associé survenant pendant la liquidation.

Les obligations contractées par un ex-associé relativement au règlement de la communauté n'obligeront que lui selon les principes ordinaires, à moins qu'il n'ait reçu un mandat spécial.

Enfin la société étant dissoute ne pourra pas, si les paiements ne s'effectuent pas régulièrement, être déclarée en faillite, puisqu'elle n'existe plus. Les ex-associés n'étant plus commerçants ne pourront plus l'être non plus de leur côté ; et pourtant cette mesure aurait rendu de grands services aux créanciers en obligeant leurs débiteurs à se hâter pour l'éviter.

---

(1) Il faudra donc aussi assigner chacun des associés séparément en son domicile qui souvent ne sera pas connu. Ce sera encore une source de frais et de complication, et par conséquent de nullité de la procédure.

En résumé, le règlement de communauté, appliqué aux sociétés dissoutes, s'il semble bien être le droit commun, est en tous cas fort incomplet et fort imparfait. Il laisse sans défense et sans armes les parties adverses que la loi a pourtant, en favorisant de tout son pouvoir leurs relations, semblé chercher à mettre en présence.

B. — De la liquidation.

Mais nous avons dit qu'en regard de ce mode de règlement très imparfait, la jurisprudence avait peu à peu créé un mode spécial, bien préférable, sous le nom de *Liquidation* ou mieux de *Liquidation commerciale.* Nous allons étudier ici son caractère distinctif et ses conséquences générales. Nous en ferons ensuite l'application au droit commercial et au droit civil, en discutant quelle étendue d'application les principes de la jurisprudence permettent de lui assigner.

Fondements. — En face des conséquences désastreuses que nous venons de signaler, bien vite l'on en vint à chercher un mode préférable de règlement et l'on trouva facilement la formule à lui appliquer. Il fallait tâcher de donner à la société dissoute autant que possible les mêmes droits et les mêmes obligations qu'avant la dissolution. Pour arriver à ce but, on ressuscita, sans trop de peine, une fiction célèbre du droit romain, la fiction de la personnalité morale (1).

Nous ne nous proposons pas, dans cet ouvrage, de recommencer les célèbres discussions qui ont eu lieu dans le but de justi-

(1) Voir Van den Heuvel. *De la situation légale des associations sans but lucratif,* ch. I, *in princ.*

fier cette idée. Nous nous contenterons de dire qu'en droit commercial il a toujours été admis que, pendant la durée d'existence de la société, celle-ci formait un être, distinct des associés qui la composaient, ayant des créances et des dettes très différentes de celles de ceux-ci (notamment la société pouvait être mise en faillite sans que les associés le soient personnellement) (1). Comment en effet justifier sans cela les sociétés de capitaux et, surtout à notre époque, les vastes entreprises financières montées par actions sans responsabilité effective d'un membre quelconque.

Puis partant de cette idée, l'on s'est dit que puisque la société pendant son existence avait une vie à part, il serait peut-être possible d'admettre la survivance de cette fiction en vertu d'une seconde fiction, jusqu'alors inconnue. L'on reconnut alors que l'être moral social subsistait après la dissolution, survivait à celle-ci pour permettre la liquidation; tant qu'il restait quelque chose à partager, pourquoi vouloir en changer le propriétaire ? On admit donc que ce serait toujours l'être moral social. Mais la fiction étant par essence de droit étroit, on en vint rapidement à admettre la restriction de cette survivance aux seules limites nécessaires au rôle que l'on voulait lui faire jouer, à la liquidation. La société se survit à elle-même dans ces limites, mais dans ces limites seulement. La loi belge a consacré cette théorie en des termes très heureux : « Les sociétés commerciales sont « après leur dissolution réputées exister pour leur liquida« tion (2). » Chez nous, la consécration législative ne lui a pas encore été donnée, mais la jurisprudence est unanime à l'accepter. Dans leur récent ouvrage de droit commercial, MM. Lyon-Caen et Renault le constatent en ces termes : « La jurisprudence

---

(1) Sauf pour les associations en participation. Celles-ci, qui n'ont en effet aucune existence vis-à-vis des tiers, ne peuvent pas avoir de personnalité morale.

(2) Art. 111 de la loi du 18 mai 1873 sur les Sociétés.

« a admis que malgré la dissolution, la société subsiste encore « comme être moral pour sa liquidation. » *Traité*, t. II, n° 366.

La société ne peut plus ni vendre, ni acheter, ni faire le commerce en un mot, mais elle conserve dans la mesure d'existence nécessaire à l'accomplissement des actes de sa liquidation tous ses droits et tous ses biens.

Que ce soit bien là l'opinion de la jurisprudence, il est facile de le prouver. Nous rencontrerons cette idée présidant à tous les jugements ou arrêts que nous aurons à citer dans le cours de cette étude, quoiqu'il soit pourtant assez difficile d'en trouver quelques-uns rendus expressément sur ce point. En effet, elle est depuis si longtemps et si universellement admise, que la discussion n'est plus guère permise ; au reste, de nombreux arrêts ou jugements la mentionnent subsidiairement. Ainsi, pour en citer quelques-uns : « Une société dissoute continue à subsister pour « les besoins de sa liquidation (1) » ; et encore : « Après sa disso-« lution, la société étant réputée exister encore pour sa liquida-« tion, les tiers peuvent l'assigner au domicile social (2). »

Un arrêt un peu plus ancien fait peut-être encore mieux comprendre la liaison intime entre les pouvoirs de la liquidation et ceux qu'avait auparavant la société : « La mise en liquidation « d'une société, dit-il, ne saurait être assimilée à sa faillite ou à « sa déconfiture. La liquidation continue juridiquement la société « et ne peut être tenue qu'aux engagements pris par celle-ci « elle-même, sous les conditions et les modalités de la convention « passée avec elle et spécialement avec le bénéfice du terme qui « a pu lui être conféré (3). »

---

(1) Trib. com. Seine, 10 déc. 1883, *Rev. Sociétés*, 1884, p. 103. — *Droit (journal)*, 2-3 janvier 1884.

(2) Cour d'appel, Paris, 15 nov. 1886, *Rev. Sociétés*, 1887, p. 247.

(3) Cour de Paris, 24 avril 1884 (*Journal des Sociétés*, 1884, p. 581). Conf. Cass., 13 janvier 1892 ; Sir. 1892, 1, 100 ; Cas. 24 mai 1892 ; Sir. 1892, 1, 469 ; Cas. 28 juin 1893 ; *Dr.* 26 juillet 1893 ; Cass. 28 fév. 1894 ; *Gaz. Pal.* 1894, p. 378.

Enfin, nous nous permettrons de rapporter encore deux arrêts récents qui posent bien les bornes de ses pouvoirs, ou du moins le véritable principe permettant de les donner assez exactement : « La dissolution de la société survenue pendant les opéra-« tions du partage de la communauté ne donne pas plus de droits « à la femme, la société dissoute étant réputée subsister pour tout « ce qui tient à la dissolution (1). » Mais, dit un autre arrêt : « Une société en liquidation ne se survivant à elle-même que « pour les besoins de cette liquidation, les conventions *intuitu* « *personæ* qui avaient été faites avec cette société et devaient « tomber au cas où ladite société cesserait d'exister, sont rom-« pues par sa mise en liquidation (2). »

Et en effet cela se comprend fort bien. La fiction, avons-nous dit plus haut, doit s'interpréter restrictivement, Or, si elle est nécessaire dans les limites de la liquidation, pour la soutenir et la justifier, elle ne l'est pas au-delà. Bien plus, elle ne se comprendra plus alors : que la société dissoute se survive à elle-même dans les mêmes termes qu'elle a toujours vécu, et il n'y aura pas de liquidation. Qu'elle puisse contracter avec les tiers de nouvelles affaires, la situation durera indéfiniment et le but que l'on se proposait ne sera pas atteint.

En résumé, ce système de règlement établi par la jurisprudence sous le nom générique de liquidation, est fort simple. La société est un être distinct fictivement des associés. Il constitue une personne morale qui survit après la dissolution, pour achever le règlement des comptes et faciliter un partage qui se réalisera au mieux des intérêts de tous. Quant à ses conséquences, elles sont des plus fécondes, comme nous allons pouvoir en juger de suite.

---

(1) Cour de Paris, 18 mai 1888 ; Dal. pér. 1889, 2, 137.
(2) Trib. com. Seine, 14 nov. 1889, *Droit (journal)*, 13 décembre 1889.

Conséquences. — La plus importante peut-être consiste en ce que les créanciers sociaux continuent, après la dissolution, à avoir sur le fonds social, comme pendant la durée de la société, un droit qui prime celui des créanciers personnels de chacun des associés (1). Ils sont désintéressés sur celui-ci avant que ces derniers aient le moindre droit d'y toucher. A cela on a objecté qu'admettre une pareille solution, c'était créer un véritable droit de préférence qui constituait au fond un réel privilège. Or, a-t-on ajouté, ce privilège n'est pas inscrit dans le Code. Il porte à la fois sur les meubles et sur les immeubles et pourtant le titre des privilèges qui les énumère limitativement n'en fait aucune mention. D'autre part les privilèges sont de droit étroit et l'on ne peut les admettre qu'en vertu d'un texte exprès, car ils constituent une véritable faveur, et seule la loi peut être assez puissante pour régler une pareille question.

Mais pour faire cette objection il faut, disons-le, n'avoir examiné que bien superficiellement les rapports qui existent entre les diverses parties qui ont ici un intérêt. Il n'y a vraiment en pareille espèce ni droit de privilège ni même un droit quelconque de préférence. Bien plus, un droit de préférence ne se conçoit pas. L'essence en effet d'une telle faveur, c'est qu'il y ait deux droits portant sur un même objet. Or dans le cas qui nous occupe il y a bien deux créanciers différents, il est vrai, les créanciers de la société et les créanciers personnels de l'associé ; mais il y a aussi en regard deux débiteurs, deux obligés distincts : d'une part, l'associé qui a des dettes et des créances contractées en son nom personnel ; d'autre part, la société, être moral distinct, qui vit d'une vie propre, indépendante, qui a ses dettes et ses créances tout différentes de celles des associés. Nous avons ainsi deux droits parallèles, se cotoyant, il est vrai, mais sans se mêler

---

(1) Vavasseur, *Traité des Sociétés*, n° 200. — Lyon-Caen et Renault, *Traité*, t. II, p. 75 et suiv.

en quoi que ce soit. Les créanciers personnels de l'associé ne peuvent donc pas prétendre sur le fonds social à plus de droits qu'ils n'en auraient sur le patrimoine d'une personne physique autre que leur débiteur.

Cette conséquence est exprimée d'une façon très nette par un arrêt de la Cour d'Angers, ainsi conçu : « L'actif net seul appar- « tient aux associés... *Bona non intelliguntur nisi deducto ære* « *alieno*... Il ne peut y avoir d'actif social pour l'un des associés « avant la liquidation du passif (1). » Il est vrai que cet arrêt fut cassé. Mais la Cour de cassation n'en reconnaît pas moins le bien fondé de cette théorie. Elle en tire seulement une nouvelle conséquence. L'associé, s'il est en même temps créancier de la société, est, de ce chef, capable de figurer à la liquidation et, s'il est en faillite, ses créanciers ont le même droit que lui (2).

L'utilité de cette conséquence est bien facile à saisir. On peut dire que, sans elle, une société manquerait du plus puissant de ses moyens d'action, le crédit. La liquidation peut en effet se produire à tout instant, surtout dans les sociétés de personnes, sociétés en nom collectif et sociétés en commandite simple ou par actions, qui, la plupart du temps, se dissolvent par la mort de l'un ou du moins de certains des associés. Qui consentirait à acquérir une créance sur ces sociétés, à accepter pour débiteur un être, qui, à sa mort, toujours possible, toujours imminente, disparaîtra sans laisser de succession qui puisse garantir ses dettes.

Nous savons bien, il est vrai, qu'il en est ainsi au décès de tout débiteur, si son héritier accepte purement et simplement l'hérédité. Les biens du *de cujus* viennent se confondre avec ceux de l'héritier et les créanciers de l'un comme de l'autre concourent sur le patrimoine devenu unique (3).

---

(1) Cour d'appel d'Angers, 30 août, 1882. — *Rev. des Sociétés*, 1883, p. 83.
(2) Cas., 11 avril 1883. — *Rev. des Sociétés,* 1883, p. 431.
(3) Art. 724 du C. civ.

Mais il y a, qu'on veuille bien y faire attention, de grandes différences entre les deux situations. L'héritier n'est jamais obligé d'accepter purement et simplement une succession (1). Ses créanciers peuvent donc être moralement certains de ne le voir accepter la succession que si elle doit leur être avantageuse. Quel intérêt peut-il avoir, en effet, à augmenter gratuitement ses charges. Tout au plus pourra-t-il parfois, pour faire pièce à ses créanciers, au cas où il serait lui-même insolvable, accepter sciemment une pareille situation. Mais ce sera nécessairement rare.

L'associé au contraire, à l'extinction de la société, serait de plein droit investi de sa part dans les créances et dans les dettes, sans pouvoir s'y soustraire; et si la société se trouvait ou était reconnue plus tard en faillite ou en dessous de ses affaires d'une façon quelconque, ses créanciers personnels, à leur grand détriment, se verraient obligés de subir le concours des créanciers de la société.

Si maintenant nous comparons la situation respective des créanciers de la succession, d'une part, et de ceux de la société, d'autre part, nous allons y trouver la même infériorité dans la situation de ces derniers.

En effet, les créanciers du *de cujus* peuvent toutes les fois qu'ils y trouvent leur intérêt invoquer le bénéfice de séparation des patrimoines qui leur donne toujours entière satisfaction, en ce sens du moins que s'ils ne verront pas leur situation s'améliorer, ils ne la verront pas non plus empirer (2). Au contraire, lorsqu'il s'agit d'une société dissoute, ses créanciers n'auraient rien de pareil pour obvier à une situation qui leur ferait tort (3).

---

(1) Art. 774 et 775.

(2) Code civ., art. 878.

(3) Au fond pour nous la théorie de la survivance de la personnalité morale n'a rien innové à cet égard. Elle a abouti uniquement à l'extension du bénéfice de séparation de patrimoine aux sociétés, et n'a pas créé, en cette matière, un privilège spécial. Qu'est-ce en effet, désormais, qu'une

Il faudrait donc pour donner aux créanciers en cas de liquidation les facilités et les avantages qu'ils ont en cas de succession, leur reconnaître un véritable privilège. Et nous venons de voir qu'un privilège ne peut exister que s'il est établi par la loi. Or, comme la loi n'établit la séparation des patrimoines qu'en matière de succession, il nous est impossible de l'étendre en matière de société.

Au reste ce n'est pas à dire que la distinction que, sans le principe de la liquidation, on est obligé de faire entre ces deux situations quant à leurs conséquences, ne se justifie pas, au moins vis-à-vis des associés et des héritiers. Tandis en effet, que les premiers connaissaient parfaitement ce à quoi ils s'exposaient, savaient qu'un jour ou l'autre, la société serait dissoute et n'ont après tout à supporter que les conséquences de leurs engagements; il en est loin d'être de même des autres. Héritiers, ils ne pouvaient pas savoir d'avance s'ils le seraient. En tous cas, ils ne pouvaient connaître nullement la consistance de la future succession et n'ont pris ici aucun engagement. Les obliger au même degré que les associés aurait été une criante injustice. On les aurait condamnés pour des actes d'autrui qu'il n'était pas en leur pouvoir d'empêcher.

Et vis-à-vis des tiers créanciers de la succession ou de la société, la distinction se justifie encore par les mêmes motifs.

D'ailleurs, quels qu'en soient les motifs, les maux étaient pareils et il était logique de leur appliquer pareil remède; aussi est-il à remarquer que, à l'insu peut-être de nos tribunaux, la

---

société personne morale dissoute, sinon un être de condition spéciale défunt, laissant une succession et des héritiers.

Cette idée en amène une autre. Peut-être serait-il possible aux partisans de la jurisprudence, de justifier cette fiction de la survivance qui est si vivement discutée au moyen de cette analogie : *Hæreditas personam defuncti sustinet.— La liquidation représente la société dissoute.* Nous ne faisons qu'indiquer la question sans prétendre en tirer nous-mêmes des arguments.

séparation des patrimoines n'est autre chose qu'une véritable liquidation. La jurisprudence fait en ce cas de la succession un être distinct, une personnalité morale, ou plutôt elle fait survivre fictivement la personne du défunt pour la liquidation de cette succession, et en établit la répartition comme s'il était encore vivant. Dès lors, découlent naturellement de la séparation des patrimoines toutes les conséquences que nous reconnaissons à la liquidation jurisprudentielle.

L'utilité de cette première déduction de notre principe pour le crédit de la société est donc bien démontrée. Etre exposé, comme on le serait sans cela, à perdre à tout instant son gage exclusif sur l'actif social et à venir en concours avec les créanciers personnels, qu'il n'est même pas possible de connaître pendant l'existence de la société, est en effet une conséquence peu faite pour décider les tiers à contracter avec celle-ci. Sans elle, on n'aurait pas, on ne pourrait pas avoir confiance dans la société et pourtant c'est de confiance que vit la société (1).

2° L'être moral social survivant pour la liquidation, la propriété des biens réside toujours sur sa tête. Les associés n'y ont encore qu'un droit éventuel. Ceci est une conséquence si évidente de la séparation des deux êtres, société et associés, qu'il nous semble, après les explications données ci-dessus, inutile d'entrer dans de grands développements. Quant à son utilité, il nous sera facile aussi de la faire ressortir. Dans une liquidation quelque peu importante, il y aura presque toujours des biens à aliéner. Or, sans cette conséquence, pareille aliénation serait souvent difficile, parfois même absolument impossible. Qu'il y ait, par exemple, un mineur dans la société, il faudrait alors pour aliéner les biens sociaux valablement avoir recours aux multiples forma-

(1) Conf. Statuts de Gênes (L. IV, ch. XII) « *creditores societatum mercatorum..... in rebus et bonis societatum præferuntur quibuscumque aliis creditoribus et etiam dotibus.* »

lités de la vente judiciaire. De plus, dans les grandes sociétés par actions, il sera souvent impossible de savoir s'il y a des mineurs. L'on aboutirait d'ailleurs, en raison du nombre des associés, à des situations absolument inextricables.

Ce n'est pas tout; nous n'avons vu jusqu'à présent que le moindre des motifs qui justifient cette solution. Il importe peu, après tout, que la liquidation soit délicate. Il y a des hommes d'affaires dont la mission est justement de les démêler. Mais toutes ces formalités auront un autre grave inconvénient. Elles rendront la liquidation non seulement difficile, mais longue. Or, les usages du commerce demandent la célérité dans les opérations ainsi que l'économie dans les frais. Tant de formalités auraient produit des désastres. En effet, des créanciers se seraient présentés avec des effets qui doivent être payés à échéance fixe. Les scellés apposés, comme ils doivent l'être chaque fois qu'il s'agit d'un partage où interviennent des mineurs (1), le paiement n'aurait pu avoir lieu au jour indiqué. Il y aurait eu des protêts faute de paiement, qui auraient bien vite entraîné la déclaration en faillite de la société que l'on voulait liquider. On avait ainsi tout à perdre et rien à gagner. Ce n'est pas à dire du reste que l'on ne pourra pas, si besoin est, remplir quelques-unes de ces formalités. Mais les parties ne seront pas liées par les articles du Code civil relatifs à la matière et ne les rempliront que dans les limites qui pourront être utiles à la liquidation de la société. Notamment les scellés, dont nous venons de signaler le grave inconvénient, pourront parfaitement être apposés. Mais rien n'y oblige. Et lorsqu'on jugera utile de le faire, on prendra des dispositions pour éviter que cela ne nuise à la liquidation et n'entrave sa marche (2).

---

(1) Code civ., art. 819.

(2) Cas., 29 mai, 1865. — D., 65, 1, 380. — Pont, n° 1391. — Laurent, XXVI, n° 412. — Voir ci-dessus, p. 30.

3° Les immeubles de la société ne sont pas grevés d'hypothèques générales du chef des associés. En effet, une hypothèque ne peut porter que sur les biens de celui qui la constitue. Mais comme l'être moral survit pour sa liquidation, c'est lui qui reste propriétaire des biens qu'il possédait pendant l'existence de la société. Les créanciers d'un associé ne peuvent prétendre à plus de droit que leur débiteur ; or, en sa qualité d'associé, il n'a droit de percevoir aucune somme dans l'actif qu'après la libération entière et définitive de cet actif, qu'après la fin de la liquidation.

Cette conséquence a elle aussi une grande utilité pour le crédit de la société. Tout le monde sait combien l'on se méfie de ces hypothèques indéterminées, la plupart du temps même non inscrites et partant ignorées. L'expérience a montré qu'elles sont souvent des moyens de fraude, qu'elles servent fréquemment à tromper les tiers justement parce qu'on ne connaît pas leur existence ou du moins leur portée. Combien la méfiance aurait-elle été plus plausible encore en matière de société et quel embarras elles auraient apporté. Les associés peuvent être nombreux. Les créanciers se succèderont fort rapidement. Que de travail de recherches pour arriver à élucider cette question ! Cela aurait été impossible. D'autre part qui aurait eu confiance en une hypothèque pouvant d'un instant à l'autre se trouver primée par des hypothèques générales antérieures (1). Et il en sera de même des hypothèques spéciales à plus forte raison. Elles auront en effet été constituées par quelqu'un qui n'en avait pas le droit puisqu'il n'était pas propriétaire (2).

4° La purge aura lieu sur la société et non sur chacun des associés si pour liquider on est obligé de vendre un immeuble de

---

(1) Arrêt, ci-dessus. — Cass., 29 mai 1865. — Dal., 65, 1, 380.

(2) « L'hypothèque consentie par un associé d'une société civile sur sa « part indivise dans les immeubles de la société est nulle. » (Cass., 23 fév. 1891. — Sir., 92, 1, 73). A plus forte raison en sera-t-il de même en ce qui concerne les sociétés commerciales.

la société ; et cela pour la même raison. C'est elle qui est propriétaire même pendant la liquidation. Or on purge sur le propriétaire seul et non sur des tiers. Les associés ne sont que des créanciers de la société, tant que la liquidation de celle-ci n'est pas achevée, ou plutôt, pour être plus exact et revenir à la comparaison que nous avons déjà faite entre les sociétés et les personnes, ils sont les héritiers éventuels,pour ainsi dire,de la société au moment de son décès.

D'ailleurs l'on conçoit très bien l'utilité et même la nécessité de cette règle dans les sociétés de commerce. La purge est une formalité coûteuse. Si l'on purgeait contre tous les associés, les frais seraient par trop considérables. Dans les sociétés par actions on serait du reste acculé à une impossibilité matérielle ; on ne saurait pas le plus souvent contre qui purger.

5° Les droits de chaque associé pendant la liquidation restent purement mobiliers. En effet la société qui liquide, étant toujours réputée subsister dans les mêmes termes qu'auparavant au moins dans les limites nécessaires à sa liquidation, reste propriétaire du bien social, des immeubles aussi bien que des meubles. Les associés n'ont qu'un droit éventuel au partage de l'actif restant ; ils ne sont donc que de simple créanciers et non des copropriétaires et leur droit n'est qu'un droit de créance, c'est-à-dire reste purement mobilier jusqu'au partage.

Il est vrai qu'on objecte contre cette solution l'art. 529 du Code civil qui, parlant du droit des associés sur les immeubles sociaux, déclare ce droit mobilier, tant que dure la société. Or la société cessant à la dissolution, le droit des associés devient à cette époque immobilier. Nous nous contenterons pour l'instant de répondre que la loi a bien pu vouloir dire par là : tant que la société n'aura pas entièrement réglé ses comptes avec les tiers créanciers, tant que la liquidation ne sera pas terminée.

Cette interprétation s'impose même en fait si l'on ne veut pas renier le fondement même de toute la théorie jurisprudentielle de la liquidation. Le principe posé, on ne peut pas en scinder à son gré les déductions qui en découlent naturellement. Puisque l'on admet la fiction de la survivance de la personnalité morale pendant toute sa durée (1), il faut bien admettre toutes ses conséquences tant qu'un texte bien formel ne vient pas y déroger. Nous croyons fermement que l'art. 529 n'y déroge pas davantage que l'art. 1865 qui n'a pas empêché l'admission de la fiction (2).

Un arrêt de la cour de Bordeaux du 30 mars 1886 (3) résume admirablement tout ce que nous venons de dire et montre l'accord de la théorie et de la jurisprudence sur ce point : « Les droits de « chaque associé sur les biens de la société, dit-il, sont purement « mobiliers tant que la société existe et même après sa dissolution « jusqu'à la fin de la liquidation ; par suite, lorsqu'une société « propriétaire d'immeubles est dissoute mais non liquidée, les « associés ne sont pas copropriétaires de ces immeubles et ne peu- « vent en demander la licitation ; le liquidateur seul peut les « vendre (4). Attendu que si l'art. 529 du Code civil dispose que « les droits de chaque associé sont de nature purement mobilière « seulement tant que dure la société, les expressions dont la loi

---

(1) Voir ci-dessus, p. 37.

(2) Ce raisonnement est-il absolument impeccable? La fiction ne doit-elle pas être restreinte ? Elle n'empêche pas la société d'être dissoute, c'est-à-dire d'après l'opinion dont s'agit, anéantie. La survivance n'est qu'une exception. Or *exceptio est strictissimæ interpretationis*. Nous nous proposons d'étudier ceci plus loin.

(3) Dal. Per. 86, 2, 284.

(4) Ceci est une tout autre question. Pour beaucoup d'auteurs, il faut l'autorisation des associés pour que le liquidateur puisse vendre les immeubles. Et en effet, comme le dit M. Rivière, « la vente des immeubles, bien « que ce soit un acte de liquidation, est d'une telle importance et peut se « faire à des conditions tellement différentes qu'elle exige nécessairement « une autorisation spéciale. » *Dans ce sens :* Pardessus, IV, n° 1074 *in fine*. Bédarride. Sociétés, III, n° 529. — Delangle, II, 691. — Boistel, n° 382. — Bravard, *Traité des Sociétés*, p. 290.— *Contra :* Paul Pont, Sociétés commerciales, n° 1957. — Troplong, Société, III, n° 1018. — Lyon-Caen et Renault (1884), I, 568. — Req., 24 juillet 1871 (Dal. pér., 71, 1, 199). — Voir *Rev. des Soc.*, 1886, p. 322.

« s'est servie doivent s'entendre non de la dissolution, mais de la « liquidation définitive de la société, que la nature même des « choses exige que jusque-là le caractère des propriétés qui lui « appartiennent ne subissent aucune modification, qu'il n'y a « point de distinction à faire entre les rapports des associés entre « eux et leurs rapports avec les tiers. Que les inconvénients qu'on « a voulu prévenir se présenteraient toujours si chaque associé « avait un droit de copropriété indivise sur les biens sociaux dès « que la société serait dissoute. »

Il nous faut joindre à ceci un arrêt récent qui donne la même solution par *a contrario* : « En présence d'un société dissoute qui « n'est pas en liquidation le droit des associés s'applique directe- « ment aux objets meubles ou immeubles. » Cas. 24 mai 1892. — Sir. 1892, 1, 469.

Il nous reste à indiquer en quelques mots les conséquences du refus de l'idée que les associés n'ont qu'un droit mobilier. Si leur droit est immobilier, il ne peut être qu'un droit de propriété. Ce ne peut être en effet un droit d'emphytéose ou un droit d'hypothèque puisqu'il faut pour les constituer un acte spécial passé par devant notaire. Il ne peut être non plus un droit de servitude ou d'usufruit, car un pareil droit ne leur serait d'aucune utilité. Il faut donc admettre un droit de propriété. Si chaque associé a un droit de propriété sur les immeubles de la société, nous aboutirons par le fait même à une indivision entre copropriétaires. A quoi servira alors de faire survivre la personne morale de la société? On pourra bien encore reconnaître aux créanciers sociaux un droit de préférence, mais la propriété des biens ne résidera évidemment plus sur la tête de la société ; la purge ne pourra plus avoir lieu sur la société ; l'assignation ne pourra plus être donnée au siège social..... La liquidation n'aura donc plus qu'un intérêt très minime qui ne sera pas suffisant pour justifier l'intervention d'une fiction.

6° L'assignation donnée au siège social suffit. Pas n'est besoin d'assigner les associés en bloc, ni même d'assigner les liquidateurs dont on peut ne pas savoir les noms ; il est suffisant d'assigner la société sous son nom social, en son siège social. En effet c'est l'être moral lui-même qui est encore propriétaire, c'est lui qui a, comme pendant la durée de la société, la charge de représenter les associés en justice. Il subsiste, avons-nous dit, pendant tout ce temps, comme être distinct; il peut donc bien avoir un domicile spécial. « Attendu en droit (1) qu'une société dissoute « par le décès d'un des associés continue d'exister pour les opé- « rations de la liquidation et que l'assignation qui a été donnée « à la société au siège social est en conséquence régulière lors « même qu'elle n'aurait pas été donnée nominativement à la per- « sonne du liquidateur... » La jurisprudence va même plus loin. Elle se refuse à admettre comme valable une assignation donnée contre l'un des associés. « Le jugement rendu contre une société « constituée sous une raison sociale telle que T. et Cie ne doit pas « être rendu exécutoire contre l'associé en nom personnellement « en l'espèce contre T. (2). »

L'utilité d'une pareille conséquence n'est pas à démontrer. Elle est absolument la même que pendant la vie active de la société; économie de frais, de temps et de procédure, et par conséquent moins de dangers de nullité.

7° La jurisprudence reconnaît que les marchés conclus entre un associé et la société, espèce assez rare, il est vrai, mais curieuse, subsistent après la dissolution de la société. Il en serait, avons-nous vu, de même à l'égard des tiers, par essence même, au moins dans les limites de la liquidation. Or, en tant que contrac-

---

(1) Cas. Req., 16 août 1830. — D. P., 82, 1, 80.

(2) Trib. civ. Genève, 13 novembre 1883. *Semaine judiciaire de Genève*, 7 janvier 1884. — Rapprocher de là deux arrêts récents qui admettent également comme valable l'assignation donnée aux administrateurs de la société dissoute et non aux liquidateurs. — Douai, 12 juin 1893 (*Droit*, 26 août 1893). — Cas., 28 juin 1893 (*Droit*, 26 juillet 1893). — Cas., 28 fév. 1894 (*Gaz. Pal.*, 1894, 378).

tant l'associé n'est pas considéré autrement que comme étranger à la société ; il est tenu dans les mêmes limites (1).

8° La liquidation peut être mise en faillite. C'est encore là pour les tiers une garantie très efficace. Le liquidateur n'étant pas personnellement responsable en tant que liquidateur n'aurait pas intérêt à hâter la liquidation, et les associés, qui ne pourraient pas personnellement être mis en faillite, auraient souvent intérêt à la faire traîner en longueur sinon à frauder les tiers. Cette menace permanente suspendue sur la tête des associés comme une épée de Damoclès les obligera à veiller à la célérité de la liquidation et à y apporter une grande bonne foi (2).

De l'examen de toutes ces conséquences, nous pouvons donc conclure que le système de la jurisprudence a une immense utilité. Bâti sur une fiction, celle de la personnalité morale, avec l'aide d'une seconde fiction, celle de la survivance de cette personnalité, il se justifie néanmoins assez bien. Nous l'allons voir dans les sections suivantes.

---

(1) « Attendu qu'une société en liquidation n'en subsiste pas moins encore « sous la gérance des liquidateurs... Attendu que l'associé qui en tant que « particulier a passé des marchés avec la société dont il faisait partie est « tenu même après la dissolution de la société jusqu'à la fin de la liquida- « tion d'exécuter les marchés vis-à-vis des gérants liquidateurs ». C. Ap. Douai, 17 juillet 1841. — Dal. Rép. v° *Société*, ch. V, sect. I, art. 6, § 1017.

(2) Conf. Douai, 9 fév. 1825. — Dal. 25, 2, 195. D'après cette décision chaque membre d'une société en faillite devrait être réputé lui-même en état de faillite individuelle par cela seul que la société est en état de faillite collective. — Mais ceci, vrai dans l'espèce, ne l'est évidemment pas toujours. Ce ne peut être vrai que dans les sociétés contractées *intuitu personæ* et seulement pour les associés solidaires.

SECTION II

DE LA LIQUIDATION COMMERCIALE

Nous avons exposé dans la précédente section l'idée qui présidait à la théorie jurisprudentielle de la liquidation. Il nous reste à chercher si elle n'a pas un fondement juridique. Ce fondement, la jurisprudence l'a trouvé dans la liquidation commerciale.

A. — Justification historique et légale.

La liquidation semble ne dater que du XVIIIe siècle (1).

En droit romain, il est assez difficile de savoir au juste jusqu'à quel point les jurisconsultes faisaient la distinction entre la liquidation et le partage, ou s'ils admettaient le règlement de communauté que nous avons exposé au début du précédent chapitre. Il semble bien pourtant que, au moins dans la période classique, on réservait plus spécialement l'action *pro socio* à la liquidation (2) et l'action *communi dividundo* pour présider au partage (3).

---

(1) Frémery. *Etudes de droit commercial,* p. 69.

(2) Digeste. Loi 52, § 3 et 4; loi 65, § 15 et loi 74. — *Pro socio,* XVII, 2.

(3) L. L. 1 et 2 pr. *Communi dividundo,* X, 3. Il semble cependant que la distinction n'était pas absolument parfaite et que souvent une seule des deux actions pouvait suffire, l'action *communi dividundo* le plus souvent, car elle était de bonne foi (Loi 38, § 1; loi 43. — *Pro socio).*

Dans l'ancien droit, on n'y trouve non plus aucune allusion. La pratique était tout au contraire de faire un partage ordinaire que ne précédait aucunement la liquidation telle que nous l'entendons aujourd'hui. A la dissolution, l'on partageait l'actif, les créances et les dettes entre les associés et tout était dit ; les créanciers de la société n'étaient donc aucunement privilégiés après la dissolution et devaient subir le concours des créanciers personnels de chacun des ex-associés sur la part lui revenant.

C'est ainsi qu'en Italie, Casaregis (1) lui-même nous dit : « *dis-* « *soluta societate capitalia ipso jure dividuntur in socios et cre-* « *ditores particulares cujuslibet socii statim acquirunt super por-* « *tionibus divisis jus hypothecæ* (2). »

Si nous remontons plus haut et que nous interrogions les au teurs les plus connus, nous retrouverons chez tous cette même idée que Toubeau énonce en propres termes : Il n'y a pas de liquidation : « La société diffère de la communauté en ce que, par « la société, le capital qu'un chacun des associés y confère n'est « point commun ; il demeure toujours propre à un chacun qui « le peut retirer après la société finie (3). » Il n'y a donc pas lieu à liquidation pour le capital apporté. Il n'y a qu'un partage à faire, si même on peut donner ce nom à l'opération très simple qui consiste pour chacun des associés à reprendre ce qu'il a mis en commun. Quant aux bénéfices il ajoute : « Dans les sociétés, il « n'y a que le gain qui est commun, et il est tellement commun que « non plus que le fonds, il ne doit point se partager qu'à la fin de « la société, ou du consentement de tous les associés. » Mais de liquidation, il n'en est pas question. Il y aura lieu à un partage ordinaire.

---

(1) Casaregis est pourtant du XVIIIe siècle, époque où l'on commençait déjà à admettre en fait la liquidation.

(2) *Discursus legales de commercio.* — Disc. 146, n° 39.

(3) Toubeau. *Institutes du droit consulaire,* t. II, titre III *Des Sociétés* ch. I.

Domat, lui aussi, nous dit (1) : « La société étant finie, les as-« sociés se remboursent réciproquement de leurs avances et par-« tagent leurs profits ; et s'il reste des dettes passives à acquitter, « des dépenses à faire et des profits et des pertes à venir, ils « prennent leurs sûretés respectives pour toutes ces suites. » C'est un partage, avec garantie c'est vrai, mais pas autre chose.

Vers la même époque, le plus illustre des auteurs de droit commercial avant la confection de notre Code, Savary, ne semble pas connaître lui non plus la liquidation. Et pourtant, homme de pratique plus que juriste, il devait connaître à fond les usages commerciaux de son temps. L'on commence, il est vrai, par payer les dettes et l'on se répartit les créances d'une façon provisoire, c'est-à-dire avec clause de garantie. Mais, et c'est là renchérir encore sur l'opinion de Domat, au bout d'un an : « de toutes « les dettes actives qui resteront à recevoir après ledit temps, à la « réserve de celles qui auront été négligées, sera refait des lots les « plus égaux que faire se pourra, qui seront ensuite jetés au sort; et « celui auquel le lot sera échu, il lui demeurera en propre, sans « pouvoir prétendre aucune chose à l'encontre des autres (2). » Donc il n'y a pas même, d'après lui, lieu à garantie pour inégalité des lots en cas de non-paiement des débiteurs de l'un des associés (3), lorsqu'un an s'est écoulé depuis la dissolution.

Enfin Pothier, lui-même, du XVIIIe siècle pourtant, peut-être parce qu'il s'attache de trop près au droit romain, suit sur ce

(1) Domat. *Traité de la société*, tit. VIII, section V, § 16.

(2) Savary, *Parfait négociant.*, L. I, ch. II, p. 31, § 25 et 27; 32, § 28; 38, § 24 et 27. — Ed. Estienne, Paris, 1757.

(3) La rote de Gênes (Déc. 71, n° 7) « *Effectus societatis durat etiam « extinctâ societate donec pertinentia ad eam sint extincta* », et le président Favre (*Rationalia in Pandectas*) sur Paul, I, 65, § 9. Dig. *Pro socio;* « *Finitur quidem societas sed non obligatio societatis* » n'indiquent par là, semble-t-il, eux aussi que cette idée de garantie après partage que nous avons vue admise par Domat, tome premier, 2e partie.

point les errements de ses devanciers (1). D'après lui, l'on fait une masse de tout l'actif et de toutes les créances (2). Puis on en fait des lots aussi égaux que possible et on les tire au sort. Chacun signifie aux débiteurs tombés dans son lot qu'il est devenu leur créancier, et dès lors un paiement fait par ceux-ci aux autres associés ne serait pas libératoire (*Traité des Sociétés*, § 172) (3).

Dans les autres auteurs du XVIIIe siècle, notamment Bornier (4), Boutaric (5), Jousse (6), on ne découvre rien de plus concernant la liquidation. Mais à cette époque, paraît-il, sinon en théorie, du moins dans la pratique l'on commençait à appliquer la liquidation aux sociétés de commerce, et vers la fin du siècle, elle était devenue d'un usage très général (7).

Depuis la rédaction de nos Codes, cet usage est devenu tout à fait universel, ainsi que le prouvent de nombreux arrêts, reconnaissant aux sociétés de commerce la personnalité morale, caractère que nous avons reconnu plus haut être le point d'appui donné à la liquidation.

---

(1) Il est même remarquable que cédant sur ce point aux idées contemporaines, par conséquent ancrées fort profondément dans les esprits, il renonce à la distinction des actions romaines et reconnaît aux associés qui veulent obtenir le compte de partage de la société le choix entre l'action *pro socio* et l'action *communi dividundo (Sociétés*, 161). Ceci est la meilleure preuve qu'il ignore la liquidation.

(2) Pothier, *Traité des Sociétés*, ch. XI, art. II, § 2, nos 167 et s.

(3) Guyot dans son *Répertoire de jurisprudence*, vo *Sociétés*, semble avoir copié Pothier sur ce point. — Scaccia dans son *Tractatus de commerciis et cambio* reconnaît bien déjà à la société la personnalité morale, mais pas plus que ses contemporains il ne parle de la liquidation. (Francfort-sur-le-Mein, 1648, fol. 76, no 459, question 1.) Il en est de même de Straccha dans son *Tractatus de mercatura seu mercatore*, au XVIe siècle.

(4) *Ordonnance de Louis XIV sur le commerce, enrichie d'annotations et de décisions importantes.*

(5) *Explication de l'ordonnance de Louis XIV concernant le commerce.*

(6) *Nouveau commentaire sur l'ordonnance du commerce.*

(7) Ceci est attesté par Frémery *(loc. cit.)*

Du reste cette jurisprudence peut s'étayer pour justifier la liquidation sur des considérations assez sérieuses.

En effet, tout ce que nous avons étudié concernant l'ancien droit ne semble pas, au premier abord, suffisant à la justification d'une théorie. Si universel soit-il, ce n'est là qu'un usage et la première objection qui vient à l'esprit est celle-ci : L'on ne peut se baser sur cette universalité pour le justifier et en faire une règle de droit commercial. A cela il est aisé de répondre. L'art. 1873 du Code civil, en effet, vient nous dire expressément que l'usage commercial a force de loi : « Les dispositions du présent titre « *(titre des Sociétés)* ne s'appliquent aux sociétés de commerce « que dans les points qui n'ont rien de contraire aux lois et « *usages* du commerce » ; et l'art. 18 du Code de commerce vient confirmer cette idée : « Le contrat de Société, dit-il, se règle par « le droit civil, les lois particulières au commerce et par les « conventions des parties. » Or, l'usage est une loi particulière au commerce, nous a dit le Code civil. Il faudra donc l'appliquer. Et ceci se comprend assez. En effet, en matière commerciale, un usage, vu la fréquence des actes, peut se former très vite et s'étendre très rapidement. La constatation en est très facile. D'autre part, le commerce tend toujours à progresser. Fatalement, il faudrait, en face de ses exigences toujours croissantes, faire sans cesse de nouvelles lois et modifier les anciennes. Il est très logique d'admettre que l'usage remplira cette fonction, car il trouvera nécessairement le plus expéditif et le plus pratique des modes et des règles à établir. Il se perfectionnera sans cesse, en suivant au fur et à mesure tous les besoins du commerce (1). Mais, il est bon de le remarquer, l'usage, s'il peut marcher de pair avec la loi, l'abroger même en certains cas, n'a pas une puissance universelle. Il ne peut faire triompher un abus condamné par la loi ou

---

(1) V. Lyon-Caen et Renault, 2e éd., t. Ier, p. 67. C f. Thaller, *Faillites en droit comparé*, t. Ier, Introduction n° 1, *in fine*.

prévaloir sur l'intérêt public. En est-il ainsi de la liquidation ? La loi, avons-nous dit, ne l'organise pas, mais elle ne s'oppose pas non plus à son existence. Nous verrons en effet que l'objection qu'on peut tirer contre cette solution de l'art. 1872 n'a pas une portée aussi grande que l'on serait tenté de le croire. Quant à l'intérêt public, il demande bien plutôt l'admission de la liquidation dans notre Code que l'abrogation de cet usage qui rend les plus grands services, par la simplicité et la rapidité de sa procédure autant que par la sécurité qu'il procure aux tiers et le crédit qu'il donne à la société.

C'est l'idée que résume fort bien Vavasseur lorsque, après avoir parlé de l'application des règles du partage des successions à la société dissoute, il ajoute : « Toutefois cela n'est vrai pour les « sociétés commerciales que dans les points qui n'ont rien de « contraire aux usages du commerce. Or l'un de ces usages, c'est « de faire précéder le partage de la liquidation de la société pour « ensuite opérer le partage sans aucune formalité de justice (1). »

Au reste, à cet argument tiré de l'antiquité et de l'universalité de l'usage, vient se joindre un texte, l'article 64 du Code de commerce ainsi conçu : « Toutes actions contre les associés non liquidateurs et leurs veuves, héritiers ou ayant cause, sont prescrites cinq ans après la fin ou la dissolution de la société. »

Nous reconnaissons que ce texte au premier abord semble très peu probant. Il nous parle bien d'un liquidateur, mais ne nous indique pas du tout qui il est. N'y a-t-il donc aucun moyen d'en tirer la preuve de la liquidation commerciale, telle que nous l'avons expliquée ?

Quant à nous, nous croyons que ce texte la contient parfaitement. En effet, il est de règle que l'interprétation d'un article doit se faire non pas judaïquement, mais à la lueur des principes qui ont présidé à sa confection.

---

(1) Vavasseur. *Traité des sociétés civiles et commerciales*, § 240.

Or, nous avons montré qu'à l'époque où l'on a voté le Code de commerce, on appelait liquidation, en matière de sociétés, un mode spécial de règlement constituant un ensemble de privilèges nécessaires à la progression du commerce et un véritable progrès sur les principes ordinaires. N'est-il pas logique de supposer qu'en inscrivant dans le texte ce mot de liquidateur, sans en donner d'explications spéciales, nos législateurs ont voulu se référer aux règles alors existantes ?

De plus, l'art. 64, en faisant au point de vue de la prescription une distinction entre les associés liquidateurs et ceux qui ne sont pas chargés de la liquidation, ne se rapporte évidemment qu'aux créanciers sociaux seuls. La place qu'occupe cet article suffit à le prouver ; du reste on ne comprendrait pas que le liquidateur chargé de régler les affaires de la société ait une capacité quelconque pour le règlement des affaires personnelles des associés, affaires qu'il ne peut pas connaître.

Si donc il ne s'agit ici que des créanciers sociaux, reconnaître que pour eux seuls la prescription s'accomplit par cinq ans, c'est bien séparer leurs droits de ceux des créanciers personnels.

C'est bien reconnaître qu'ils ont une situation spéciale, c'est-à-dire que le concours avec ces derniers ne leur est pas applicable. Ceci posé, il est évident que la liquidation dont il s'agit ici est bien celle que nous avons vue admise par la pratique universelle du commerce au XVIIIe siècle, puisque cette absence de concours entre les créanciers de la société d'une part et les créanciers personnels des associés d'autre part, ce privilège qui en résulte au profit des premiers, en est la conséquence la plus immédiate et la plus nécessaire, celle en faveur de laquelle fut, semble-t-il, établi tout le système.

. . . .

. . . .

En résumé, de tout cet ensemble de raisonnements que nous venons d'établir, il semble bien résulter que la liquidation commerciale est devenue dans notre droit absolument légale.

B. — Théories dissidentes.

En face de pareils arguments, il était évidemment assez difficile de refuser aux sociétés de commerce le bénéfice de la liquidation. Mais comme l'on ne se trouvait guère en présence que de l'usage et que notre Code n'en étudiait qu'incidemment une conséquence, il était aisé de prévoir qu'il y aurait de nombreuses divergences sur le principe juridique capable de lui fournir une justification suffisante.

Nous avons déjà exposé le système de la jurisprudence qui, partant de cette idée que la société commerciale a pendant la durée de son existence une personnalité morale distincte, reconnaît que cette personnalité n'est pas anéantie par la dissolution ou plutôt fait survivre à elle-même la personnalité disparue pour lui permettre la liquidation.

De nombreux systèmes dissidents ont cherché d'autres conciliations. Nous allons les étudier rapidement. Cela nous permettra d'apprécier la supériorité du système jurisprudentiel, supériorité très explicable d'ailleurs, puisque au lieu d'être construit de toutes pièces par un juriste, si versé soit-il dans la science du droit, il ne s'est formé que peu à peu sous la poussée de nos magistrats et de nos hommes de loi les plus compétents, qui ont tous uni leurs efforts dans le même sens.

Il nous faut pourtant citer en premier lieu un système qui, sans chercher aucune conciliation, admet le fait brutal de la coexistence de la liquidation avec la non-survivance de la société, c'est-à-dire la substitution de la propriété individuelle de chacun des ex-associés à la propriété spéciale de la société. Ce système qui ne compte plus à notre connaissance de défenseur actuel fut soutenu en France par MM. Malepeyre et Jourdain, Delangle et Pardessus, et en Italie, nous dit M. Sraffa (1), par MM. Manfredi et Manceni.

Ces auteurs reconnaissent bien qu'à la dissolution de la société, celle-ci ne subsiste plus. Voici du reste les propres paroles de Pardessus : « Après la dissolution, la société n'existe plus, les « associés restent en simple communauté d'intérêts semblable à « celle qui se forme entre des cohéritiers (2). »

Pourtant cet auteur ne s'occupe que des sociétés commerciales, pour lesquelles l'on a admis de tout temps l'existence d'une personnalité morale. Peu lui importe : La personnalité morale, répond-il, est une fiction de la loi; or, toute fiction devant être interprétée restrictivement, il faut donc la maintenir dans les limites dans lesquelles elle a été établie. Elle a été donnée à la société, et comme la société finit au jour de la dissolution, de ce jour aussi l'être moral doit disparaître. Cette doctrine est adoptée expressément par Delangle en ces termes : « Le premier effet de « la liquidation est de changer la nature des rapports subsistants « entre les parties. Il n'y a plus de rapports sociaux et il ne sub- « siste plus qu'une simple communauté (3). »

On serait peut-être tenté au premier abord de nous dire que le régime qu'ils qualifient de liquidation n'est pas le même que celui dont nous a gratifiés la jurisprudence.

Et en effet, à bien considérer la phrase précédente de Delangle, il semble que, prenant le mot liquidation dans son sens général, il n'entend désigner par là que le règlement de communauté tel que nous le livre le titre des Successions. Mais rien ne serait plus faux; qu'on lise Delangle (*loco citato* à la suite) ou Pardessus (t. IV, titre IV; ch. Ier, sect. 1, § 3, et ch. II), on y trouvera

---

(1) *Archivio giuridico*,1889, p. 326. *La liquidazione della societa commerciali*, par Angelo Sraffa. Nous avons fait à cet article de larges emprunts pour l'étude des théories italiennes.

(2) Cours de droit commercial, t. IV, § 1090.

(3) *Des Sociétés de commerce*, n° 681.

expressément indiquées toutes les conséquences que nous venons de signaler pour la liquidation commerciale. Il n'y a plus de société, plus de personnalité morale; il ne subsiste plus entre les associés qu'une simple communauté, et cependant, par une étrange anomalie, il y a lieu de régler celle-ci par un mode spécial, une procédure de faveur, la liquidation.

Évidemment les partisans de ce système se trouvant en face d'une jurisprudence constante et prétendant avoir force de loi, se sont inclinés sans chercher aucune conciliation, se contentant de se dire que justifiable ou non la loi est toujours la loi. Mais il semble que leur théorie soit exclue en vertu des principes mêmes admis par nos Codes en matière de communauté. Si en effet une société dissoute ne devient plus qu'une simple communauté, il n'y aura plus lieu qu'à l'application des art. 815 et suiv. du Code civil; la procédure de faveur que constitue la liquidation ne s'appliquera pas ici. La communauté et la société en liquidation diffèrent en effet du tout au tout. Ainsi à l'opposé de ce qui arrive dans une société en liquidation, la chose reste indivise dans la communauté par la seule force d'inertie. Dans la communauté encore le but principal est la garantie du droit individuel de chacun des communistes. Aussi lorsqu'il juge que son intérêt le demande, chacun peut-il sortir de l'indivision (815 C. civ.) non seulement en demandant le partage (chose qu'un associé ne peut faire avant que la liquidation soit terminée), mais encore en cédant sa part à un tiers ou à un de ses copropriétaires; tandis qu'un associé, malgré sa volonté, du moins s'il s'agit d'un associé responsable sans limitation fixe (en nom collectif, en commandite pour le gérant), ne peut pas abandonner la société en liquidation, même en faisant le sacrifice de sa mise. Dans la société en liquidation en effet l'intérêt dominant est, à l'opposé de celui d'une communauté, l'intérêt de la société et non celui de chacun des associés personnellement.

Plus récemment en Italie, M. Manfredi (1) a adopté la même

---

(1) *Societa anonima cooperativa*, p. 160.

opinion dont il pose le principe en ces termes : « La raison veut « que la société demeure éteinte et que les associés soient en « communauté. La liquidation suppose en fait que déjà les asso- « ciés ne se proposent plus de faire converger leur activité com- « mune à la poursuite des intérêts communs, mais bien au « contraire qu'ils veulent reprendre chacun ce qui leur revient « des choses et des mises qu'ils ont apportées. » A l'appui de son opinion, M. Manfredi emploie de nouveaux arguments tirés directement du Code italien. Nous allons les voir brièvement, car leur réfutation servira à la défense du système jurisprudentiel.

L'art. 197 du Code de commerce italien, objecte-t-il, établit que la nomination des liquidateurs doit être faite à l'unanimité. Or, c'est le propre de la communauté que l'on ne puisse prendre aucune décision sans que tous les communistes y aient consenti. Le refus d'un seul paralyse tous les autres. Donc à la liquidation, la société dissoute a fait place à une simple communauté. Pour combattre cet argument dès maintenant avec ses propres armes, il nous suffira d'opposer à M. Manfredi le Code italien lui-même ; il nous sera aisé d'y découvrir que le fait sur lequel est basé cette argumentation est loin d'être exact dans tous les cas. C'est ainsi que l'art. 210 de ce Code établit qu'il suffit d'une majorité déterminée pour la nomination des liquidateurs dans les sociétés anonymes. Du reste, M. Manfredi avait très bien senti la gravité de l'objection ; aussi s'efforce-t-il de démontrer que la disposition que contient l'art. 210 est en contradiction flagrante avec les principes généralement admis en matière de communauté. Cela est parfaitement vrai. Mais à notre avis c'est justement là une preuve irréfutable de l'inanité du système de cet auteur et il donne lui-même, nous semble-t-il, le dernier coup à sa théorie sans y prendre garde. L'art. 210 relatif aux sociétés est contraire au droit commun en matière de communauté. Cela prouve donc que pour les unes et pour les autres les législateurs italiens ont entendu se référer à des règles différentes.

Il est bien évident au contraire que si les articles 197 et 210 du

Code italien fixent d'une manière différente le mode de votation quant à la nomination des liquidateurs, selon qu'il s'agit des sociétés anonymes ou des sociétés en nom collectif, c'est parce ce que la conception même de ces sociétés, leur organisation et leur manière d'être pratique exigent cette différence ; parce que, de plus, cette diversité dans le mode de votation se rencontre dans toutes les délibérations, même celles antérieures à la liquidation. Ainsi, par l'art. 108 du Code italien la majorité des membres d'une société en nom collectif n'a pas le pouvoir de modifier en quoi que ce soit les conventions sociales, il faut l'unanimité. Au contraire, l'art. 158, n° 7 permet de modifier, jusqu'à un certain point tout au moins, l'acte constitutif des sociétés anonymes par une assemblée générale des actionnaires, s'ils représentent au moins les trois quarts du capital social et si la majorité obtenue représente la moitié de ce dit capital.

Nous nous sommes peut-être étendus un peu trop longuement sur la réfutation d'une argumentation tirée tout entière d'un Code étranger. La justification en est qu'il y a en France un à fortiori pour combattre la théorie de M. Manfredi et empêcher son introduction dans notre droit. Si, en effet, il y a dans notre loi du 24 juillet 1867, notre Code en ce qui concerne les sociétés par actions, une disposition fixant pour celles-ci le nombre d'actions nécessaires à la validité de l'assemblée générale qui veut modifier les statuts ou prolonger la durée de la société (1), comme le fait l'art. 158 précité en droit italien, si l'on admet comme le fait leur article 108 que dans une société en nom collectif, il faut pour aboutir à ce résultat l'unanimité, on ne trouve nulle part le pendant de l'art. 197 ; et la décision qu'il contient est loin d'être admise sans discussion dans notre pays, comme elle doit l'être au-delà des Alpes où elle a été sanctionnée par la législation. Plu-

---

(1) L'art. 31 exige que ces assemblées réunissent au moins la moitié du capital social.

sieurs auteurs, au contraire, et des plus importants admettent sans distinction la possibilité de nomination des liquidateurs par la majorité (1).

Un autre Italien, M. Manceni, semble cependant admettre lui aussi ce même système (2). Pour lui aussi, pendant la liquidation de faveur d'une société commerciale, il ne subsiste plus qu'un simple rapport de communauté entre les associés.

Enfin, après toutes ces objections de textes, nous pouvons encore présenter contre le système que nous venons d'exposer une grave considération. Il ôte à la fiction de la personnalité morale sa plus grande utilité, celle de donner du crédit à la société ; elle disparaît exactement au moment où les tiers qui avaient contracté avec la société pouvaient en retirer les avantages promis.

Pourtant d'autres auteurs, ne se contentant pas aussi facilement, ont cherché à expliquer d'une façon satisfaisante la brèche faite en la matière qui nous occupe aux règles qui régissent la communauté en général. Naturellement, puisque la personnalité morale des sociétés de commerce existantes était universellement admise, ils ont cherché à en tirer cette justification. Indépendamment du système jurisprudentiel heureusement basé sur cette idée, nous allons en trouver un autre dont nous aurons à apprécier la valeur.

Ce système, qui, parti du même but, arrive à un résultat tout opposé, a été, croyons-nous, mis en avant par M. Lévi (3). Il reconnaît bien, lui aussi, qu'à la dissolution la personnalité civile disparait. Et une logique irréfutable l'amène d'autre part à cette

---

(1) Notamment Boistel, § 380. — Bravard et Demangeat, I, p. 430. — Delangle, VI, n° 685. — *Contra :* Lyon-Caen et Renault, I, n° 564. — Paul Pont, VII *bis*, n° 1941. — Bédarride, *Sociétés*, n° 485.

(2) *Relazione al Senato*, n°s 388 et 418.

(3) *De la liquidation des sociétés commerciales*, p. 17. Paris, 1882.

conclusion : S'il n'y a plus de personnalité, il ne peut pas y avoir de liquidation; puisqu'il y a une liquidation, il doit donc y avoir une personnalité morale. Et cette personnalité c'est justement la liquidation, pour ainsi parler. Pendant celle-ci, la société acquiert une personnalité nouvelle. Il n'y a plus d'être moral *social*, il y a l'être moral *liquidation*. L'un est mort, l'autre naît aussitôt des cendres du premier. Ce système, qui dès le premier abord semble étrange, il faut bien avouer que M. Lévi le défend d'une façon assez originale et séduisante. D'où provient, nous dit-il, la personnalité distincte qu'acquièrent les sociétés commerciales, ce caractère spécial qui en fait un être à part que l'on ne confond pas avec l'ensemble des associés ? C'est évidemment de ce que l'on accomplit des formalités nombreuses de publicité destinées à porter leur naissance à la connaissance des tiers (1). Mais on publie de même la dissolution de la société, c'est-à-dire l'instant où doit commencer la liquidation (2). Cette publicité est bien, il est vrai, destinée à anéantir l'être moral qui agissait pendant la vie de la société. Mais si des formalités ont eu pour effet de lui donner naissance, pourquoi ces mêmes formalités ne donneront-elles pas au moment de la dissolution naissance à un nouvel être moral, l'être liquidation.

Un premier reproche que l'on peut faire à ce système, c'est d'apporter dans la doctrine des complications sans aucune utilité. Pourquoi cette mort et cette naissance simultanées ? La survivance de la personne morale sociale, telle que la conçoit la jurisprudence, produit des effets aussi complets sans être aussi difficile à concevoir, ni aussi embarrassante à expliquer.

M. Lévi n'est pourtant pas seul à défendre ce système. M. Bonnelli en Italie semble bien en admettre lui aussi l'idée dominante, celle de la création d'une personne morale *liquida-*

---

(1) Loi du 24 juillet 1867 sur les sociétés par actions. Tit. IV, art. 55 à 65.
(2) Loi du 24 juillet 1867 sur les sociétés par actions. Tit. IV, art. 61.

tion. Voici en effet ses propres paroles : « La société en liquida-« tion vit non plus comme un *être société,* mais comme un *être* « *patrimoine en liquidation* (1). » Nous avouons pourtant qu'il est assez difficile de démêler au juste quel est le fond de sa pensée. Peut-être n'entend-il par là que nous faire remarquer, par la différence des expressions, la différence de capacité qui existe entre l'être moral agissant pendant l'existence de la société ou seulement après la dissolution.

Malheureusement ce système, outre qu'il n'est pas clair, encourt un reproche fort grave. On lui fait une objection qui semble absolument insoluble et que aucun de ses défenseurs n'a pu résoudre d'une manière satisfaisante. Il est bien vrai, comme le fait du reste remarquer M. Bonnelli dans le même article, que l'être faillite diffère essentiellement de l'être société qui l'a précédé. Pourquoi en serait-il autrement de l'être patrimoine en liquidation ? L'un et l'autre, qu'on y fasse bien attention, sont dans ce système profondément distincts et les obligations contractées par l'un ne retombent pas nécessairement dans le patrimoine de l'autre. Si l'actif de la faillite est insuffisant pour payer les dettes contractées par l'être faillite lui-même, elles ne seront payées par personne. Il devrait donc en être de même pour l'être patrimoine en liquidation qui, loin d'avoir une capacité aussi étendue que l'être société, ne peut évidemment rien faire qui excède la vie qui lui a été concédée. Nous voyons au contraire que, par essence même, il n'en est pas ainsi des obligations que contracte une société en liquidation. Pour toutes, comme pour celles antérieures à la dissolution, la société est personnellement et principalement responsable.

---

(1) *Rivista italiana por la scienze giuridiche,* VII, 213.

SECTION III

DE LA LIQUIDATION CIVILE

Nous avons vu que, malgré les discussions nombreuses et délicates sur des questions secondaires, le principe de la liquidation fut admis par tous en matière commerciale, avec les conséquences que nous avons déjà énumérées. Pour la liquidation civile il n'en est certes pas ainsi, et peu de questions juridiques ont à notre époque été discutées davantage ; du reste il nous faut bien reconnaître qu'avec le fondement que lui donne la jurisprudence, la personnalité morale, il ne pouvait pas en être autrement.

A. — Définition.

La première chose à faire est de définir les sociétés civiles (et pour cela la première limite à poser est la distinction entre celles-ci et les sociétés de commerce) et de donner le critérium qui permettra de les reconnaître des sociétés de commerce.

Divers critériums. — Faut-il pour les distinguer s'attacher à la forme dans laquelle sont établies les sociétés ou au contraire faisant abstraction de celle-ci voir au fond quels sont les actes en vue desquels elles sont constituées et, connaissant si ce sont ou non des actes de commerce, en déduire le caractère fondamental de la Société ?

Les deux opinions ont eu des partisans nombreux et acharnés et, à l'instant même où l'accord semblait s'être fait, une nouvelle loi vient de ramener de nouveau la question à son point de départ (1).

Pour les uns, la société par cela seul qu'elle avait adopté dans sa constitution une forme commerciale devait être commerciale (2). Et ceci au point de vue de l'utilité offre incontestablement de très grands avantages. Le caractère commercial est un bénéfice pour la société et constitue pour les tiers en même temps une garantie ; car le spectre de la faillite sera souvent très puissant pour retenir l'associé sur la pente des spéculations hasardeuses. Eh bien ! puisque les tiers n'en souffrent pas pourquoi en face de son utilité incontestable ne l'admettrait-on pas ?

Cet argument tout pratique n'a évidemment pas grande valeur juridique. Aussi a-t-on cherché d'autres justifications. Delangle et Bédarride notamment en ont exposé une assez ingénieuse : « La « loi civile ne reconnait pas de sociétés de capitaux ; toute société « civile soumet les associés à l'obligation personnelle ; c'est le « principe fondamental. Comment donc, dès lors, une convention « qui ne comporte pas d'obligation personnelle pourrait-elle « jamais être une société civile (3) » ?

---

(1) Loi du 1er août 1893, art. 6.

(2) En ce sens Vincens, *législat. commerc.*, t. I, livre IV, n° 19 ; Delangle, *Sociétés commerciales*, t. II, n° 424 ; Bédarride, *Sociétés*, t. I, n° 97 ; Orillard, *Tribunaux de commerce*, p. 51 ; et Angers, 5 février 1842, *jur. gén.* v° *Acte de commerce*, n° 286 ; Colmar, 4 juin 1862 (D. P., 1862, 2, 163).

(3) Delangle, *Sociétés commerciales*, t. II, n° 424 — Bédarride, *Sociétés*, t. I, n° 97, va plus loin en nous donnant les conséquences du système : « Il y a, « dit-il, entre ces deux sociétés une incompatibilité radicale, car il ne faut « pas : 1° que le public, qui a vu se former régulièrement un être collectif, « qui l'a vu se personnifier avec les gérants, contracter sous un nom social « et ne spéculer que sur des choses qui s'approprient aux combinaisons « commerciales, soit trompé dans ses espérances et, par une transformation « inattendue, privé des garanties attachées à la forme de la société ; 2° que « les actionnaires soient exposés à supporter les conséquences d'une

Mais il leur faudrait commencer par prouver leur prémisse que la loi civile ne reconnaît pas de sociétés de capitaux. Notre Code civil ne le dit nulle part et, s'il reconnaît comme droit commun la société en nom collectif, il a soin de dire que les conventions des parties sont ici toutes puissantes, par le fait même qu'il ne fait que poser quelques bornes à cette omnipotence.

Aussi, l'opinion contraire triompha-t-elle vite dans l'opinion. Le Code de commerce, en effet, s'il ne définit pas expressément la société commerciale, définit le commerçant et se base pour le déterminer non sur la forme, mais sur le fond (1). Or, qu'est-ce donc au fond que la société ? n'a-t-elle pas une grande analogie avec le commerçant ordinaire, dont elle est en quelque sorte une image, et n'est-il pas raisonnable d'user envers elle du même critérium ? Une société sera commerciale ou civile, selon qu'elle fera le plus habituellement des actes de commerce ou des actes civils.

Au reste, ajoute-t-on, dans l'opinion précédente on méconnaît une règle d'ordre public ; il ne doit être permis à personne de modifier par sa seule volonté sa situation juridique, et c'est là ce à quoi l'on aboutirait en reconnaissant à chacun le droit de bénéficier des lois commerciales par le seul fait qu'il aurait donné à la société dont il fait partie une étiquette commerciale, chose toujours facile à effectuer : « Avec une solution opposée, comme « le disent si bien MM. Lyon-Caen et Renault (2), on méconnaî- « trait le caractère des règles relatives à la faillite, à la liquidation « judiciaire et à la compétence civile ou commerciale. »

« gestion que la constitution même de la société ne leur permet pas de « surveiller ; 3° que les gérants puissent enfin, en déposant leur qualité « comme on dépose une marque, échapper à la nécessité de payer les dettes « sociales *aut in ære, aut in cute.* »

(1) « Sont commerçants ceux qui exercent des actes de commerce et en « font leur profession habituelle » (C. com., art. 1).

(2) *Traité de droit commercial,* 2e éd., tome II, p. 67.

D'ailleurs, de quel droit refuserait-on aux sociétés civiles la faculté d'adopter la forme commerciale, car au fond ce serait bien là la solution du débat ? N'est-il pas de principe que la liberté des conventions est aussi large que possible, et que tout ce qui n'est pas défendu est licite (1) ? Cette liberté existe évidemment pour la forme comme pour le fond (on ne voit en effet aucune raison de distinguer), et je crois même qu'elle doit être encore plus grande en faveur de la première. Ce n'est en effet là qu'une enveloppe extérieure qui ne peut avoir de valeur que par l'idée qu'elle renferme et pour laquelle, par conséquent, les exigences légales doivent être bien moindres. Mais la liberté ne va pas jusqu'à pouvoir agir contrairement à la loi. Aussi ne serait-on pas libre d'adopter une forme commerciale pour la société civile, si cela était contraire à l'ordre public (nous avons vu qu'il n'y avait rien de pareil à craindre) ou si la loi contenait une obligation ou une prohibition d'emprunter certaines formes déterminées.

Au reste, la jurisprudence nous fournit un argument d'analogie qui ne manque pas de valeur. Elle nous montre la liberté des conventions pouvant aller pour la forme jusqu'à la simulation. D'une façon constante elle admet qu'entre personnes respectivement capables de disposer et de recevoir à titre gratuit il est loisible de faire une donation sous la forme d'un contrat à titre onéreux (2). Car, dit-elle, si l'on peut faire un acte d'une façon directe, pourquoi ne pas pouvoir obtenir le même résultat par un moyen détourné. Il y a de plus, ajoute-t-elle, dans le Code civil, des textes qui semblent autoriser cette pratique : d'abord, l'art. 911 qui n'annule une pareille donation que lorsqu'elle a été faite à un

---

(1) Art. 6, C. civ. « On ne peut déroger par des conventions particulières « aux lois qui intéressent l'ordre public et les bonnes mœurs. » Donc on peut déroger aux autres.

(2) Cas., 25 juillet 1876. — Sir., 1878, 1, 291.

incapable (1), ensuite l'art. 918, qui, pour un cas spécial, déclare valable une donation déguisée sous cette forme (2).

Et pourtant nous voyons nos lois entourer la donation de nombreuses formalités. Elles craignent avec raison que l'on surprenne la bonne foi du donateur, ou que celui-ci ne nuise à ses héritiers. Elles multiplient les causes de nullité. Elles permettent même parfois la rescision d'une donation. Elles vont jusqu'à la rescinder ou la réduire de plein droit en certains cas. Enfin, elles en ont fait un contrat solennel, prescrivant de nombreuses règles de forme très précises. Bref ce contrat est de ceux que le législateur voit avec une extrême défiance.

Si la jurisprudence a cru, malgré tous ces motifs, pouvoir permettre la liberté des formes des donations jusqu'au point d'autoriser une simulation, que dire alors d'un contrat de société, contrat éminemment utile au développement social, contrat que notre loi voit pour ce motif avec une grande faveur, et pour lequel aussi la loi ne prescrit aucune règle de forme? Il semble donc bien, *a fortiori*, qu'une société civile puisse très régulièrement être constituée sous une forme commerciale sans perdre son caractère civil.

Au reste l'opinion que nous venons de rapporter n'avait pas la prétention d'être trop absolue. Elle avouait que la forme pouvait avoir une certaine importance dans la détermination de la nature de la société, lorsque celle-ci était, par ses opérations, de caractère assez vague pour qu'il fût difficile de la définir sans cela. Nous trouvons en ce sens un arrêt de la Cour d'Aix qui précise fort bien

---

(1) « Toute disposition au profit d'un incapable sera nulle soit qu'on la « dissimule sous la forme d'un contrat à titre onéreux, soit... »

(2) « La valeur en pleine propriété des biens aliénés soit à charge de « rente viagère, soit à fonds perdu ou avec réserve d'usufruit à l'un des « successibles en ligne directe, sera imputée sur la portion disponible... »

la portée de cette jurisprudence (1) : « La société qui s'est chargée « de la construction d'un canal d'irrigation concédé à un tiers « moyennant la cession pour un temps limité des droits du conces- « sionnaire et qui se livre habituellement à des opérations de « cette nature, doit être considérée comme commerciale. Alors « surtout qu'elle est constituée sous la forme d'une société à res- « ponsabilité limitée (2). » Et la doctrine avait aussi énoncé cette idée fort logique, que nous trouvons notamment dans Bravard (3).

Il était donc de doctrine et de jurisprudence constantes que le fond devait l'emporter sur la forme et avec raison semble-t-il (4).

---

(1) Cour d'appel d'Aix, 6 déc. 1870, confirm. jug. Trib. com. de Grasse du 14 juin 1870. — Sirey, 1872, 2, 109. — Voir aussi même Cour, 14 juin 1882, *Rev. Soc.*, 1884, p. 31. « Attendu que si d'après ses statuts ladite société « *(Foncière des Vignobles)* paraît avoir eu pour objet d'exploiter des immeu- « bles sur lesquels des vignes seraient plantées, son but vrai, révélé par « la qualité des fondateurs, par la forme qu'ils ont adoptée (forme ano- « nyme), par les moyens qu'ils ont employés, et par tous les faits qui se « sont accomplis, n'était autre que de faire une spéculation... »

(2) Dans l'espèce, la société avait été constituée sous l'empire de la loi du 23 mai 1863.

(3) Bravard. *Droit commercial, édit. Demangeat*, tome Ier, p. 181.

(4) En ce sens : Pont, *Sociétés*, tome Ier, n° 104 et suiv., n° 121, et tome II, n° 818 : Molinier, *Sociétés*, n° 244 ; Boistel, *Précis de droit commercial*, 2e éd., n° 165 *bis* ; Troplong, *Sociétés*, tome Ier, n° 143 : Vavasseur. *Traité des sociétés civiles et commerciales*, 2e et 3e éd., tome Ier, n° 11 ; Duvergier. *Sociétés*, n° 485 ; Alauzet, *Commentaire du Code de com.*, 3e éd., t. II, n° 512 : Georges Deloison, *Traité des sociétés commerciales*, tome Ier, page 67, n° 15 ; Lyon-Caen et Renault, 2e éd. *loco citato*. — Voir aussi : Aix, 27 déc. 1855 (D. P., 1856, 2, 208) ; Bordeaux, 4 août 1856 (D. P., 1857, 2, 77) ; Cas. Req., 27 mars 1866 (D. P., 66, 1, 429) ; Paris, 15 février 1868 (D. P., 1868, 2, 208 ; Cas. rej., 18 décembre 1871 (D. P., 1872, 1, 9) ; Cas. Civ., 3 janvier 1872 (D. P., 72, 1, 11) ; Trib. civ. Lille, 15 juin 1885 (*Rev. Soc.*, 1885, p.552) ; Trib. civ. Bruxelles, 7 avril 1886 (*Rev. Soc.*, 1886, p. 533). Trib. com. Marseille, 14 oct. 1886 *Rev. Soc.*, 1887, p 139). Cour Toulouse, 23 mars 1888. (*Rev. Soc*, 1887, p. 316) ; Cour Paris, 31 mars 1887 (*Rev. Soc.*, 1887, p. 433) ; Cour Caen, 28 mars 1887 (*Rev. Soc.* 1888, p. 32) ; Aubry et Rau, 4e éd. tome IV, p. 554, § 379, Lyon, Cour, 24 juin 1887 (*Rev. Soc.*, 1888, p. 141) ; Cas., 12 déc. 1887, (*Rev. Soc.*, p. 129) ; Cas., 1er nov. 1892 (Sir. 1893, 1, 32) ; Aix, 30 nov. 1893 (*Gaz. des Trib.*, 93, 2, 11).

Loi du 1er août 1893. — Mais au moment où, l'accord semblant entièrement fait entre la doctrine et la jurisprudence, la question était devenue indiscutable, une nouvelle loi sur les sociétés par action est venue sinon raviver le débat, au moins modifier la théorie que nous venons d'exposer. C'est la loi du 1er août 1893 (publiée dans le *Journal Officiel* du 3 du même mois) qui ajoute à la loi du 24 juillet 1867 un article 68, ainsi conçu : « Quel que « soit leur objet les sociétés en commandite ou anonymes qui « seront constituées dans les formes du Code de commerce ou de « la présente loi seront commerciales et soumises aux lois et « usages du commerce (1). »

Nous nous trouvons donc ramenés, au moins pour tout ce qui concerne les sociétés en commandite ou anonymes, à la théorie de Delangle et de Bédarride. De pareilles sociétés, même ayant un objet civil, seront toutes commerciales en raison de leur forme sans qu'il y ait lieu de faire des distinctions. Elles devront par conséquent suivre toutes les règles du Code de commerce et subir toutes les conséquences auxquelles désormais leur forme seule suffira à les assujettir. Notamment, et ceci nous semble une conséquence des plus intéressantes, elles ne seront plus soumises à la limitation du taux de l'intérêt. Bien entendu, elles seront soumises à la faillite et à la liquidation judiciaire, et seront justiciables des Tribunaux de commerce.

Cette extension de la commercialité est-elle un bien ou un mal ? Il est encore trop tôt pour pouvoir l'apprécier.

Elle répond évidemment à une nécessité pratique, puisque les sociétés civiles par actions n'étaient soumises qu'aux règles commerciales, découlant immédiatement de leur forme, et pouvaient impunément tromper les tiers. On a vu ces dernières années pour se soustraire à la faillite et aux responsabilités commerciales la société du Canal interocéanique de Panama faire tous ses efforts

---

(1) Art. 6, § 1 de ladite loi.

pour se faire déclarer civile (1). Peut-être l'avenir nous montrera-il que nos législateurs sous l'influence des exemples récents sont allés trop loin. L'extension de la faillite à ces sociétés civiles n'aurait-elle pas suffi, sans qu'il soit nécessaire de leur étendre toutes les autres conséquences de la commercialité. Nous croyons pour notre part qu'il y aurait eu là un frein suffisant à empêcher les fraudes, but que l'on devait avant tout se proposer. Nous aurions surtout désiré que l'on maintînt pour ces sociétés la juridiction civile, qui offre plus de garanties que les tribunaux consulaires, dans des questions de droit souvent extrêmement embrouillées (2).

Quoi qu'il en soit, la loi est formelle à cet égard. Désormais donc seront commerciales, avons-nous dit, toutes les sociétés en commandite ou anonymes. Mais que décider quant aux sociétés en nom collectif, dont la loi n'a pas parlé ? Faut-il dire que ce silence ne prouve rien en faveur de celles-ci, et que notre loi ne s'occupant que des sociétés par actions n'a pu réglementer ce point là, absolument en dehors ? Ceci nous semble puéril. Rien n'empêchait nos législateurs d'insérer, sinon dans les articles addition-

---

(1) Le Tribunal civil de la Seine a reconnu qu'elle n'était qu'une société civile (4 fév. 1889. — Sirey, 1889, 2, 47). Mais le Tribunal de commerce, mû plutôt par une idée de justice, la prétendait commerciale (18 fév. 1889. — Sirey, 1889, 2, 227). Cette thèse n'a pas triomphé. On n'a nommé à la société qu'un liquidateur et non un syndic. Nous reviendrons plus tard sur cette fonction du liquidateur absolument anormale.

(2) En Allemagne, les sociétés par actions sont considérées comme sociétés de commerce quel que soit leur objet (*Code de com. allem.* modifié par la loi du 11 juin 1870, art. 5, 1er al.; art. 208, 1er al.). En Suisse, toutes les sociétés qui veulent jouir des avantages conférés aux formes commerciales doivent se faire inscrire sur le registre du commerce (*Code féd. des oblig.*, art. 552, 3e al.; 590, 3e al. ; 621. *Ann. lég. étr.*, 1882, p. 520). Ceci ne les rend pas commerçantes, mais les soumet à peu près aux mêmes règles que si elles le devenaient (V. Thaller, *Fail. en dr. comparé*, t. 1er no 47), notamment en ce qui concerne la faillite (art. 39, *Loi sur les poursuistes pour dettes* du 11 av. 1889)

nels à la loi de 1867 qui ne vise que les sociétés par actions, tout au moins dans une autre partie de notre loi une disposition concernant les sociétés en nom collectif. Du reste, on n'a rien fait autre chose pour les sociétés en commandite : la loi de 1867 ne s'occupait que des sociétés en commandite par actions, et pourtant l'art.6 de la loi du 1er août 1893, § Ier (1), déclare commerciales les sociétés en commandite sans distinction. Les termes sont si généraux qu'il serait, croyons-nous, fort difficile de refuser de reconnaître aux commandites simples le caractère commercial. Nos législateurs évidemment, s'ils avaient entendu ne pas étendre dans les limites aussi larges ce caractère nouveau, se seraient exprimés d'une autre façon et auraient fait connaître leur pensée sur ce point, car il est inadmissible qu'ils n'aient pas envisagé une pareille question.

Il y a d'ailleurs entre les sociétés en nom collectif et les autres des différences qui justifient amplement cette distinction.

Les premières n'ont en général pas un capital fort considérable. Leurs opérations sont assez réduites. Les membres en sont peu nombreux. La fraude sera beaucoup plus facile à découvrir et ne pourra faire qu'un nombre relativement limité de victimes. La crainte qu'elles peuvent inspirer n'est pas assez considérable pour la justification de l'application de la faillite à leur égard.

Les autres au contraire, surtout les sociétés par actions, sont devenues à l'heure qu'il est de vastes entreprises financières, à capitaux énormes, dont le nombre des membres se multiplie à l'infini et qui s'étendent de pays à pays. Il est souvent impossible à un tiers de reconnaître dans une pareille société les caractères d'une société civile, surtout si accessoirement, comme l'a fait par exemple la société de Panama, elle fait de nombreux actes de commerce. La fraude pourra ainsi être facile dans bien des cas.

Au reste qu'est-ce qu'une société en nom collectif ? Quelle est

(1) Art. 68 addit. à la loi de 1867.

sa forme caractéristique ? Il n'y en a point, croyons-nous, ou du moins cette forme, la plus simple de toutes, lui est commune avec la plupart des sociétés civiles. Qu'est-ce donc qui la personnifie ? C'est uniquement son caractère commercial qui résulte des actes qu'elle fait. En un mot, la forme la plus simple de la société consiste dans une union des noms des associés attestant aux tiers l'existence de celle-ci. Cette forme est celle de la plupart des sociétés civiles et d'une grande partie des sociétés de commerce. Mais à ces dernières on donne un nom spécial, celui de sociétés en nom collectif, qui, les distinguant des autres, permet de leur appliquer les principes commerciaux. C'est là, à notre avis, le véritable point de vue auquel il nous faut nous placer et ce nous semble être l'avis de MM. Lyon-Caen et Renault lorsqu'ils définissent la société en nom collectif : Une société dans laquelle les associés font le commerce sous une raison sociale et sont tenus solidairement et personnellement des dettes sociales (1).

Sans raison sociale d'aucune sorte la société ne peut être connue des tiers. Elle ne serait plus une véritable société, mais seulement une simple association en participation ; c'est-à-dire, comme nous le verrons plus loin, un contrat spécial participant de la société mais ne pouvant pas lui être assimilé, véritable société entre les associés, mais absolument inconnue aux tiers, à laquelle il manque par conséquent l'élément principal, le crédit, que l'on se propose en contractant une société ordinaire.

Si la forme qu'ont les sociétés en nom collectif entraînait à elle seule la commercialité de la société, il ne resterait donc plus de sociétés civiles, sauf peut-être celles de ces dernières qui auraient déclaré expressément vouloir conserver le caractère civil, et encore serait-il fort discutable de savoir si une pareille réserve serait possible.

Pour tous ces motifs, et aussi parce que, pour déroger d'une

---

(1) 2e éd., tome II, p. 109.

façon aussi grave au droit commun, il faudrait un texte bien précis, nous avons donc la persuasion que de pareilles sociétés restent civiles.

En résumé donc, depuis la loi du 1er août 1893, seront commerciales : 1° Toutes les sociétés faisant habituellement des actes de commerce, comme elles l'étaient autrefois ; 2° Toutes les sociétés faisant habituellement des actes civils, qui seront constituées sous la forme d'une commandite simple, d'une commandite par actions ou d'une société anonyme. Resteront par conséquent civiles les sociétés faisant habituellement des actes civils et qui n'auront pas été constituées sous l'une de ces trois formes.

La loi nouvelle ôte donc à l'étude de la liquidation de la société civile une partie de son intérêt. Mais ces sociétés, si elles n'auront désormais plus grande importance de fait, parce qu'elles ne pouront plus être de vastes associations de capitaux, resteront encore assez nombreuses pour qu'elles méritent qu'on s'en occupe (1).

Du reste, pour longtemps encore peut-être l'étude des sociétés civiles conservera une certaine importance, si l'on admet que la loi de 1893 n'a pas d'effet rétroactif et ne concerne que les sociétés qui seront constituées depuis sa promulgation, point qu'il ne semble guère possible de mettre en doute. En effet, la Chambre des députés avait voté en premier lieu à la fin de l'article de la loi de 1893 que nous venons de discuter une proposition ainsi conçue :

---

(1) Au reste il sera intéressant de voir le parti que prendra la jurisprudence en ce qui concerne les sociétés minières. Avant cette loi, elle les reconnaissait toujours civiles, conformément à la loi de 1810, quelle que soit leur forme, même anonyme, pourvu qu'elles ne fissent pas en même temps des actes de commerce (Cas. 26 oct. 1892. *Sir.*, 1893, 1, 321). Trib. com. de Nantes, 22 oct. 1892 (*Rec. de Nantes*, 1892, 1, 426 ; Douai, 12 juin 1893 (*Journal Droit*, 26 juillet 1893). Admettra-t-on que la loi sur les mines qui est une loi spéciale a été abrogée en ce point par la loi générale du 1er août 1893 ? Il nous semble que la jurisprudence en décidera ainsi et nous le souhaitons vivement. Il y a en effet un progrès considérable réalisé par la loi nouvelle au point de vue dont nous nous occupons.

« L'art. 68 s'applique aux sociétés déjà existantes. » Or, le Sénat la supprima et elle a disparu complètement de la rédaction définitive. La loi du 1er juillet 1893, que nous étudierons plus loin (1) et qui concerne la société anonyme du Canal de Panama en est encore une preuve ; car elle serait sans cela absolument inutile. Enfin, ajoutent MM. Lyon-Caen et Renault (2) « il aurait été « contraire au principe de la non-rétroactivité des lois de reconnaître le caractère commercial à des sociétés qui, d'après les « lois en vigueur lors de leur constitution, avaient le caractère « civil ; de leur appliquer la loi de 1867 alors que, d'après la « jurisprudence, elle ne les régissait pas ; d'admettre la limitation « de la responsabilité des associés alors que, d'après certaines « décisions judiciaires, elle ne pouvait être qu'illimitée. »

B. — Personnalité morale.

Maintenant que nous avons, croyons-nous, suffisamment distingué les sociétés commerciales de celles qui sont civiles et que nous avons vu les règles qui régissent la liquidation des premières, il nous reste à étudier cette liquidation quant aux sociétés civiles.

L'idée qui préside, avons-nous démontré, à la liquidation commerciale est double : ces sociétés sont personnes morales ; et cette personnalité subsiste après la dissolution pour permettre la liquidation, où, comme l'on dit, ces sociétés se survivent à elles-mêmes pour la liquidation. Pouvons-nous appliquer les deux mêmes principes aux sociétés qu'il nous reste à étudier ? Nous allons le voir successsivement.

---

(1) V. ch. II ; sect. IV.

(2) *Appendice* au tome second du *Traité de droit commercial,* 1894, p. 40.

Sociétés civiles ayant la forme commerciale. — Nous ne nous proposons pas évidemment de discuter ici à fond la question de savoir si les sociétés civiles ont la personnalité morale. Ce serait aborder véritablement un second sujet aussi complexe et aussi considérable que celui qui nous occupe. D'autres l'ont fait déjà avec autorité (1). Notre but est seulement d'esquisser ce célèbre débat et de déduire des opinions en présence leurs conséquences spéciales au point de vue de la liquidation.

Pour Puffendorf (2), la personnalité morale serait de l'essence du droit de société : « Les personnes morales composées se « forment lorsque plusieurs individus humains s'unissent « ensemble de manière que ce qu'ils veulent ou ce qu'ils font en « vertu de cette union n'est censé qu'une seule volonté et une « seule action... Ainsi quoique, partout ailleurs, quand plusieurs « personnes ont voulu ou fait quelque chose, on conçoive autant « de volontés et d'actions distinctes que l'on compte de personnes « physiques ou d'individus humains, du moment que ces indivi- « dus se trouvent réunis en une personne morale composée, on « ne leur attribue qu'une seule et même volonté, et toute action « qu'ils produisent dans cette union morale n'est censée qu'une « seule action, quel que soit le nombre des individus physiques « qui y ont concouru véritablement. De là vient qu'une personne « morale composée peut avoir et a, en effet, pour l'ordinaire, « certains droits, certains biens ou certains avantages qu'aucun « membre de ce corps ne saurait légitimement s'attribuer en son « particulier. »

Les paroles précédentes de l'illustre auteur, citées par M. Pascaud dans un article très savant sur la discussion qui nous

---

(1) V. notamment Lyon-Caen et Renault (2e éd., t. II. n° 126 et suiv.). Voir aussi Thiry, *Revue critique de jurisprudence*, année 1854, p. 412 et suiv. et année 1855, p. 289. — Pascaud, *Revue des sociétés*, 1892, p. 202.

(2) *Droit de la nature et des gens*, liv. I, ch. Ier, § 13.

occupe (1), montrent fort bien la liaison qui existe entre la question de la personnalité morale et celle de la liquidation des sociétés civiles ; mais n'apportent à notre sens aucune preuve de la personnalité de celles-ci. Il faut chercher avant tout une sanction juridique et non se perdre en considérations platoniques.

Nous avons exposé plus haut pour quels motifs l'on accordait cette faveur aux sociétés de commerce, et nous avons dit que la doctrine et la jurisprudence étaient d'accord sur ce point. L'une et l'autre reconnurent, avons-nous dit, qu'il y avait là une conséquence immédiate des formalités qui président à sa naissance. Aussi, bien avant la loi des 1er et 3 août 1893, s'accordait-on à reconnaître aux sociétés civiles qui avaient adopté la forme commerciale une personnalité distincte de celle des associés. Et en effet, étant admis que ce caractère spécial d'être moral qui caractérisait les sociétés de commerce avait sa source dans les formalités nombreuses de publicité qui accompagnaient leur formation, il était évident que ces mêmes formalités, appliquées exceptionnellement aux sociétés civiles, devaient produire les mêmes effets. Déjà en 1868 la Cour de cassation nous le dit en termes très précis : « Attendu, trouvons-nous, qu'une société qui, quoique « ayant pour objet des opérations civiles, est organisée et fonc- « tionne sous une forme commerciale, constitue de même qu'une « société commerciale proprement dite, une personne morale « distincte des membres qui la composent..... » Cas., 3 fév. 1868 (Dal. 1868, 1, 225) (2).

(1) *Art. cité plus haut, Rev. soc.*, 1892, p. 202.

(2) Voir encore : Paul Pont, *Traité des Sociétés civiles et commerciales*, 124 *in fine*; Aubry et Rau, t. IV, § 377, p. 346, texte et note 17; Vavasseur, *Traité des Sociétés civiles et commerciales*, § 124 *in fine ;* Lyon-Caen et Renault, *loco citato*. [*Contra :* Laurent, t. 26, p. 183; Guillouard, *Traité du cont. de Société*, n° 23]. — Et Paris, 27 juin 1882 (*Gaz. Palais*, 1883, 2, 61); Grasse, 3 nov. 1890 (*Gaz. Palais*, 1890, 2, 628); Aix, 21 juin 1889 (*Rec. d'Aix*, 1889, p. 349); Paris, 10 nov. 1891 (*Gaz. Palais*, 1892, 1, 56); Cas. 26 oct. 1892 (Sir. 1893, 1, 321).

Sociétés civiles n'ayant pas la forme commerciale. — La question ne se posait donc déjà et ne se posera plus certainement désormais que pour les sociétés civiles n'ayant pas la forme commerciale (1).

Le droit romain et l'ancien droit, qui refusaient de reconnaître la personnalité morale aux sociétés commerciales, sont à plus forte raison du même avis en matière civile (2). Reste donc à voir si les textes de notre Code peuvent l'autoriser.

Les partisans de l'extension de la personnalité morale aux sociétés civiles argumentent d'abord du chapitre III du titre des Sociétés au Code civil. On y trouve en maints articles, notamment dans les art. 1845, 1846, 1848, 1850 et 1852, mention de la société opposée aux associés ; les associés au contraire n'y sont jamais mis en face l'un de l'autre. N'est-ce pas reconnaître à celle-ci une existence à part. « A côté du droit des associés, dit M. Pascaud, « se trouve parallèlement le droit de la société, et notre article « (l'art. 1859 qui règle les pouvoirs d'administration des associés) « n'a d'autre but que de les concilier (3). »

On ajoute que l'art. 1860 enfin constitue à la société un patrimoine distinct de celui des associés : « L'associé qui n'est point « administrateur ne peut aliéner ni engager les choses même « mobilières qui dépendent de la société. » Cet article crée évidemment un patrimoine social sur lequel les associés n'ont aucun droit pendant la durée de la société. N'est-ce pas là une preuve bien palpable de l'individualité juridique de cette dernière? Que seraient des biens sans propriétaires? Cela n'est pas possible à concevoir (4).

---

(1) Peut-être pourtant comme nous l'avons vu plus haut, la question subsistera-t-elle entière pour les sociétés de mines.

(2) Thiry (*Rev. crit.*, *loco citato*).

(3) *Loco citato*, p. 204.

(4) Nous verrons pourtant que cette anomalie a été admise en Allemagne. Une école y reconnaît que les biens sociaux sont des biens sans maîtres. V. ch. III, sect. I.

De plus, si jusque-là nous n'avons vu la société en opposition qu'avec les seuls associés, d'autres textes nous la montrent, aussi, opposée aux tiers. Les articles 1862, 1863, 1864, 1867, etc..., en témoignent. L'art. 1864 entre autres, décide que l'obligation contractée au nom de la société ne lie en principe que le contractant et n'oblige pas les autres associés. Cet article en ses termes semble bien évidemment mettre en opposition les tiers, la société et les associés. Les obligations des deux derniers vis-à-vis des premiers sont par lui parfaitement distinguées, ont pour chacun une existence à part; c'est donc, par conséquent, que la société civile aussi bien que chaque associé constitue un être juridique, ou autrement dit qu'elle jouit de la personnalité morale.

A tout ceci les partisans de l'opinion adverse répliquent par d'aussi nombreux arguments.

En premier lieu, ils invoquent le droit romain et l'ancien droit où, avons-nous fait remarquer, il n'était pas question de personnalité morale. Il est raisonnable de supposer que nos législateurs ont entendu suivre le droit en vigueur à leur époque, lorsque aucun texte bien précis n'est venu y déroger.

D'ailleurs, de l'avis des partisans de cette seconde opinion, tous les textes que cite l'opinion opposée ne prouvent rien ou du moins pas grand'chose contre eux. MM. Aubry et Rau répliquent en effet que : « Il faut distinguer ce qui n'est que « simple image, forme plus commode ou plus abrégée de langage, « de ce qui tient au fond et à la substance même des choses. Dans « toute société, il peut y avoir opposition entre les intérêts individuels de chaque associé et les intérêts communs de tous les « associés pris collectivement. C'est uniquement pour désigner « ces intérêts communs que la loi se sert du mot société. Ce qui « le démontre c'est que ce mot ne se retrouve que dans les dispositions légales qui statuent sur les rapports respectifs des associés les uns à l'égard des autres et disparaît pour faire « place à celui d'associés, dans les art. 1862 à 1864 qui s'occu-

« pent des engagements des associés à l'égard des tiers (1). »

De plus l'art. 1860 peut s'expliquer d'une autre façon. Si l'on avait reconnu à chaque associé le droit de disposer des biens de la société, il y aurait eu entrave permanente à sa marche régulière. Dans le but d'éviter un pareil empêchement, l'art. 1860, tout en laissant chacun de ceux-ci propriétaire, vient très logiquement leur dire : Pour ne pas que vous puissiez nuire à vos coassociés il vous est interdit, pendant toute la durée de votre contrat, d'aliéner votre bien (2). Ainsi l'associé ne cède pas la propriété des biens sociaux à un être fictif, l'être social ; il grève seulement celle-ci d'une sorte de servitude d'indivision.

D'autres articles du titre des sociétés étayent encore cette doctrine. Ce sont principalement les suivants. L'art. 1849 prévoit le cas où un associé a reçu sa *part* entière de la créance commune. N'est-ce pas qu'il était copropriétaire et que par conséquent son droit n'avait pas passé sur la tête d'un être social ? Les art. 1862 et 1863 qu'invoque l'opinion inverse servent ici aussi d'arguments. Dire des associés qu'ils sont tenus en principe pour leur part virile encore que leur part réelle soit moindre, c'est bien reconnaître qu'ils sont copropriétaires, puisqu'on leur assigne des parts, (peu importe quelles elles sont), sur le patrimoine que l'opinion adverse ne voudrait pas reconnaître comme leur propriété.

Enfin, en faveur de ce système, on invoque un argument de plus grande valeur. L'art. 69 n° 6 du Code de procédure civile mentionne limitativement les sociétés de commerce comme devant être assignées en cas de contestation en leur maison sociale ou au domicile de l'un seul des associés, tandis qu'il laisse de côté à cet égard les sociétés civiles. Il faudra donc pour elles suivre le droit commun, c'est-à-dire assigner individuellement chacun des membres qui les composent. Or n'est-ce pas évidemment recon-

(1) MM. Aubry et Rau (3e édit., t. III, p. 394 et note 14).
(2) V. Guillouard, *Contrat de société,* p. 42.

naître que les sociétés commerciales ont seules la personnalité morale à l'exclusion des sociétés civiles?

La discussion entre les deux parties adverses ne semble pas encore près de s'éteindre. Il est juste de dire pourtant que, sous la poussée constante d'une jurisprudence admettant la première de ces solutions, la doctrine semble incliner peu à peu, elle aussi, vers l'extension de la personnalité morale aux sociétés civiles (1).

---

(1) Nous trouvons contre la personnalité morale des sociétés civiles : Cas., 21 juillet 1854 (Sirey, 1854, 1, 489); Nancy, 18 mai 1872 (D. P., 1873, 2, 103); Trib. Seine, 27 juillet 1874 (Sirey, 75, 2, 27); Douai, 11 juillet 1882 (*Gaz. Palais*, 1882, 2, 282); Trib. Avignon, 8 mai 1884 (*Gaz. Palais*, 1884, 2, 233); Trib. Lyon, 6 mai 1886 (*Revue des Sociétés*, 1886, p. 594); Toullier, t. XII, n° 1882; Aubry et Rau, t. IV, § 377, texte et note, pages 546 et 547, et t. Ier, § 54, p. 190 et 191; Alauzet, *Comment. du Code de commerce*, t. Ier, n° 136; Paul Pont, *Traité des sociétés civiles et commerciales*, n° 126; Lyon-Caen et Renault, *2e éd.*, t. II, n° 126 et suiv.; Thiry, *Dissertations.* (*Revue critique*, année 1854, p. 412 et année 1855, p. 289); Guillouard, *Traité du contrat de société*, p. 25; Laurent, t. XXVI, p. 182.

Mais en sa faveur : Proudhon, *Usufruit*, n° 2064 et 2065; Duranton, t. XVII, n°s 334 et 388; Pardessus, *Cours de droit commercial*, t. IV, n°s 975 et 976; Delamarre et Lepoitvin, *Traité de droit commercial*, t. II, p. 464; Duvergier, *Du contrat de société*, n°s 141, 381 et suivants; Championnière et Rigaud, *Traité des droits d'enregistrement*, t. III, n° 2753; Troplong, *Du contrat de société*, tome Ier, n°s 58 et suivants ; Massé et Vergé, *sur Zachariæ*, tome IV, § 719, note 10; Bravard-Veyrières, *Traité de droit commercial*, tome Ier, p. 174 et suivantes; Larombière, *Des Obligations*, tome III, art. 391, n° 6; Dalloz, *Répertoire*, V. *Sociétés*, n° 182; Vavasseur, *Traité des sociétés civiles et commerciales*, tome Ier, n° 27 *bis ;* Pascaud, *Rev. Soc.*, 1892, p. 202, et de nombreux arrêts : Cas., 8 novembre 1836 (Dal. rép. V. *Exploit*, n° 99); Cas., 19 juin 1847 (D. P. 1847, 1, 342); Paris, 6 mars 1849 (Sirey, 1849, 2, 427); Cas., 8 décembre 1862 (D. P., 1863, 1, 34); Cas., 6 juillet 1864 (D. P., 1864, 1, 424); Cas., 29 mai 1865 (D. P., 1865, 1, 380); Metz, 31 décembre 1867 (D. P., 1868, 2, 145); Cas., 3 février 1868 (D. P., 1868, 1, 225); Orléans, 26 août 1869 (D. P., 1869, 2, 185); Paris, 27 février 1878 (D. P., 1878, 2, 257 et la note); Cas., 25 mai 1887, (*Rev. Soc.*, 1887, p. 412 et note 1 (Sociétés de courses) (Sirey, 1888, 1, 161) (D. P., 1868, 225); Cas., 23 février 1891 (*Rev. Soc.*, 1891, p. 256 et note ; D. P., 1891, 1, 337; *Gaz. Pal.*, 1891, 1, 371); Grenoble, 9 décembre 1891 (*Rev. Soc.*, 1891, p. 269 et note); Trib. civ. Lyon,

Cependant pour achever de faire connaître la situation actuelle de la question, il nous faut ajouter que la jurisprudence elle-même refuse encore la personnalité morale aux sociétés civiles qui n'ont pas la forme commerciale, ou plutôt qui n'ont pas rempli toutes les formalités nécessaires pour l'acquérir, lorsqu'elles sont annulées justement pour ce motif. C'est ainsi qu'elle nous dit : « Une société de fait qui n'a pas été revêtue des formes prescrites « par la loi », n'a pas de personnalité morale (Paris, 6 mars 1890, *Loi*, 17 juin 1890), et encore (Paris, 18 janvier 1890, *Loi*, 4 avril 1890) « Lorsqu'une société est nulle pour n'avoir pas été revêtue « des formes légales, les Tribunaux doivent constater qu'il y a eu « association de fait, et décider que cette association doit se ter- « miner par un compte qui doit se régler suivant le droit com- « mun (1). »

Conséquence de ce débat au point de vue de la liquidation. — Au reste, pareille discussion n'a peut-être pas au point de vue qui nous occupe, toute l'importance qu'elle semble posséder au premier abord.

---

9 janvier 1892 (*Moniteur judiciaire de Lyon*, 10 février 1892). « Les sociétés « civiles constituent comme les sociétés commerciales une personne « morale », 2 mars 1892; (Sir. 1892, 1, 497); Conf. Cas., 26 oct. 1892 (Sir. 1893, 1, 321).

(1) Il semble pourtant que la jurisprudence veuille abandonner même ce dernier reste de la distinction entre les sociétés civiles et les sociétés commerciales. Un arrêt récent de la Cour de cassation du 15 novembre 1892 rapporté dans Sirey (1893, 1, 364) décide en effet que « La nullité d'une « société prononcée pour inobservation des conditions de forme ou de fond « prescrites par la loi du 24 juillet 1867 n'a point d'effet rétroactif absolu et « n'empêche pas qu'il ait existé entre les parties une société de fait, laquelle « doit être liquidée comme en cas de dissolution. » Puisque l'on admet ici une liquidation, il y a évidemment par *a fortiori* reconnaissance de la personnalité morale.

En effet, si indubitablement ceux qui refusent la personnalité morale aux sociétés civiles, se voient obligés *a fortiori* de leur refuser le bénéfice de la liquidation qui en est une conséquence, ce n'est pas une raison pour que l'on doive accepter nécessairement cette dernière toutes les fois que l'on admet la première.

Ainsi pour notre compte nous croyons fermement que dans l'état actuel de notre législation il n'est pas possible de reconnaître juridiquement pour les sociétés civiles le droit à une liquidation.

En effet, qu'on le remarque bien, l'extension de la personnalité morale à ces sociétés, est déjà, venons-nous de voir, fort discutée. Or, cette extension est en notre matière loin d'être suffisante. Sur cette fiction de la personnalité, il faut, pour étendre la liquidation aux sociétés civiles, greffer une seconde fiction, celle de la survivance après la dissolution de la société de la personne que l'on a créée de toutes pièces pendant la durée de celle-ci, fiction d'autant plus délicate qu'elle est plus étrange. Que l'on admette la fiction de la personnalité morale des sociétés civiles, cela se comprend jusqu'à un certain point ; car il n'y a rien d'étonnant à voir reconnaître une existence propre à ce qui par le fait semble bien avoir des biens, des droits et des devoirs spéciaux et distincts de ceux des associés. Mais admettre l'idée de survie, c'est-à-dire admettre qu'un être mort puisse encore accomplir des actes, que cette mort quoique complète soit considérée comme ne s'étant pas produite, c'est là une fiction absolument anormale, si l'on ose ainsi parler. Aussi faut-il reconnaître, à notre avis du moins, qu'on doit la juger avec la plus grande sévérité et ne l'admettre que si son existence est bien démontrée. N'est-ce pas d'ailleurs là le principe qui doit régir toute fiction?

Qu'est-ce en effet qu'une fiction ? Une fiction, c'est le contraire de la réalité. C'est donc une création absolue de l'homme, et une création qui va à l'encontre de tout ce qui existe naturellement, qui heurte de front toute nos notions naturelles. On comprend dès lors qu'il ne faille user qu'avec la plus grande précaution de cet instrument si peu normal. Aussi, est-il de principe que la fiction, quelle qu'elle soit, ne peut être admise à moins qu'elle ne soit établie par des textes positifs. Alors le législateur, omnipotent en matière juridique, a pu lui donner la vie; mais encore faudra-t-il présumer qu'il a entendu déroger le moins possible aux principes fondamentaux et interpréter les textes aussi restrictivement que possible. Car, en principe, seuls les êtres vivants sont des personnes proprement dites et seuls ils peuvent avoir des droits et des devoirs, conséquence immédiate de ce qu'ils marchent, parlent, agissent au milieu d'autres personnes semblables à eux, qui constituent la société humaine. Quant à ce que l'on appelle la personne morale ou la personne civile, il n'est pas, croyons-nous, dans l'état actuel de notre législation, possible de nier son existence, du moins complètement. Si nous nous restreignons à notre matière, les sociétés, nous nous voyons bien obligés de l'admettre avec la jurisprudence en matière commerciale au moins. Il est certain que la société commerciale a une existence et une vitalité propres, distinctes de celles des individus qui la font agir.

Mais dans aucun texte, en tous cas, elle ne donne à cet être fictif les mêmes caractères qu'aux personnes physiques, et nulle part elle ne songe à les placer toutes deux sur un pied d'égalité. C'est que, comme nous l'avons déjà dit, la personnalité qu'on leur reconnaît est toute fictive et par cela même restreinte. Ce sont des institutions autorisées à exercer certaines fonctions, qui n'ont aucune existence en dehors du champ d'action qui leur a été tracé, et qui doivent restreindre leur vitalité dans les limites de la mission qu'on a bien voulu consentir à leur confier. En dehors de celles-ci elles n'ont absolument aucune capacité, car elles n'existent plus ; c'est le néant, et le néant certes ne peut pas agir. La loi en donnant naissance à l'être moral lui trace la route qu'il doit parcourir et les seules opérations déterminées qu'il ait le droit d'accomplir. Elle fixe exactement et son point de départ et son terme. Un pareil être ne conservera donc la vie morale et la capacité juridique qui y est attachée, que dans les limites de cette tolérance.

De tout ce que nous venons de dire, il résulte donc que lors-même que la liquidation ne serait qu'une conséquence régulière de la fiction de la personnalité morale, elle pourrait fort bien ne pas être admise quoique celle-ci le fût, si aucun texte n'en décidait autrement. Mais la liquidation n'est pas le moins du monde une conséquence ordinaire. Nous avons déjà dit qu'elle ne pouvait trouver un point d'appui suffisant dans la théorie de la personnalité morale des sociétés qu'avec le secours d'une seconde fiction consistant à réputer vivante la personne société déjà morte par le fait de la dissolution. A plus forte raison, par conséquent, faudra-t-il exiger en pareille matière un texte bien précis.

En matière commerciale, nous avons pu reconnaître suffisante sa justification tirée de l'usage, puisque l'usage fait loi en droit commercial. Ici il en est bien autrement. L'usage n'a aucune force en droit civil ou, du moins, ses pouvoirs y sont extrêmement restreints ; ils se bornent à l'interprétation. De plus, nous avons vu que la liquidation commerciale pouvait invoquer en sa faveur l'art. 64 du Code de commerce. La liquidation des sociétés civiles bien loin de pouvoir invoquer de pareils arguments semble au contraire être improuvée par les textes.

L'art. 1872 du Code civil en effet ne paraît pas facile à concilier avec les principes qui régissent la liquidation commerciale. Il sert même de point d'appui à MM. Aubry et Rau qui admettent qu'il n'y a jamais lieu à liquidation d'une société civile. Notre article est ainsi conçu : « Les règles concernant le partage des successions, « la forme de ce partage et les obligations qui en résultent entre « les cohéritiers s'appliquent aux partages entre associés. » Il faudrait donc, d'après MM. Aubry et Rau, que les dettes se partagent selon les principes entre les associés au prorata de l'actif qu'ils recueillent. Les tiers ne seraient nullement prévenus de la dissolution de la société et devraient néanmoins faire opposition. Faute d'avoir accompli cette formalité, les créanciers n'auraient aucun recours (1). Si dans la société il y avait des mineurs ou des interdits, il faudrait procéder nécessairement à un partage judiciaire, mesure longue et coûteuse en même temps que fort embarrassée. Bref, il y aurait lieu uniquement à ce mode de réglementation que nous avons exposé plus haut sous le nom de règlement de communauté (2).

Il est vrai cependant, que, si l'on veut l'étudier à fond, notre article est beaucoup moins explicite qu'on veut bien le dire. Il ne parle d'abord que du partage. Or, avons-nous fait remarquer, la liquidation et le partage sont deux états tout différents. Le premier est le préliminaire du second; mais il ne faut pas les confondre l'un avec l'autre. Et ne peut-on pas dire au contraire que si l'art. 1872 parle expressément du partage sans mentionner la liquidation, c'est qu'il a été entendu par nos législateurs que celle-ci ne suivrait pas les mêmes règles en matière de sociétés qu'en matière de succession. A cela l'on répond que par cet article il est renvoyé aux règles concernant le règlement des successions ou du moins à la plupart de ces règles, à celles concernant le partage proprement dit comme à celles concernant les préliminaires de ce partage. C'est donc bien que l'on n'a nullement entendu se référer à une situation particulière telle que le serait la liquidation commerciale.

Puis, dans sa partie finale, notre article vient en tous cas restreindre d'une façon singulière la portée que lui donnent MM. Aubry et Rau. Il applique les règles des successions aux partages

---

(1) « Après la dissolution de la société chaque associé a le droit de « demander le partage du fonds social provenant, soit des mises des « associés, soit d'acquisitions ou de bénéfices faits en commun. Consommé « sans opposition de la part des créanciers personnels de l'un des associés, « il ne peut, comme le partage d'une succession, être attaqué pour cause « de fraude qu'à la condition par les créanciers de prouver l'existence d'un « concert frauduleux arrêté entre tous les associés. » Aubry et Rau, t. IV, § 385.

(2) V. p. 23 et suiv.

« entre associés ». Comme nous l'avons dit antérieurement (1), il y a à la dissolution de la société civile deux sortes de relations : d'une part les relations entre les associés et les tiers ; d'autre part des relations entre les seuls associés. Or, si du texte de notre article l'on peut déduire qu'il entend refuser dans les sociétés civiles le bénéfice de la liquidation commerciale aux associés, ne faut-il pas en conclure aussi que, puisqu'il laisse les relations entre associés et tiers en dehors de cette exclusion, on pourra leur appliquer un pareil bénéfice. D'autant plus qu'une pareille différence se conçoit fort bien. Les tiers non prévenus qui ont traité avec la société devaient compter sur elle ; ce serait alors les priver d'un bénéfice qui a dû peser d'un bon poids dans la décision qu'ils ont prise de contracter avec la société et les soumettre à un régime long, coûteux, et souvent manquant des sûretés sur lesquelles ils avaient dû faire fonds. Pour les associés au contraire, ils sont dans les sociétés civiles en général peu nombreux, le règlemeut de leurs intérêts sera le plus souvent facile. De plus, les soumettre aux formalités du partage de succession, ce ne sera pas leur nuire. Ils auront dû en effet dès le début envisager cette éventualité et ne s'engageant qu'en connaissance de cause, prendre leurs dispositions en conséquence. Ils ne pourront donc jamais se dire pris au dépourvu. C'est là l'opinion de M. Vavasseur (2) et celle de beaucoup d'autres auteurs.

L'art. 1872 ne serait donc pas, d'après ces considérations, complètement opposé à l'extension de la liquidation commerciale aux sociétés civiles. Tout au plus en restreindrait-il l'application aux relations entre les associés et les tiers. Et il est juste de dire que peu de sociétés même civiles seront assez rudimentaires pour n'avoir, au moment de la dissolution, aucune relation de cette catégorie.

---

(1) V. p. 17 et suiv.
(2) *Traité des sociétés civiles et commerciales*, § 240.

Mais si cet article sainement interprété ne peut pas, comme on avait cherché à le démontrer, suffire à empêcher dans tous les cas l'extension de la liquidation commerciale aux sociétés civiles, il laisse du moins subsister de tous points le reste de l'argumentation que nous avons indiquée, et que l'on peut résumer en ces simples paroles : Pour pouvoir étendre la fiction de la survivance de la personnalité aux sociétés civiles, il faudrait un texte, et ce texte on ne le trouve nulle part.

Néanmoins la jurisprudence a admis dès longtemps la possibilité d'une liquidation pour les sociétés civiles à forme commerciale. La loi de 1893 a rendu cette extension absolument légale. Elle semble même vouloir aller encore plus avant et admettre d'une façon générale une liquidation pour toutes les sociétés même civiles qui jouissent de la personnalité morale. Pour elle, l'une est la conséquence immédiate de l'autre et l'on ne peut pas les séparer (1).

Nous n'avons, il est vrai, que très peu d'arrêts ou de jugements rendus expressément sur ce point depuis que la Cour de cassation, dans les arrêts précités du 25 mai 1887 et du 23 février 1891, a admis d'une façon formelle la personnalité morale des sociétés civiles (2). Mais la loi récente sur les sociétés par actions, du mois d'août 1893, qui donne une sanction légale sur un point du moins à cette théorie jurisprudentielle ne pourra évidemment que donner à nos magistrats une impulsion nouvelle en ce sens. Nous pourrons donc *a fortiori* argumenter de leurs anciennes

---

(1) Pourtant cette assimilation ne s'étend pas à la faillite qui ne peut être appliquée qu'en vertu d'un texte formel. Aussi pour la société de Panama reconnue civile a-t-il fallu une loi spéciale (1er juillet 1893) pour pouvoir empêcher les créanciers de poursuivre individuellement.

(2) Voir pourtant Cas., 2 mars 1892 (Sir. 1892, 1, 497.) « Attendu que les « sociétés civiles constituent comme les sociétés commerciales une per- « sonne morale, » et Cas., 24 mai et 13 janvier 1892 (Sir. 1892, 1, 469 et 1, 100). « Une société dissoute subsiste comme personne morale. »

décisions pour tâcher de découvrir la situation qu'ils feront désormais aux sociétés civiles au point de vue spécial de la liquidation. Là nous trouvons des arrêts nombreux dont nous citerons seulement quelques-uns : « La société dont la dissolution a été « prononcée est réputée exister encore entre les associés ou leurs « représentants, pour les besoins de la liquidation tant que celle-« ci n'est point achevée (1) », et encore « puisqu'une société dis-« soute se survit à elle-même pour les besoins de sa liquida-« tion (2) », « s'il est certain que toute société dissoute doit être « considérée comme subsistant encore pour les besoins de la « liquidation et qu'elle conserve tous ses droits et tous ses biens « jusqu'à la fin de celle-ci (3). »

Ils sont évidemment très formels dans le sens que nous indiquions, et nous reconnaissons qu'ils ont une très grande excuse dans cette immense utilité pratique que nous avons déjà démontrée. Il nous reste donc à désirer qu'un texte de loi vienne le plus tôt possible réglementer une pareille matière et justifier de pareilles solutions aux yeux des hommes de loi que les motifs d'utilité publique ne peuvent guère parvenir à convaincre.

Au reste en pratique la plupart des sociétés civiles que l'on liquide comme les sociétés de commerce peuvent se baser pour user de ce bénéfice sur des arguments de fait de la plus grande valeur. C'est le point qui nous reste à exposer et cela sera bien facile. En effet si la loi civile ne leur applique pas la liquidation, s'il n'est pas possible, vu cette absence de textes, de les en faire bénéficier de plein droit, rien n'empêche, croyons-nous, les parties de convenir d'une façon expresse d'en faire des applications en matière civile. La liquidation n'est évidemment pas contraire à

---

(1) Rouen, 26 janvier 1884 *(Gaz. Palais,* 1884, 2, sup. 161); Paris, 15 nov. 1886 *(Gaz. Palais,* 1886, 2, 827). — Voir encore : Cas., 11 mars 1884 et 2 décembre 1885.

(2) Tribunal civil de Versailles, 1er août 1889 *(Gaz. Palais,* 1890, 1, 9 sup.).

(3) Tribunal civil de Douai, 11 juillet 1888 *(Droit,* 17 nov. 1888).

l'ordre public. Aucun texte ne semble la prohiber d'une manière absolue. En vertu du grand principe de la liberté des conventions (1), on peut donc reconnaître aux associés le droit, dont ils usent largement du reste, de convenir entre eux d'une liquidation.

Mais alors, nous l'avouons, l'on se trouve aux prises avec de très sérieuses dificultés que ne parvient pas à résoudre d'une façon satisfaisante le système qu'a mis en avant la jurisprudence. Quel sera l'effet de cette convention vis-à-vis des tiers ? Qui nommera le liquidateur ? Quels seront ses pouvoirs ? La jurisprudence en tous ces points hésite, donne la plupart du temps des solutions de fait, mais sans qu'il soit possible d'y reconnaître un véritable courant permanent. Est-il seulement bien certain qu'une convention puisse faire naître une fiction, puisque c'est sur une fiction que repose la liquidation ? Après ce que nous en avons dit, il est permis de douter (2).

Le système jurisprudentiel n'est donc pas encore suffisamment satisfaisant. Nous avons vu qu'en l'étudiant d'une façon un peu

---

(1) Art. 1134, C. civ.

(2) Nous pouvons dire que la jurisprudence se réfère jusqu'à présent, dans son assimilation des sociétés civiles aux sociétés commerciales à propos de la liquidation, aux conditions de forme bien plus qu'à celles de fond. Tandis en effet qu'elle reconnaît la validité de l'appel notifié par la remise d'un exemplaire unique à l'avoué de la société (Cas., 2 mars 1892; Sirey, 1892, 1, 497), elle n'en reconnaît pas moins aussi qu'une société civile, même ayant la forme anonyme, reste soumise à toutes les conditions de fond des sociétés civiles, même à celles qui semblent liées à la forme elle-même. Un associé dans une telle société est tenu indéfiniment sur tous ses biens. Nous aurions beaucoup à dire sur les motifs qu'elle invoque à l'appui de sa décision : « La dérogation à ce principe par les statuts n'est « pas opposable aux tiers. Il importerait même peu que les statuts de la « société eussent été publiés conformément aux prescriptions de la loi du « 24 juillet 1867 ; la publication des statuts, qui n'est pas prescrite pour les « sociétés civiles, n'aurait pu modifier les droits des tiers au regard des « associés. » Rouen, 16 juin 1890 (Sir. 1892, 2, 309). Nous verrons au chapitre suivant que ce n'est justement qu'en argumentant de cette publication qu'il est possible de justifier la liquidation des sociétés civiles.

détaillée on y découvrait de nombreux points faibles. On peut lui reprocher d'abord de manquer, avons nous dit, d'une base féconde et solide. La théorie de la personnalité morale est encore très vague et très peu délimitée. Il reste donc assez difficile de savoir quelles sociétés peuvent bénéficier du droit à la liquidation et quelles autres se verront dans l'impossibilité d'en profiter.

Puis la justification en est fort difficile, pour ne pas dire plus, au point de vue juridique, sinon au point de vue de l'utilité pratique.

Enfin par elle la liquidation conventionnelle ne se justifie pas du tout ou en tous cas se trouve livrée sans critérium à des discussions sans fin.

Au reste la jurisprudence ne s'en est pas tenue là. Elle a étendu à d'autres situations encore la liquidation commerciale.

SECTION IV

EXTENSION DE LA THÉORIE DE LA LIQUIDATION MÊME AUX SOCIÉTÉS CIVILES EN DÉCONFITURE

A côté de cette liquidation, que nous pouvons appeler normale, et dont nous venons de parler à propos des sociétés commerciales et civiles est venue s'en greffer une autre, destinée à suppléer aux lacunes de notre loi en matière d'insolvabilité.

Nous avons dit que le but de la liquidation était surtout de mettre l'actif social en état d'être partagé, ce qui exige au préalable l'extinction du passif. La liquidation a donc lieu ici uniquement dans l'intérêt des associés. Mais si le passif se trouve supérieur à l'actif, si la société est en état d'insolvabilité, les rôles vont se trouver complètement changés. L'intérêt des associés va être réduit à néant. Puisqu'ils n'auront rien à prétendre sur l'actif social, peu leur importe la façon dont il sera réalisé et distribué. Les tiers, au contraire, qui dans le cas ordinaire n'avaient pas à veiller au recouvrement des créances puisqu'on les payait intégralement, ni à la répartition entre les associés puisqu'à ce moment ils étaient désintéressés, ont en ce cas un intérêt majeur à la bonne gestion de ce qui subsiste de l'actif social. De là dépend en effet le plus ou moins de capital qu'ils pourront recouvrer. Le résultat que l'on s'efforcera d'atteindre sera donc le suivant : réaliser et répartir l'actif entre les créanciers au mieux de leurs intérêts.

Y aura-t-il lieu dès lors d'organiser une liquidation ? Ici il nous faut tout d'abord distinguer :

1° S'agit-il d'une société commerciale, la cessation de paiement produit pour elle deux effets légaux dont les conséquences sont parfaitement délimitées : en principe la faillite, ou parfois la faveur de la liquidation judiciaire, conformément à la loi du 4 mars 1889. Tout autre mode de réglementation ne saurait donc être légalement appliqué, si ce n'est lorsque conformément à la grande loi de la liberté des conventions (art. 1134 du Code civil) et en vertu de l'art. 437 du Code de commerce, il y a à la fois consentement au moins tacite et persistant de tous les créanciers au maintien du *statu quo* et à la non-déclaration de la faillite, et autorisation au moins tacite aussi de la justice qui n'use pas de son droit de la déclarer d'office. Nous avons vu en effet que ce droit ne constituait pas pour elle une obligation (1). On a parfois fait, il est vrai, intervenir d'autres solutions ; mais nous avons dit plus haut ce qu'il en fallait penser.

---

(1) V. ch. premier, section première, p. 10.

2° Mais quant aux sociétés civiles la situation est tout autre. Alors pas de faillite, puisqu'elle est réservée aux commerçants (art. 437 Code de commerce). Il y a seulement place à ce qu'on est convenu d'appeler la déconfiture, état juridique qui n'est nullement organisé par nos lois. Le patrimoine de l'insolvable non commerçant, qu'il s'agisse d'un simple individu ou d'une société, est abandonné aux créanciers qui se présentent.

Il n'y a en effet aucun mode légal organisé pour prévenir les créanciers de l'état de leur débiteur. Les créanciers les plus diligents, le plus souvent ceux assez rapprochés pour pouvoir suivre de près les agissements de leur débiteur, font vendre le patrimoine de celui-ci, en s'efforçant de le faire le plus rapidement et le plus silencieusement possible, suivant les règles ordinaires de l'exécution sur les biens. Puis ils se le partagent conformément aux règles de la distribution par contribution et de l'ordre. Dès lors, la somme qu'ils ont touchée en vertu de ce partage leur est acquise. Peu importe qu'il se présente de nouveaux créanciers, peu importe que ceux-ci, à cause de leur éloignement ou de toute autre circonstance indépendante même de leur volonté, aient été dans l'impossibilité absolue de connaître la situation de leur débiteur. Lorsqu'ils se présenteront, ils n'auront rien à revendiquer sur les sommes ainsi réparties.

Ce mode de règlement est, on le voit, assez primitif et donne peu de satisfactions et de sûretés aux nombreux intéressés en présence. Certains Tribunaux, pour suppléer à cette lacune législative et pour arriver à un règlement plus équitable des intérêts des tiers, ont pris l'habitude soit de mettre les biens des individus en déconfiture sous séquestre, en se basant sur l'art. 1961 du Code civil, soit de déclarer les sociétés qui sont dans le même cas en état de liquidation judiciaire.

Des séquestres, nous n'avons pas à nous en occuper. Ce serait en effet sortir de notre sujet, les sociétés dissoutes, pour nous occuper des individus. Nous rappellerons seulement qu'un arrêt de la Cour de cassation du 13 novembre 1889 (*Annales de Droit commercial*, année 1890, p. 151 et note), a nettement condamné comme abusive l'interprétation donnée à l'art. 1961, ainsi que l'usage établi sur ce fondement. Pourtant, à en juger par les annonces que l'on voit encore aujourd'hui quotidiennement dans les journaux judiciaires, la pratique est loin d'en avoir déjà disparu (1).

Mais en ce qui concerne les sociétés, l'ouverture de la liquidation, telle que nous l'avons expliquée et que l'a conçue la jurisprudence, présente la plus grande utilité. Désormais plus rien à craindre pour les créanciers : Un liquidateur sera nommé qui devra les rechercher tous et les payer au marc le franc. Il n'y aura plus à craindre non plus les dissimulations. Chacun touchera la part à laquelle il avait droit, sinon une part plus grande comme il pouvait l'espérer contrairement à toute équité ; personne ne pourra se plaindre d'avoir été frustré avant d'avoir pu se défendre.

De plus, vis-à-vis de la jurisprudence telle que nous l'avons exposée, ce système semble bien ne porter en soi rien d'absolument illégal. Nous avons vu en effet que celle-ci admet la personnalité morale même pour les sociétés civiles et qu'elle leur reconnaît un droit au bénéfice de la liquidation commerciale. Elle est évidemment fort logique avec elle-même lorsqu'elle se fait le raisonnement suivant : Puisque la société est réputée survivre à sa dissolution, toutes les fois qu'elle a un passif supérieur à son actif, quel motif peut-on invoquer pour refuser d'accepter cette survivance lorsque la société est en dessous de ses affaires ? Cette distinction ne se trouve nulle part ; et ne voyons-nous pas au contraire lorsqu'il s'agit des sociétés de commerce que chaque fois qu'elles sont en dessous de leurs affaires on les met en état

(1) Voir sur la possibilité de trouver à cette coutume une base plus résistante dans les règles de la cession de biens, Garraud, *Journal des faillites*, 1882, p. 158. En sens contraire, Charmont, *Revue critique* de 1891, p. 83.

de faillite ou de liquidation judiciaire, mesures plus sévères pour ces sociétés que la liquidation commerciale, et mesures plus sévères justement parce qu'elles sont conçues avant tout dans l'intérêt des tiers. Puis donc que la liquidation commerciale est plus profitable à ceux-ci pour le règlement de la société civile en déconfiture que ne l'est le mode prescrit au titre de la contribution et de l'ordre, puisque enfin on l'admet lorsque la société civile a été prospère, ne faudra-t-il pas *a fortiori* l'appliquer ici ?

Il y a pourtant de nombreux motifs de douter de la légitimité de cette extension, motifs tellement apparents même que bien des Tribunaux ont jusqu'à présent refusé d'admettre cette jurisprudence.

Nous sommes, avons-nous dit, doublement en matière de fiction dès qu'il s'agit de liquidation. Que cette fiction soit devenue légale en matière commerciale, nous l'avons admis sans difficulté; que même on l'étende encore par analogie en matière civile, nous avons montré aussi que de nombreux arrêts prétendaient le justifier. Mais au moins en pareils cas l'analogie est-elle complète. On applique, en vertu des mêmes principes, les mêmes règles et leurs mêmes conséquences aux sociétés civiles qu'aux sociétés commerciales, en se plaçant au même point de vue. Et cette analogie était indispensable, si l'on admet que les textes, ainsi que nous croyons l'avoir démontré, sont insuffisants pour justifier tant soit peu une pareille innovation. Mais que la jurisprudence crée de toute pièce, en matière civile, une pratique spéciale que nos Codes n'ont nulle part prévue, ce serait là évidemment dépasser ses pouvoirs ! Quelque larges qu'ils soient, ils ne peuvent certainement pas s'étendre au-delà de l'interprétation.

Or, c'est à cette extension illégale que l'on aboutit lorsque l'on étend à la société civile en déconfiture les règles de la liquidation, créées spécialement pour les sociétés de commerce qui ne se trouvent pas au-dessous de leurs affaires. Les opérations de la liquidation prennent en effet ici, par la force même des choses, une tournure toute différente de celle qu'on leur a voulu primitivement attribuer. Cela est facile à prouver.

De ce que nous avons exposé de la liquidation commerciale, il ressort qu'elle se propose un double but :

1° Régler les rapports entre les associés et les créanciers de la société ; ceux-ci ayant un intérêt majeur à ce que leur droit de gage ne soit pas annihilé par un concours qu'ils auraient à subir de la part des créanciers personnels des associés. Mais, cela fait, peu leur importe la façon dont la liquidation sera conduite, puisque leurs droits ne seront nullement modifiés et que, par hypothèse, ils doivent être sauvegardés.

2° Régler les rapports des associés entre eux, surtout dans la vue de préparer le partage. C'est là évidemment le but principal de la liquidation commerciale. Les associés sont donc les plus directement intéressés à celle-ci. Suivant en effet que ses opérations auront été plus ou moins bien conduites, la part qu'ils auront à recevoir dans l'actif social sera plus ou moins considérable. On conçoit donc que la liquidation soit organisée surtout dans leur intérêt et qu'ils en soient, s'il nous est permis de nous exprimer ainsi, rendus en quelques sortes les maîtres exclusifs.

Mais, si nous supposons l'insolvabilité de la société dissoute, la situation va se trouver par la force même des choses complètement changée, et nous allons voir les rôles totalement intervertis. Sans doute, les associés resteront bien intéressés dans une certaine mesure au résultat final, surtout s'ils sont tenus personnellement, puisqu'ils auront alors à supporter leur part du passif : mais en définitive, les véritables intéressés sont les créanciers. On attend de la liquidation un dividende ; il importe à ceux qui sont appelés à le toucher qu'il soit le plus élevé possible. Or puisqu'il s'agit de la réalisation d'un gage, il semble équitable que les créanciers y coopèrent pour faire valoir leurs droits, surveiller les agissements qui doivent les dédommager et assurer la répartition exacte des valeurs figurant à l'actif.

Et cependant ce résultat est incompatible avec la liquidation sociale telle que l'a réglée l'usage commercial, en sorte que pour l'obtenir il faudra sinon changer complètement les principes qui lui servent de base, du moins les faire dévier fortement de l'usage auquel ils avaient été primitivement destinés. Aussi à notre avis, est-ce là, comme nous l'avons déjà fait remarquer du reste, une innovation véritable que dans l'état actuel de notre législation il est impossible de justifier en droit d'une façon satisfaisante.

Quoi qu'il en soit, plusieurs Tribunaux ayant admis cette pratique ont dû, pour la justifier, aboutir à des conclusions on ne peut plus bizarres que nous allons exposer en peu de mots et que nous pouvons résumer dans cette phrase typique : on a fait de la liquidation une petite faillite.

Ainsi les créanciers seront admis à provoquer la nomination des liquidateurs (1), tandis que dans la liquidation normale (on nous permettra d'appeler ainsi la liquidation commerciale par opposition aux règles que nous étudions et qui constituent une véritable liquidation anormale) ils n'ont absolument aucun droit à cet égard.

Mais la plus extraordinaire de toutes les conséquences de la théorie de la jurisprudence à cet égard est encore celle qui va suivre. D'après ce que nous avons dit jusqu'ici, le liquidateur semble devoir représenter les intérêts des associés. Eh bien ici, au contraire, il sera considéré comme le mandataire des créanciers et, à ce titre, il pourra exercer certaines actions qui leur sont personnelles (2). Autrement dit le liquidateur aura des attributions absolument opposées à celles en vue desquelles il avait été créé. Mais alors que va-t-il arriver?

Les associés auront évidemment ici un intérêt moindre, mais pourtant encore très considérable si l'on songe qu'ils voudront peut-être un jour relever l'honneur de leur nom en désintéres-

(1) V. Thaller, *Faillite des agents de change*, p. 78; Fourcade, *Faillites non déclarées*. Tous deux font très bien ressortir les errements de la jurisprudence.

(2) V. surtout : Rouen, 1er avril 1881 (S., 1882, 2, 153); Paris, 28 avril 1887 (*Ann. de droit commercial*, 1886-1887. *Jurisp.*, p. 148).

sant les créanciers. Il leur importera beaucoup alors que les créanciers aient reçu un fort dividende et qu'il leur reste par conséquent moins à payer.

D'autre part, ils peuvent avoir aussi le droit de soustraire à la mainmise de leurs créanciers certains biens spéciaux inaliénables et insaisissables, et ils auront pour ceci aussi un grand intérêt dans le règlement de la liquidation. Par qui vont-ils donc être représentés? Sera-ce par un fonctionnaire spécial désigné à cet effet. Mais la liquidation commerciale ne nous offre aucun exemple de deux liquidateurs ayant des fonctions opposées, et d'autre part nous savons qu'en droit civil, il nous est impossible de justifier une pareille innovation. Il est vrai que depuis la loi du 4 mars 1889, nous pouvons trouver en matière de liquidation judiciaire cette dualité de représentants lorsqu'elle a été précédée d'une mise en liquidation normale. Mais ce n'est là qu'un cas absolument spécial qui a sa justification dans cette dualité d'actions. On a nommé un liquidateur conventionnel d'abord, et lorsqu'ensuite un liquidateur judiciaire survient, il est loisible de laisser en fonctions le premier parallèlement à celui-ci, parce qu'il a dû déjà acquérir une connaissance approfondie de la situation et qu'il pourra par là faciliter la tâche du second liquidateur tout en veillant aux intérêts opposés à ceux que ce dernier est chargé de sauvegarder.

Puis, par qui sera-t-il nommé? Evidemment par les associés, si l'on admet que le premier liquidateur l'aura été par le Tribunal pour le compte des créanciers. Mais où puiseront-ils ce droit? Et comment l'exerceront-ils? Faudra-t-il l'unanimité ou suffira-t-il de la majorité pour lui donner des pouvoirs valables? L'unanimité semble bien nécessaire. Mais qu'arrivera-t-il alors si les intéressés n'arrivent pas à fixer leur choix? Ce sont là autant de questions extrêmement embarrassantes et compliquées qui fourniront matière à de très longs débats et qui, bien loin de faciliter le règlement d'une pareille situation, le rendront absolument chimérique.

Seront-ils au contraire représentés par le même liquidateur que les créanciers? C'est bien là, croyons-nous, l'opinion de la jurisprudence. Mais, nous nous hâtons de le dire, elle n'est pas beaucoup plus satisfaisante que celle qui précède. Quelle garantie pour les deux parties en présence! L'une ou l'autre pourra toujours craindre la partialité d'un administrateur qu'elle n'aura pas choisi. Qui donc ici encore le choisira ? Il semble bien que ce doivent être les associés, si l'on assimile la liquidation dont il s'agit à la liquidation commerciale. Mais alors il arrivera un fait inique. Les seuls intéressés directement se verront imposer par les personnes ayant un intérêt diamétralement opposé au leur un mandataire qu'ils n'auront pas choisi et qui, pour justifier une confiance qu'il aura recherchée (ce seront presque toujours des agents spécialement connus pour ces sortes d'affaires et toujours salariés), fera tendre tous ses efforts vers la satisfaction des associés et le dépouillement des créanciers. Cet administrateur sera-t-il au contraire choisi par les créanciers ? Ce serait beaucoup plus logique. Mais où puiser la justification de pareils pouvoirs ? Ce n'est pas, nous venons de le dire, en matière de liquidation commerciale. Ce ne sera pas davantage en matière de faillite ou de liquidation judiciaire légale. Car dans les deux cas, ils sont nommés par le Tribunal (1). On ne voit donc pas trop comment justifier ce mode de nomination absolument anormal.

Il sera donc, et c'est là l'avis de la jurisprudence, nommé par le Tribunal. Mais alors ce sera un pas de fait vers cette théorie illogique, l'extension de la faillite et de la liquidation judiciaire qui sont pourtant de droit strict, et réservées expressément au droit commercial.

Cette première question est donc, nous venons de le voir, fort embarrassante. Mais, elle résolue, bien d'autres se présenteront à l'esprit.

---

(1) C. com., art. 462. Loi 4 mars 1889, art. 4, § 1er.

Quelles seront les fonctions d'un tel liquidateur et comment les conciliera-t-il dans leur opposition ? Sa mission consistera avant tout à répartir autant que possible l'actif d'une façon égale entre les créanciers. Et pour cela, on ira même jusqu'à dire que la nomination d'un liquidateur suspend les poursuites individuelles (1).

Mais l'égalité entre les créanciers, la liquidation y pourvoit-elle ? Ah ! sans doute un peu mieux que dans la distribution par contribution (et ce n'est pas fort difficile), puisque le liquidateur a justement pour mission de faire appel à tous les créanciers ! L'égalité pourra alors certainement être respectée, si tous ceux-ci attendent patiemment le résultat des opérations. Mais qu'arriverait-il, si un ayant droit plus exigeant que les autres, mieux avisé peut-être, refusait de se soumettre et poursuivait le liquidé en paiement ? Le Tribunal pourrait-il refuser un titre exécutoire ? Nous ne le croyons pas (2). Tout au plus aurait-il le droit d'accorder, conformément à l'article 1244 du Code civil, un délai au débiteur. Dans notre esprit, la théorie aux termes de laquelle la liquidation met fin aux poursuites individuelles, n'est pas admissible, car elle ne repose sur rien de sérieux. Elle est tout au plus bonne à tromper le public. Elle pourra produire un effet moral et suspendre les poursuites des naïfs qui croiront absolument indiscutable tout ce que diront les hommes de loi ; mais jamais elle n'arrêtera un créancier décidé. Si par hasard un Tribunal osait l'admettre, nous avons l'intime persuasion que la Cour de cassation en ferait promptement justice.

Du reste la jurisprudence est absolument dans le sens que nous indiquons. Le juge de paix du IXe arrondissement de Paris a ainsi

---

(1) Lyon, 27 mars 1873 (*Recueil Lyon*, 1875, p. 308) ; (Dal. P., 75, 2, 149) ; Vavasseur, *Soc.* I, n° 241.

(2) Il a si peu ce droit que la loi du 1er juillet 1893 est venue empêcher les porteurs de titres de Panama de poursuivre individuellement. M. Monchicourt, le liquidateur, n'avait trouvé aucun mode légal permettant de résister à leurs prétentions.

jugé et a condamné la Compagnie du Canal interocéanique de Panama à payer des coupons d'obligations échus en accordant seulement un délai de trois mois (1). Le Tribunal civil a aussi condamné la même Compagnie à payer des indemnités à ses employés. Ce jugement comportait une exécution immédiate ; si même il n'accordait pas l'exécution provisoire, c'était uniquement parce que le cas n'était pas prévu par le Code de procédure (2). Ainsi muni d'un titre exécutoire, le créancier diligent peut prendre une hypothèque judiciaire, car le droit d'inscrire n'est pas plus suspendu que celui de poursuite. Il se fera par ce moyen une situation privilégiée, si l'on suppose que l'actif immobilier ne soit pas encore complètement épuisé. Et ce n'est certes pas là une supposition chimérique. La réalisation des immeubles est souvent tellement longue que bien des créanciers auront le temps d'obtenir un titre exécutoire et de le faire inscrire auparavant.

Il pourra aussi, et ce sera souvent pour lui beaucoup plus sûr en même temps que plus expéditif, se faire payer intégralement au moyen d'une poursuite individuelle.

Nous ignorons ce qu'a fait le créancier des coupons de Panama, demandeur en justice de paix à Paris, dont nous parlions tout à l'heure ; mais nous ne serions pas étonnés qu'il eût été payé intégralement par le liquidateur désireux de se soustraire à des poursuites qui l'importunaient, et dont il ne pouvait se défaire juridiquement par aucun autre moyen. Qui sait même si, encouragé par un premier succès, il ne sera pas arrivé à se faire rembourser même le capital de son titre en se fondant sur la déchéance du terme par suite de la déconfiture, déchéance reconnue par le Tribunal de la Seine (3). — Dans ces conditions que devient l'éga-

---

(1) 12 juin 1889, *Annales de dr. com.*, 1889, p. 230.

(2) Trib. civ. Seine, 18 avril 1889 (*Gaz. Pal.*, 1889, p. 729) ; (*An. de dr. com.*, 1889, p. 183).

(3) 26 juillet 1889 (*Rev. Soc.*, 1889, p. 508). — Il doit en avoir été ainsi. La loi précitée du 1er juillet 1894 semble en être le garant.

lité? Vaut-il la peine de faire aux principes une pareille brèche pour arriver à un aussi maigre résultat?

Quant aux nullités des art. 446 et 447 du Code de commerce, il ne faut pas songer à les transporter dans les liquidations, quoique l'art. 24 de la loi du 4 mars 1889 les étende à la liquidation judiciaire. Encore une fois, si l'on peut procéder par analogie en faveur de cette nouvelle création, ce n'est qu'avec la liquidation commerciale et non avec la liquidation remplaçant la faillite.

Enfin le concordat lui aussi est en fait impossible, car les Tribunaux ne mettent guère en liquidation judiciaire que des sociétés dissoutes ou nulles. Donc plus de traités qui supposent la reprise de l'activité ou la continuation de la marche des affaires. Puis le concordat est un véritable privilège puisqu'il impose ses lois à la minorité. Il faudrait donc un texte bien précis pour l'appliquer dans la matière qui nous occupe. Or celle-ci est, nous l'avons déjà fait remarquer, une création absolue de la jurisprudence, et encore ne procède-t-elle que d'après des analogies plus ou moins lointaines (1).

La jurisprudence qui appliquait cette liquidation même en matière commerciale ne le fera plus maintenant selon toute apparence, car depuis la loi du 4 mars 1889 les mêmes nécessités ne s'y feront plus sentir (2). Elle l'utilisera beaucoup moins en

---

(1) Nous ne signalons ici que ces quelques points. Les différences entre la liquidation et la faillite ont été souvent énumérées. Voir notamment le *Traité* de MM. Lyon-Caen et Renault, n°s 408 et suiv.; *la Faillite des agents de change*, de M. Thaller, p. 78.

(2) Cas. req., 14 mai 1890 (*Annales dr. com.*, 1890, *Jur.* p. 213). Cet arrêt pose en principe que les liquidateurs d'une société en commandite par actions ne sont les représentants que des actionnaires (il est plus exact de dire de la société). Mais il reconnaît aussi que le liquidateur peut être constitué mandataire des créanciers, et il paraît disposé à ne pas se montrer difficile pour l'admission d'un mandat de ce genre. Le biais est ainsi tout trouvé. A défaut de mandat légal, on imaginera un mandat conventionnel souvent tacite. On pourra encore décider avec le Tribunal civil de la Seine (*Journal Soc.*, 1883, p. 640), que le liquidateur bien que mandataire de la société

matière civile pour les mêmes raisons, la loi du 1er août 1893 ayant rendu les sociétés civiles beaucoup moins nombreuses. Mais il n'en reste pas moins ici une lacune indiscutable que nos législateurs devraient s'efforcer de combler.

Certains excellents esprits, frappés de cette insuffisance, proposent un remède qui aurait bien sa valeur. Etendre à toutes les déconfitures le système du concours commercial. Cette idée n'a pas encore fait son chemin dans l'opinion. Pour nous, avouons-le, nous ne verrions pas sans une certaine appréhension ce principe admis d'une façon générale. Une trop grande rigueur d'exécution introduite brusquement contre des gens à qui une tolérance assez habituelle n'impose pas une exactitude absolue dans les paiements, comme par exemple les agriculteurs; le syndic omnipotent et quelque peu tyran voyant encore son domaine s'agrandir; tout cela nous paraît, pour le moment du moins (peut-être sommes-nous dupes d'idées routinières) médiocrement désirable.

Mais contre les sociétés qui par leur forme même ont indiqué qu'elles voulaient se mêler au grand mouvement de la spéculation, y a-t-il une injustice ou une rigueur quelconque à leur appliquer des règles jusqu'ici réservées aux seuls commerçants ? Cette mesure leur sera plutôt favorable. Elle fortifiera leur crédit et s'il y a chute elle facilitera leur relèvement par l'espoir d'un concordat. Ces avantages seraient-ils balancés par des inconvénients ? On ne voit guère lesquels. Des lenteurs et des frais ? Certes le régime actuel les connaît aussi. Le syndic, peut-être ? Voilà toujours le grand épouvantail en pareille matière. Ce n'est pas en effet sans une appréhension bien légitime que l'on voit les intérêts considérables, aujourd'hui englobés dans nos vastes sociétés de capitaux, confiés par le fait de la faillite à un homme unique, le syndic.

« n'en a pas moins le droit et le devoir de pourvoir à toutes les mesures « que peut réclamer l'intérêt des créanciers ». Cette phrase est le résumé des tendances jurisprudentielles. On sent qu'on fait ainsi une brèche à la loi; mais on la fait malgré tout dans un but d'utilité pratique.

Mais si alors on consent à le charger de tout : des intérêts de la société, aussi bien que des intérêts des créanciers, de la comptabilité et du contentieux, aussi bien que de la gestion industrielle; si l'on croit le syndic à la hauteur de cette accumulation de tâches ingrates, il est bien illogique de ne pas lui reconnaître ces capacités pour la gestion des sociétés civiles beaucoup moins compliquées d'ordinaire. Au reste, les abus de pouvoir seraient ici beaucoup moins à craindre grâce à l'institution des contrôleurs de la loi de 1889 qui pourrait fonctionner ici en toute justice (1). C'est là ce qu'a fait la loi du 1er août 1893. Mais nous y ajouterons un desiratum.

Nous aurions désiré qu'en étendant à toutes les sociétés civiles les règles du concours commercial, on ne les soumît pourtant pas à la compétence du Tribunal de commerce. Rien n'y oblige, si comme nous le pensons on ne songe pas à modifier leur caractère et si on leur laisse leur caractère civil. Ce serait là une mesure d'autant plus excellente que nous nous trouvons ici en présence de mesures d'exécution,et que celles-ci sont en principe réservées aux Tribunaux civils.

Pour donner quelque valeur à cette opinion que nous nous permettons d'émettre, nous nous hâtons d'ajouter qu'elle n'est qu'un écho des considérations exposées par M. Thaller (2), qui fait aujourd'hui autorité en ces matières (3).

---

(1) Certains jurisconsultes (MM. Alex. Ribot, Lyon-Caen, Millet) croient cette assimilation désirable (*Bulletin de lég. comparée*, 1875, p. 243).

(2) F. Thaller, *Faillite en droit comparé*, I, ch. Ier.

(3) Certains Tribunaux de commerce ont dressé des règlements pour les liquidations judiciaires (V. pour Lyon, *Journal des faillites*, 1882, p. 223). Mais ces règlements d'ordre intérieur ne touchent pas au fond du droit. Ils ont surtout pour but la surveillance des agents chargés de la liquidation.

SECTION V

CONCLUSION

En résumé, nous croyons avoir ici suffisamment exposé et avec une suffisante clarté la marche qu'on a suivie en cette matière, marche dont l'ensemble n'avait pas encore, à notre connaissance, été groupé et qui pourtant est fort instructive sur le fond qu'il faut faire des arguments qui nous sont donnés. Nous y avons vu la nécessité pratique entraînant à une création juridique absolue, du reste parfaitement logique, puis aboutissant à une extension tout à fait injustifiable et injustifiée de cette création.

Nous avons montré d'abord qu'il n'y avait en cette matière aucune législation et que pourtant la nécessité en était évidente.

Puis nous avons exposé comment le commerce, chez lequel le besoin s'en faisait surtout sentir, a pu admettre peu à peu un mode spécial de liquidation répondant à tous ses besoins ; comment ce mode avait pu devenir parfaitement légal ; comment pourtant on pouvait faire à nos législateurs le reproche fondé de n'avoir pas fixé ses limites, et d'avoir ainsi laissé le champ ouvert à toutes les extensions.

Nous avons ensuite montré à l'aide de quel principe la jurisprudence, que poussait la nécessité pratique, a étendu cette théorie de la liquidation. Comment elle fut amenée à l'appliquer même en matière civile au cas de liquidation normale, c'est-à-dire de dissolution ne provenant pas d'une insuffisance de l'actif social. Nous avons vu combien la jurisprudence trouvait peu de raisons juridiques pour justifier cette extension, d'abord faite en faveur des sociétés civiles à formes commerciales, qui maintenant n'existeront plus guère que de nom dans notre droit, puis même, quoique timidement, aux sociétés civiles ordinaires en faveur desquelles on cherche à user des mêmes arguments.

Enfin, nous avons terminé en montrant la liquidation, devenue un véritable ustensile juridique, bon à toutes les situations, torturée et défigurée jusqu'à suppléer au mépris de sa destination primitive le manque d'organisation de la déconfiture des sociétés. Nous avons reconnu qu'ici la jurisprudence ne trouvait aucune justification à son système admis pourtant assez généralement.

Il nous reste maintenant à voir s'il ne serait pas possible de trouver à la théorie qu'a élaborée si péniblement la jurisprudence un autre point d'appui plus résistant que le sien, et justifiant pleinement et même au-delà toutes les déductions qu'elle en a pu tirer. C'est là, nous le savons, une pensée bien audacieuse. Mais nous avons pour excuse, sans vouloir imposer une opinion quelconque à des gens plus instruits que nous, de chercher à exposer d'une façon claire les diverses explications proposées sur la question qui nous occupe. D'ailleurs, l'opinion que nous nous proposons d'émettre est encore trop neuve pour avoir pu s'asseoir sur des bases inattaquables. Nous serions trop heureux si nous pouvions faire naître, à son sujet, quelques discussions de savants juristes d'où pourrait peut-être, pour l'avenir, sortir un édifice satisfaisant et d'autant plus utile que la fiction de la personnalité morale des sociétés est, à l'heure qu'il est, de toute part battue en brèche, et qu'elle ne résistera peut-être pas longtemps à une analyse approfondie.

CHAPITRE III

LA LIQUIDATION ENVISAGÉE COMME CONSÉQUENCE DU CONTRAT DE SOCIÉTÉ

SECTION I

OBJECTIONS AU SYSTÈME DE LA JURISPRUDENCE

La jurisprudence, avons-nous dit, base la liquidation sur un double principe. Ne peuvent être liquidées, que les sociétés jouissant de la personnalité morale ; et encore n'est-ce pas de cela seul qu'elles tirent ce mode de règlement éminemment pratique. Il faut, pour le justifier, faire intervenir une fiction qui suspende les effets de la dissolution, qui empêche que la mort sociale ne vienne y opposer une impossibilité absolue, puisque ce qui n'existe plus ne peut plus produire d'effets : cette fiction, nous l'avons exposée ; elle consiste à faire survivre la personne morale que constituait la société dans le cours de son existence et à ne la déclarer morte qu'après les opérations préliminaires au partage.

Ses défauts. — Ce système a de nombreux inconvénients :

a) Il empêche d'abord de liquider toute société ne jouissant pas de la personnalité morale. Et si cela n'offre pas d'inconvénients vis-à-vis des sociétés commerciales auxquelles tout le monde accorde aujourd'hui cette personnalité (1), il n'en est pas ainsi dès qu'il s'agit des sociétés civiles. Leur caractère de personne morale est encore aujourd'hui fort discuté, et nous avons montré que si la jurisprudence l'admettait désormais (2), la justification n'en était pas moins fort difficile. Au reste, quelle est la valeur d'une orientation jurisprudentielle ? N'est-elle pas sujette à de nombreuses variations ? Et en notre matière la jurisprudence, qui date à peine de trois années, est-elle bien définitive ? Qui nous prouve qu'elle ne disparaîtra pas dans un temps assez prochain peut-être, et que dès lors les sociétés civiles ne retomberont pas dans la situation très inférieure au point de vue du règlement après dissolution qui fut la leur pendant plus de quatre-vingts ans ? Par lui-même, ce système est donc en premier lieu incomplet.

b) En second lieu, a-t-il une véritable valeur scientifique ? Nous trouvons-nous en présence d'un système procédant d'après des données rigoureusement juridiques ? Nous ne le pensons pas et nous ne pouvons y voir qu'un simple procédé empirique, consistant à dire : nous reconnaissons aux sociétés ayant la personnalité morale le droit de produire tels et tels effets bien précis et fort utiles ; et lorsqu'il s'est agi de fixer les droits des sociétés ne jouissant pas de cette personnalité, on a ajouté : Donc celles qui ne peuvent pas invoquer cette fiction (car ce n'est là qu'une fiction qu'a créée notre volonté toute-puissante) n'en jouiront pas. Puis immédiatement l'on a bâti une théorie faisant

---

(1) Voir plus haut, p. 67

(2) Voir plus haut, p. 81 et suiv.

en tous points antithèse à la première et cadrant absolument avec elle. L'on a par là, jusqu'à ces derniers temps, irrémissiblement privé les sociétés civiles de prérogatives importantes, on peut même dire indispensables à leur bon fonctionnement ; on les a mises dans un état d'infériorité bien voisin de la décrépitude. Vous pouvez vivre, avait-on semblé leur dire, mais en leur faisant une condition si désastreuse qu'elle semblait les destiner à un rachitisme précoce et à une mort à peu près inévitable. Aussi, lorsque acculés par la nécessité nos Tribunaux, se rendant compte de l'injustice qu'il y avait à traiter de façon si différente deux situations identiques, ont voulu réagir, il leur a fallu revenir en arrière de quatre-vingts ans ; et après avoir pendant aussi longtemps déclaré, avec de nombreux textes à l'appui, que la fiction de la personnalité morale était incompatible avec la société civile, faire complètement volte-face et chercher dans des textes tirés de loin, dans des analogies très peu apparentes, l'antithèse absolue avec la doctrine qu'ils avaient si bien étayée.

Certes, il ne faudrait pas croire que ce que nous venons de dire soit une philippique faite à plaisir. Notre première observation nous a montré la théorie jurisprudentielle incomplète. Ceci nous la montre peu solide et stérile. Peu solide, puisqu'elle repose sur une fiction seule, qu'elle n'a aucun caractère vraiment légal et peut d'un jour à l'autre disparaître ; stérile, puisque la fiction est par elle-même un cercle absolument fermé, qu'il n'est pas possible d'élargir pour faire face aux exigences toujours croissantes de notre vie sociale, qui sans cesse se développe et se perfectionne ; puisque enfin nous faisons en ce moment une expérience qui nous démontre l'impossibilité d'aboutir à cette théorie, autrement qu'en prenant des chemins détournés, qu'en usant des procédés si chers au monde romain, dont le plus grand désir était, tout en se perfectionnant toujours, de paraître se maintenir dans les principes primitifs qui devaient être intangibles dès lors qu'ils avaient fait sa gloire.

Pourquoi, en présence de pareilles difficultés de justification, ne pas répudier franchement une semblable doctrine que nous sommes à peu près les seuls, nous Français, à admettre désormais? Nous qui, l'on n'a qu'à consulter l'histoire pour s'en convaincre, avons été pendant des siècles les flambeaux du droit en Europe; nous qui avons servi non seulement de modèle, à nos voisins quels qu'ils soient, mais même de type de perfection juridique auquel il n'est pas possible d'ajouter quelque chose. Cette perfection, les étrangers l'avaient bien reconnue puisque, voulant faire des Codes de lois à l'imitation des nôtres, ils s'empressèrent de les copier presque intégralement. Pourquoi ne pas reconnaître, comme ils le font, que la question de la personnalité et celle de la liquidation, si elles ont un certain lien commun, se meuvent cependant dans deux sphères absolument indépendantes? Ne serait-ce pas même de la plus élémentaire prudence en face des attaques réitérées que subit en ce moment, notamment en Allemagne (1), la fiction qui sert de base à notre jurisprudence? N'est-il pas à craindre qu'elle ne finisse par y succomber? Et alors ce serait donc fait de la liquidation si utile que le droit commercial nous a léguée!

Ses adversaires. — Que ces attaques soient sérieuses, il est facile, et intéressant à la fois pour montrer de plus près l'opportunité de notre travail, de s'en convaincre.

Voici les propres paroles par lesquelles M. Thaller, notre éminent juriste de droit commercial, résume l'opinon qui a cours à cet égard au delà du Rhin (2) : « La thèse de la personnalité des « sociétés en Allemagne, en dehors des associations coopératives « enregistrées, n'a que de rares adhérents; il en est qui l'admet-

---

(1) En Belgique, Van den Heuvel (*De la situation des associations sans but lucratif*, 2e éd., ch. Ier), combat lui aussi avec beaucoup de verve la théorie de la personnalité morale en droit public lui-même.

(2) Thaller, *Des faillites en droit comparé*, tome II, p. 315.

« tent pour les sociétés par actions et la rejettent pour les autres, « quelques-uns vont jusqu'à nier que les sociétés de capitaux for- « ment des entités juridiques distinctes des membres. »

Leur raisonnement est assez facile à comprendre tant qu'il ne s'agit que de la négation de cette fiction. Dans les établissements d'utilité publique, c'est-à-dire les fondations permanentes qui poursuivent un but intéressé, cette fiction se justifie, disent-ils, puisque les bénéficiaires placés absolument en dehors de l'association n'ont aucune espèce d'action sur sa marche ; ses membres sont des personnes indépendantes que l'on renouvelle régulièrement. Aussi comprend-on qu'une semblable œuvre, ne s'identifiant ni avec l'intérêt ni avec la personne de ses fondateurs et destinée à leur survivre, puisse être élevée au rang d'être moral et juridique. Mais pour les sociétés, il n'en est évidemment pas de même ; leur vie est souvent solidaire de celles de leurs membres. Les adhérents travaillent avant tout pour eux et l'association ne s'isole plus de ceux qui la composent. On lui refuse donc une existence juridique indépendante (1), même avec l'autorisation des pouvoirs publics.

Puis, ajoutent-ils, au fond une fiction ne peut pas donner la volonté à qui n'en a pas, ne peut pas créer de toute pièce. Son pouvoir consiste à assimiler deux états très différents pour en tirer des conséquences nouvelles ; mais elle ne peut rien tirer du néant. Or l'existence d'un droit suppose l'existence d'une volonté. C'est même la base de la définition qu'en donne Ihering : « Le

---

(1) Ceci n'est pourtant pas absolu : Savigny, Unger, Kœppen, Arndst, Puchta ; plus tard, Roth et Gerber ont soutenu la théorie française. « Nous « considérons, dit Savigny (*Système du Droit romain*, § 85), la capacité juri- « dique comme étendue à des sujets artificiels et créés par la fiction seule ». « Les personnes juridiques, dit encore Puchta (*Vorlesungen uber das heutige « rœmische Recht, Leipzig*, 1862, § 25) sont celles dont la base n'a pas d'exis- « tence naturelle et qui sont une fiction juridique. » — Voir encore : Bluntschli, Beseler, Kunze, Baron, Salkowski et surtout Lasson (*Principe et avenir du droit des peuples*).

« droit est un intérêt protégé par une plainte (1). » Nous ne voulons pas entrer dans la discussion de cette définition inexacte et incomplète, croyons-nous, en bien des points, mais nous remarquerons que pour porter plainte, c'est-à-dire avoir un droit, il faut le vouloir. Or il est bien évident que l'Etat, quelque puissant qu'il soit, ne peut donner une volonté à qui n'en a pas, à une pure abstraction. Il ne suffit pas qu'il dise telle abstraction, tel être est une personne, pour qu'une personne existe. Il ne peut pas plus plier par une fiction les faits sous sa règle, que les sciences naturelles, se trouvant en présence d'une loi jusque-là incontestée et d'un fait qui la contredit, ne peuvent s'en tirer en déclarant fictivement que le fait en question n'existe pas ou existe avec d'autres caractères (2). Il ne peut donc pas y avoir de personnes morales juridiques.

Mais le plus important pour nous est de voir comment dès lors ils peuvent justifier la liquidation. Ici nous tombons dans le plus grand désordre. La sagacité ingénieuse de nos voisins a donné naissance aux systèmes les plus étranges; leur génie investigateur est en effet essentiellement peu créateur, et leur plus grand triomphe est dans la dissection approfondie de ce qui existe, dans la critique. Comme le dit si bien Van den Heuvel : « Ils ont osé lever la pioche contre le vieil édifice de la personna- « lité civile. Leur attaque a été des plus vives. Ils ont montré les « lacunes, les imperfections, les ridicules de la théorie tradition- « nelle, de cette théorie « anthropomorphique » comme l'appelle « M. Ihering. Aussi longtemps qu'ils sont restés dans le domaine

---

(1) *Esprit du Droit romain*, (traduct. de Meulenaere, t. IV, p. 216, 240).— V. encore : Goudsmit, professeur à Leyde, *cours de Pandectes*; Windscheid *Lehrbuch des Pandekten rechts*, § 38; Hornung, *Cours de droit public*, 1873-1874. — Dans les définitions de tous ces auteurs, on retrouve cette idée qu'il faut une volonté pour avoir des droits.

(2) Zittelman. *Begriffund Wesen der sogemanten, juristischen Personen*. Leipzig, 1873, p. 19.

« de la critique, ils ont déployé infiniment de force et de perspi« cacité. Malheureusement, dès qu'ils ont été sommés d'avoir à « remplacer ce qu'ils détruisaient, de cesser le rôle de démolis« seur pour prendre celui d'architecte, il se sont désunis et sont « partis à la débandade par mille voies différentes. C'est presque « l'anarchie des opinions qui a succédé à la routine (1). »

Il ne serait pas possible d'exposer d'une façon claire tous les divers modes métaphysiques qu'ils ont inventés pour mettre à la place de la personnalité morale et parvenir à justifier les conséquences qu'on a l'habitude d'en tirer. Nous nous contenterons de citer et de discuter en peu de mots les points saillants des systèmes les plus en vue.

Windscheid (2) nous dit que la jouissance du droit n'a pas besoin de sujet, que son exercice seul exige la présence d'un individu *voulant* pour lui ou pour un autre. « La puissance de « vouloir, accordée par le droit objectif est impersonnelle (3). » Autrement dit, il est absolument inutile de faire intervenir une personne morale sociale. Il y a là des droits qui ne reposent sur aucune tête et qui sont exercés ou par les associés ou par les tiers.

Brinz (4), lui, reconnaît au contraire que la propriété, les droits réels, la possession, les obligations ne peuvent pas plus exister sans une personne à laquelle ils appartiennent que le vouloir dont nous avons déjà parlé. Il divise donc les ensembles de droits

---

(1) Van den Heuvel, professeur à l'Université de Louvain, *De la situation légale des associations sans but lucratif en France et en Belgique*, p. 28. Il est bon de remarquer pour justifier notre citation que le chapitre premier de cet ouvrage étudie la fiction de la personnalité morale d'une façon générale.

(2) *Lehrbuch des Pandektenrechts.*

(3) *Die actio des rœmischen civilrechts von Standpunckte des heutigen Rechts*, du même auteur.

(4) *Lehrbuch des Pandektenrechts.*

de fortune, les patrimoines, en deux classes ; les uns appartenant à quelqu'un, les autres destinés à quelque chose, à un but qu'il faut satisfaire (Zweckvermogen, *fortunes pour un but*). Les patrimoines de chacune des deux catégories se composent de droits d'espèce différente. Les uns ont pour caractère d'appartenir à quelqu'un, ce sont la propriété, les droits réels, les obligations... les autres, parallèles aux premiers et pour lesquels le droit n'a pas de dénominations spéciales, se distinguent par ce caractère qu'ils n'appartiennent à personne, mais sont destinés à un but. Ainsi là où d'autres théories voient la propriété d'une personne juridique, nous serions en présence d'un droit innommé, qui n'est pas la propriété parce qu'il n'a point de sujet, mais qui lui correspond d'assez près.

Ce sont là deux systèmes absolument étranges, peu discutables même parce qu'on ne les comprend qu'imparfaitement du moins en France. Qu'est-ce donc que les droits sans maîtres ? Notre droit ne les conçoit pas.

A la suite de ces deux auteurs nous pouvons citer Koppen, Bekker, Dietzel, Demelius (1), Fitting.

Ihering (2), l'auteur allemand peut-être le plus connu en France à l'heure actuelle, nie lui aussi l'utilité de la fiction de la personnalité morale. Mais il reconnaît contrairement aux précédents un sujet du droit ; ce sujet c'est l'individu dans l'intérêt duquel il est établi. L'associé ou le tiers qui doit en profiter. Débarrassé de ces discussions métaphysiques inhérentes à toute théorie allemande, ce mode de conception des droits sociaux se rapproche beaucoup de celui que nous proposerons plus loin.

Enfin Bohlau, professeur à Rostock, dans une brochure inti-

---

(1) Dans la *Kritusche Vierteljarhs schrift für Gesetz gebung und Rechtowissenschaft*. Arnst a critiqué avec science la doctrine de Démélius. Il reconnaît avec Savigny une personnalité morale, v. 1, 1859, p. 98.

(2) Ihering, *loco citato*.

tulée « *Rects subject und Personenrolle* », semble bien combattre la fiction de la personnalité, mais c'est pour la remplacer par une autre qui consiste à dire : Le bien social est sans maitre, mais il est traité juridiquement comme s'il en avait un. Les biens jouent le rôle du patrimoine d'une personne. Ce système nous semble peu acceptable. A quoi sert de remplacer une fiction par une autre absolument équivalente?

En somme, comme nous l'avons déjà fait remarquer avec Van den Heuvel, si l'école allemande a réussi par ses critiques à détruire la fiction de la personnalité morale, à en faire comprendre la nullité absolue au point de vue juridique, si elle a réussi à ébranler ce fondement que notre droit jurisprudentiel reconnaît à la liquidation, et si l'on peut prévoir un temps prochain peut-être où, même chez nous, une pareille doctrine aura fait son temps, elle n'a rien su mettre à la place : une sorte de rêverie vague et tellement métaphysique qu'elle n'est que très peu saisie par notre caractère français auquel il faut des aperçus plus francs et des principes non bâtis sur des arguties, voilà jusqu'à présent son bagage.

Il est, cependant, de toute évidence que la liquidation existe en Allemagne aussi bien qu'en France. Sur quelle autre base l'a-t-on donc établie?

Les Allemands se sont uniquement conformés au principe que nous indiquions dans notre première section. Laissant de côté toute qnestion de personnalité morale, ne cherchant pas à se justifier par des considérations que l'on pourrait toujours attaquer par quelque côté, leur droit se contente d'accorder directement à toutes les sociétés les avantages que nous faisons dépendre en France de la personnalité morale, et ceci après la dissolution comme pendant l'existence active.

Pendant la durée de la société, l'art. 213 du Code de commerce concernant les sociétés anonymes suffit à le démontrer : « La so-« ciété anonyme, dit-il, a comme telle ses droits et ses obligations « propres ; elle peut acquérir des droits de propriété et d'autres

« droits réels sur des immeubles, former une action en justice et « y défendre. Son for ordinaire est près du Tribunal dans la cir- « conscription duquel se trouve son siège. »

Après sa dissolution, époque qui nous intéresse plus particulièrement, la loi allemande procède toujours d'après le même principe, c'est-à-dire que sans faire intervenir ici non plus la question de la personnalité morale, elle établit une liquidation analogue à celle que nous a donnée la jurisprudence commerciale, pour toute espèce de sociétés. Ce dernier point résulte en effet de l'art. 244 ainsi conçu : « Les prescriptions données relativement à la liqui- « dation d'une société en nom collectif s'appliquent par analogie « à la liquidation (d'une société anonyme) pour autant que la pré- « sente section ne contient pas de disposition contraire (1). »

Quelles sont donc ces prescriptions ? Font-elles bien de la liquidation un règlement d'intérêts privilégié ? Leur article 137 va nous le dire : « Les liquidateurs ont pour mission de terminer les affai- « res courantes, d'exécuter les engagements et de faire rentrer « les créances de la société dissoute, de réaliser l'actif social ; ils « représentent la société en justice et extrajudiciairement ; ils « peuvent transiger et compromettre pour elle. En vue de termi- « ner les opérations pendantes, les liquidateurs peuvent même en « entreprendre de nouvelles. »

Et l'art. 144 est encore plus explicite : « Malgré la dissolution « de la société, on applique jusqu'à la fin de la liquidation — quant « aux rapports de droit des anciens associés entre eux, ainsi qu'aux « rapports de la société avec des tiers — les prescriptions des sec- « tions II et III en tant qu'elles ne sont pas contraires aux disposi- « tions de la présente section ou à la nature de la liquidation. — « Le Tribunal compétent au moment de la dissolution le restera, « pour la société dissoute, jusqu'à la fin de la liquidation. — Des

(1) La section dont il s'agit comprend les art. 242 à 248.

« notifications à faire à la société se font valablement en mains « d'un des liquidateurs. »

La liquidation des sociétés a donc évidemment lieu en Allemagne en dehors de la personnalité morale. Mais comment la justifie-t-on dès lors? Ici nous retombons dans les nombreux systèmes que nous avons énumérés ci-dessus; mais peu importe puisqu'elle est légale ; son utilité suffit à la justifier amplement.

Chez nous, nous le reconnaissons, par cela même qu'elle n'a aucun cadre légalement constitué, il nous faut bien trouver un principe pour la soutenir. La loi allemande nous montre au moins qu'il n'est pas utile de recourir à la fiction de la personnalité morale. N'y aurait-il donc pas un principe juridique si vaste que les Allemands n'ont même pas songé à l'énoncer, principe qui plane sur tout droit quel qu'il soit ? Pour nous, nous le dirons plus tard, ce principe existe : c'est celui de la liberté des conventions.

Du reste, c'est bien là aussi le principe de nos voisins. Leurs théories sont ici, nous l'avons fait voir, très divergentes. Mais toutes, comme le fait remarquer M. Thaller (1), s'accordent à conclure que, l'associé ayant renoncé à la jouissance privative de son apport, ses créanciers particuliers ne sauraient exercer plus de droits que lui. Il suffit dès lors pour que la liquidation trouve son application qu'on soit en face d'un ensemble de biens affectés à une destination commune.

En Angleterre également, quoi qu'il soit difficile de le déterminer d'une façon très exacte, il semble bien qu'il n'y ait pas corrélation entre la liquidation et la personnalité morale.

La *partnership* ou société en nom collectif ne jouit pas de la personnalité morale, en général. La coutume qui régit seule ces sortes de sociétés ne reconnait de personnalité morale qu'à celles d'entre elles qui l'ont obtenue de l'autorité compétente ; et pourtant,

(1) *Loc. cit.*, p. 316.

chose curieuse, elle se passe le plus souvent de la faillite qui semble réservée aux sociétés par actions (les *registered companies*). En fait, lors de la cessation des paiements d'une *partnership*, la justice en prononce la dissolution ; et l'on procède à une liquidation, comprenant notamment une séparation complète des patrimoines des associés et de celui de la société.

Pour les corporations ou *joint stocks* (nos anciennes sociétés anonymes autorisées), qu'elles constituent ou non des personnes morales, la liquidation est le mode normal de règlement qui ici remplace légalement la faillite (sect. 123 de l'*act* du 7 août 1862) (1).

Mais au reste, il est, nous l'avouons, impossible de déterminer sur quel principe cette liquidation est basée. Peut-être est-ce bien sur l'idée que nous avons déjà trouvée en Allemagne de l'extinction seulement partielle des pouvoirs sociaux. Néanmoins il est remarquable que dans ce pays, la liquidation se rapproche du principe français en ce sens qu'elle exige toujours à son terme la mort complète de la société (sect. 111 *de l'acte précité*). Si la dissolution n'est donc, comme on le dit en France, la mort complète de la convention sociale, elle en approche de fort près.

En Italie, on suit au contraire en général la théorie jurisprudentielle française ; on fait de la liquidation une conséquence de la personnalité morale. Nous avons eu déjà du reste l'occasion d'étudier plus haut (2) divers systèmes qui cherchent à le justifier. Pourtant chez les Italiens, comme en France, on commence à en sentir l'inanité. M. Sraffa notamment dans un article publié dans l'*Archivio giuridicho* cherche à secouer ce joug si pesant (3).

---

(1) V. *Selim*. Aperçu de la loi anglaise, p. 102 et suiv. Cet *act* étudie longuement la liquidation (sections 74 à 173).

(2) V. p. 59 et suiv.

(3) *La liquidazione della societa commerciali*. (*Archivio giuridicho*. Année 1889, p. 326 et suiv). Nous regrettons pourtant avec M. Thaller (*Annales de droit commercial*, année 1891, Bibliogr.) que dans cet article M. Sraffa ait étudié les conséquences plus que le principe.

Nous aurons à le citer plusieurs fois. Le système qu'il émet plein de bon sens et fertile en conséquences est peut-être bien la cause du revirement d'idée qui commence à se produire chez nous.

Il est donc en fin de compte permis de douter de la valeur de ce procédé qui fait de la personnalité morale le pivot de la théorie de la liquidation, puisqu'il est possible de l'expliquer autrement.

En France même, ces doutes ne sont pas absolument nouveaux. Plusieurs auteurs semblent les avoir eus déjà, mais n'ont guère cherché jusqu'à ce jour de principe plus solide. M. Sauzet (1) dès 1888 en étudiant dans la *Revue critique* la condition juridique des syndicats professionnels, qui sont des associations civiles ayant la personnalité morale, a émis d'une façon incidente l'idée que la théorie de la personnalité morale pourrait bien ne pas avoir une grande utilité. La plupart de ses effets pourraient, croit-il, s'expliquer par d'autres fictions. Mais, d'une part M. Sauzet se cantonne dans les sociétés privilégiées, ce qui ne donne plus guère à sa question qu'un intérêt théorique, et d'autre part il a bien garde de nous indiquer quelles pourraient être ces fictions. Ceci n'est évidemment pas grand chose encore, mais peut nous servir à prouver la marche lente qui se fait dans l'opinion. Ce qu'il dit des sociétés privilégiées doit, du reste, évidemment s'appliquer aux autres, car il n'y a aucun motif de distinguer.

Depuis, M. Mongin, dans un très savant article auquel nous ferons de larges emprunts, est allé plus loin (2). Pour lui, sans nier les effets de la personnalité, il lui semble possible d'en expliquer la plupart sans aucune fiction. Analysé avec soin, le pacte passé entre les associés semble les contenir. Au reste M. Mongin ne se dissimulait guère le chemin que son idée aurait à faire dans l'opinon, imbue d'une théorie trop universellement admise pour

---

(1) *Revue critique*, 1888, p. 319, n° 1 ; p. 338, n° 1.

(2) *De la situation juridique des sociétés dénuées de personnalité* (*Revue critique*, 1897, p. 697 et suivantes).

qu'elle ait seulement songé à la discuter. « Si cette thèse, dit-il, « paraît trop hardie dans son ensemble, nous espérons du moins « que sur certains points spéciaux ses conclusions seront adop- « tées, que sur d'autres elle montrera l'utilité de discussions nou- « velles (1). »

Nous adopterons l'idée qui a servi de principe à M. Mongin et nous nous proposons de la reprendre, en cherchant peut-être une argumentation quelque peu différente. Du reste, quoique le raisonnement y soit très bien suivi, son article n'a pas ôté tout intérêt à la question ; il se contente, sans chercher à se contenir dans une ligne inflexible de conduite, de glaner de ci de là diverses conséquences que l'on déduit de la personnalité morale des sociétés et de chercher à les expliquer d'une façon originale. L'ensemble se trouve donc par là même, comme il convient du reste à un simple article de revue, un peu décousu et un peu sommaire. Nous restreignant à l'étude d'une seule des questions qu'il pose, la liquidation, nous tâcherons au contraire de présenter une théorie complète et de répondre aux principales objections.

Certes cette vulgarisation de l'idée émise par M. Mongin s'impose à nous, d'autant plus, qu'avant d'avoir élucidé à fond le principe qu'il avait posé, celui-ci a changé d'opinion et semble bien être revenu à la théorie jurisprudentielle de la survivance de la personne morale sociale. Il y fait, il est vrai, des distinctions fort logiques, auxquelles va nous ramener l'étude de son idée primitive agrandie et généralisée ; mais en définitive admet son existence, même en matière civile.

Quant à nous, nous croyons faire pouvoir reposer notre liquidation simplement sur les règles suivantes.

---

(1) Comparer dans les Pandectes françaises, VII, 1892, 1, 97, une note de M. Mongin sous l'arrêt précité de la Cour de cassation du 23 février 1891, arrêt qui admit pour la première fois d'une façon générale la personnalité morale des sociétés civiles. Nous la discutons plus loin.

SECTION II

SYSTÈME DU PACTE SOCIAL

La théorie actuelle admet, avons-nous dit, comme base à tout son raisonnement que la société dissoute n'existe plus et que par conséquent la liquidation ne peut-être appliquée, telle qu'elle est conçue spécialement, qu'à la condition d'avoir quelque moyen de de la soutenir fictivement. De là la théorie de la survivance de la personnalité morale (1).

Il nous semble que rien n'autorise un semblable point de départ et que rien ne soit plus faux que cette notion. La dissolution, c'est bien évidemment la cessation de la société. Mais rien ne prouve que celle-ci ait lieu instantanément, que la désagrégation complète se produise à l'instant où cessent les opérations sociales.

Peut-être même, si l'on étudie à fond le Code civil, semble-t-il probable que nos législateurs se sont rendus compte confusément de cette différence entre la fin et la dissolution de la société, donnant alors à ces deux mots un sens tout opposé à celui que leur a consacré l'usage, et appelant fin de la société l'époque où la société cesse ses opérations actives et dissolution celle où elle se désagrège définitivement, les membres qui la composent se séparant après partage.

L'intitulé en effet du chapitre IV du titre des Sociétés ne nous

---

(1) V. notre chapitre II.

parle pas de dissolution de société. Il est ainsi conçu : « Des différentes manières dont finit la société », et le mot finir prouve que la société n'aura plus le droit de faire de nouvelles opérations sociales, de contracter, mais ne prouve rien de plus. Il ne nous laisse nullement supposer qu'il n'y ait plus de société à l'instant où ses opérations actives s'arrêtent, tant qu'il reste encore à désintéresser les tiers et les associés engagés dans les opérations en cours. Qu'on le remarque, le mot fin semble être vraiment le mot qui interprète fidèlement la pensée de nos législateurs, puisqu'il est répété de suite dans le premier article de ce chapitre, l'article 1865 où sont énumérées justement les causes qui la produisent.

Il est vrai que dans le reste du chapitre, le mot dissolution revient très fréquemment, mais cela n'a rien d'étonnant. Le législateur n'a plus dès lors à indiquer l'époque précise où la société prend fin. Il ne fait plus qu'étudier diverses espèces particulières se rapportant à ces mêmes causes qu'il nous a indiquées dans l'article 1865. Par un procédé assez fréquent dans le langage courant, comme, après tout, la dissolution est le but final de toute cessation de société, il a fait abstraction de toutes les opérations préliminaires et transitoires, liquidation et partage, pour se reporter de suite à l'effet en vue duquel ils concourent, la dissolution définitive.

Au reste, il est remarquable que l'art. 1867 paraît lui-même s'attacher à la distinction que nous venons de faire entre la fin et la dissolution de la société. L'art. 1865 vient de nous apprendre de quelles façons la société prend fin. Celui-ci nous dit au contraire que la société est dissoute par le fait de la perte d'une chose que l'un des associés devait apporter dans la société. Or ce langage est au point de vue de cette chose très exact dans le sens que nous indiquons. La chose n'existant plus, il ne pourra en effet y avoir lieu vis-à-vis d'elle ni à la liquidation, ni au partage ; il est donc exact, au moins si l'on se réfère à cette chose, de dire que la société est dès lors dissoute. Ce n'est qu'après avoir parlé ce langage si exact, d'après notre interprétation, que le reste de notre chapitre emploie, de la façon un peu vague que nous venons d'expliquer, les mêmes termes à défaut d'autres qui puissent traduire plus fidèlement sa pensée (1).

Nous ne nous appesantirons néanmoins pas sur cette idée. La pratique et l'usage se sont décidés contre elle. On a définitivement donné le mot de « dissolution » d'une façon générale à toute époque où finit la société. Il n'y aurait là qu'une querelle de mots fort peu importante. On peut en retenir néanmoins que rien ne s'oppose légalement à la reconnaissance d'un état intermédiaire entre la période active et l'inexistence absolue de la société. Nous emploierons donc désormais le mot dissolution dans son sens usuel, en reconnaissant qu'après elle il peut encore subsister quelque chose.

Pour nous donc la liquidation n'est qu'un état intermédiaire entre la pleine activité et l'inexistence future de la société. Celle-ci subsiste telle qu'elle existait auparavant, au moins dans son essence. Il n'y a de changé que l'étendue de ses pouvoirs. La fin de la société, sa dissolution selon le langage usuel, ne fait que préparer sa mort définitive; elle ne donne donc pas encore le droit de sortir de l'indivision. Par la force même des choses en effet, la société doit subsister encore pendant un certain temps au-delà. C'est d'ailleurs l'opinion qu'émettait déjà la Cour de Liège lorsque, statuant sous l'empire de nos Codes, elle disait dans une formule qui nous semble absolument exacte : « Une société bien « que dissoute pour une cause quelconque n'en continue pas « moins d'exister tant que la liquidation n'a pas été effectuée. La

---

(1) Le dictionnaire de Larousse au mot *liquidation*, se référant à la société, indique comme synonyme le mot *rupture* c'est-à-dire séparation. Ceci nous semble fort exact : les associés ne peuvent se séparer qu'après avoir réglé leurs intérêts après le partage. M. Larousse abonde donc dans notre sens.

« dissolution doit s'entendre en ce sens qu'elle ne peut entre-« prendre de nouvelles opérations (1). »

Statuant dans le même sens, la Cour royale de Florence établissait, le 30 juin 1858 (2) que la liquidation n'éteint pas la vie juridique de la société, mais en change seulement les fonctions économiques, lesquelles se restreignent à la réalisation des bénéfices et des pertes résultant des spéculations sociales, sans l'adjonction d'opérations nouvelles.

Le rapport de Pirmez sur la loi belge fait, lui aussi, valoir cette même pensée : « La dissolution de la société, y est-il dit, n'a pas « pour effet de l'anéantir complètement ; la vie s'est retirée du « corps social, son organisation ne fonctionne plus, il est inca-« pable de faire une nouvelle opération ; mais sa masse inerte « subsiste et, jusqu'à ce qu'elle soit morcelée par le partage, elle « demeure un tout qui ne peut être considéré comme divisé. » A ceci, Bing auquel nous empruntons cette citation ajoute (3) : « Si la dissolution d'une société avait pour effet de la pétrifier « dans l'état où elle se trouve, cela serait contraire à l'intérêt des « associés et des tiers... Il faut donc, pour arriver à la dissolution « de fait, liquider d'abord la société, c'est-à-dire réaliser l'actif et « éteindre le passif. »

Enfin la même idée est aussi exprimée par M. Rigal. Il ne parle, il est vrai, que des sociétés jouissant de la personnalité morale ; mais son argumentation peut être étendue à toute espèce de sociétés, car il n'y a aucun motif de faire une distinction : « La « dissolution, dit-il, ne met pas fin aux travaux de la société, ne « disperse pas les associés : la dissolution n'est que l'interruption « des actes en vue desquels la société avait été formée ; elle a pour « but de restreindre l'activité de la personne morale à un seul

---

(1) *Pasic. belge*, 1842, 2, 216.
(2) *Annali della giurisprudenza toscana*, vol. XX, p. 11, c. 1045.
(3) *La société anonyme en droit allemand*, Paris, 1892, p. 339.

« point, la liquidation. La société ne meurt que du jour où les « effets du contrat de société deviennent nuls; or ces effets sur- « vivent pendant la liquidation (1). »

Quant à cette première opinion, tout au moins, notre système n'est donc ni trop audacieux, ni trop isolé. Nous n'osons pas dire que nos Codes aillent jusqu'à le soutenir. Admettons même qu'ils n'en parlent pas. En tous cas, ils ne lui sont pas opposés. Il a déjà eu des antécédents respectables. Il nous reste à voir si en raison, il n'aurait pas une base assez solide et ne reposerait sur rien de sérieux. Ici notre tâche est bien facile, et nous sommes persuadés que nous serons assez clairs et assez probants pour rallier tous les suffrages.

Nous disons donc que la société en liquidation continue d'exister comme patrimoine moral distinct du patrimoine des associés et capable de se trouver même grevé de charges nouvelles, pourvu qu'il n'y ait pas eu nouveau contrat (2); ce qui est toujours possible, puisque des charges peuvent surgir d'une dette antérieure, ou plutôt d'un contrat antérieurement passé, ou même d'un quasi-contrat. En effet, la société n'a pas été créée dans le but unique de faire des opérations déterminées dans telle ou telle branche précise de commerce. Quelle utilité retireraient de cela seul les associés ? On peut même dire, quoique ce soit en quelque sorte paradoxal, que là n'est pas du tout le but de la société, mais que ce n'en est au contraire que le moyen. Son véritable objectif, à notre avis, est bien plutôt de réaliser un bénéfice résultant des spéculations et entreprises sociales. Il faut bien pour cela mener à terme les opérations commencées; c'est là une entreprise

(1) *Caractère et pouvoirs du liquidateur d'une société*, p. 73.

(2) Peu importe d'ailleurs qu'il s'agisse d'une société reconnue personne morale ou de tout autre. Nous ne voulons pas entrer ici dans un débat qui sortirait absolument de notre cadre. Nous avons déjà fait remarquer (v.p.123) qu'il y avait là deux questions distinctes. Notre théorie de la liquidation s'applique aussi bien dans un cas que dans l'autre.

évidemment non moins nécessaire, et non moins connexe avec le caractère essentiel de toute société.

Puis quand un commerçant se retire, il n'est pas libre de se soustraire aux engagements de sa vie commerciale. Quoiqu'il cesse d'être commerçant, ses créanciers pourront le contraindre à exécuter ses obligations antérieures ; ils le traduiront devant la justice consulaire et le feront au besoin déclarer en faillite. L'article 437 du Code de commerce reconnaît expressément ce droit en cas de décès du commerçant. Pourquoi n'en serait-il pas de même quand une société se dissout ? N'est-ce pas pour elle, même en donnant au mot dissolution le sens que lui reconnaît la jurisprudence, comme la mort naturelle pour un individu ? Les droits des tiers qui ont traité avec elle ne sont nullement modifiés. Ils ont traité avec une société, ils ont le droit de se retrouver pour le règlement en face d'une société ; de même que s'ils avaient traité avec un individu, ils auraient le droit de se retrouver en quelque sorte en face de lui, même après son décès, en invoquant la séparation des patrimoines (1).

D'ailleurs si en fait on veut un peu considérer le développement normal de la vie d'une société commerciale depuis le moment où elle vient au jour jusqu'à celui où, tous les rapports dépendant de son action ayant cessé de produire tout effet, elle disparaît, on verra qu'il faut nécessairement distinguer deux périodes. La première celle où la vie est pleinement active, où l'impulsion est des plus vives. La société n'a qu'un seul but à cette époque et elle y fait converger tous ses efforts, c'est de continuer et de faire prospérer sa propre entreprise, c'est-à-dire de trouver d'une part des marchandises aux conditions les plus favorables et d'autre part de conserver et d'augmenter ses débouchés pour se défaire de cette même marchandise avec le gain le plus

(1) Code civil, art. 878 et suiv.

considérable possible. La seconde, celle que l'on pourrait appeler la période du recueillement social, dans laquelle la société, abandonnant le mouvement extérieur et la vie au milieu desquels elle a vécu jusque-là, se ressaisit pour ainsi dire elle-même pour s'étudier plus à fond. Pendant cette période, le mouvement de la société se ralentit peu à peu et tend à s'arrêter ; la société ne cherche plus à prendre des forces pour toujours prospérer, mais se prépare plutôt par un ralentissement progressif de sa propre vie à la faire cesser peu à peu complètement. Cette seconde période, celle de la liquidation, nous avons dit, qu'elle aura une séparation nette avec la première (1).

Nous pouvons ajouter qu'elle est appelée la période de la liquidation justement parce qu'on cherche à mettre au net l'ensemble des opérations de la société. Et pour cela il faut désormais accomplir les opérations nécessaires à atteindre la terminaison des affaires pendantes, le paiement des dettes, le recouvrement des créances et par là même l'établissement de l'actif net, au besoin la discussion et la vente des débiteurs, enfin la conversion en argent des valeurs sociales.

On nous permettra pour mieux faire encore saisir notre pensée d'user d'une comparaison, triviale peut-être, mais qui nous a semblé fort juste. La fin d'une société est semblable de tous points à la fin d'un individu qui meurt faute d'aliments, comme sa vie est semblable à celle d'un individu dont les fonctions de nutrition s'accomplissent régulièrement. Comme celui-ci, la société a des aliments sans cesse renouvelés qui l'entretiennent et soutiennent son existence. Mais de même que l'individu qui ne prend plus d'aliments n'expire pas à l'instant où s'est terminé son dernier repas, de même une société après sa dernière opération active

---

(1) Conf. Sraffa, *La liquidazione della societa commerc. Archivio giuridico.* Année 1889, p. 326. C'est à cet article de M. Sraffa que nous devons la première idée de notre sujet.

subsiste encore pendant un certain temps en vertu de l'impulsion acquise. L'homme doit encore digérer et s'assimiler ses aliments et ce n'est qu'après que l'effort de vie qu'ils lui auront prêté aura disparu qu'il succombera. La société, elle aussi, devra pour ainsi dire digérer les opérations qu'elle aura accomplies, se les assimiler par la liquidation et le partage, pour ne disparaître que plus tard, faute d'aliments qui puissent entretenir son activité.

Cette manière d'entendre la liquidation, en faisant une distinction entre l'époque de cessation de la société et l'époque de sa dissolution, se justifie donc fort bien au point de vue logique et résiste sans peine à une analyse approfondie. Ses conséquences pratiques, nous les verrons plus tard, mais nous pouvons les énoncer en un seul mot. Elle supprime l'une des deux fictions sur lesquelles la jurisprudence a bâti sa théorie de la liquidation et peut-être, ainsi que nous l'avons fait observer, celle des deux qui se justifie le plus difficilement, la fiction de la survivance de l'être moral social. Il est évidemment inutile de dire que ce dernier se survit à lui-même puisque nous reconnaissons qu'il n'a pas encore disparu. Mais est-elle bien exacte au point de vue légal ?

Nous le croyons fermement. Nous avons déjà montré que nos législateurs semblaient, sans évidemment s'en être rendus parfaitement compte, l'avoir soupçonné. De plus, l'art. 1868 du Code civil nous semble constituer pour la thèse que nous avançons une base suffisamment solide. Lorsqu'un des associés d'une société civile meurt, la société est dissoute, à moins que le pacte social, prévoyant le cas, n'ait décidé qu'elle continuera avec l'héritier ou seulement entre les survivants. Et, dans ce dernier cas, notre article ajoute : « L'héritier du décédé n'a droit qu'au par-
« tage de la société, eu égard à la situation de cette société lors du
« décès, et ne participe aux droits ultérieurs qu'autant qu'ils sont
« une suite nécessaire de ce qui s'est fait avant la mort de l'asso-
« cié auquel il succède. »

Qu'est-ce à dire ? Entend-on par là qu'à ce dit jour on fera le partage immédiat de toutes les valeurs sociales et que l'on attribuera à l'héritier sa part de l'argent comptant, ainsi que sa part dans les créances et dans les dettes ? Faudra-t-il par conséquent qu'il se considère du jour au lendemain comme étranger à la société ? Evidemment non. De quel droit obliger les débiteurs à faire en sa faveur un paiement partiel ? De quel droit surtout dire aux créanciers : Vous aviez une créance contre la société. Elle est tombée dans le lot de l'héritier de notre associé décédé. Nous n'y sommes plus pour rien et n'encourons désormais aucune responsabilité ! C'est à lui qu'il faudra vous adresser pour obtenir votre paiement et à lui seul ! La loi n'a pu songer à déroger aussi gravement aux principes ; et d'ailleurs l'art. 1868 dans sa partie finale semble bien avoir voulu trancher la question dans le sens que nous avons indiqué. Tout ne sera pas réglé immédiatement et l'héritier aura droit à une part dans la suite, postérieure au décès de son auteur, de toutes les opérations commencées auparavant. Il est de toute évidence que cette part ne pourra pas être fixée avant la clôture desdites opérations.

Tout esprit non prévenu verra donc sans peine dans cet article une application immédiate du principe que nous venons d'essayer d'établir, aux termes duquel la dissolution de la société est autre chose que sa mort complète, et que celle-ci restreint seulement sa capacité dans l'avenir en la laissant subsister au point de vue spécial de la liquidation.

Du reste l'analogie semble frappante entre les deux situations à notre point de vue. De même que l'héritier d'un associé décédé est reconnu avoir régulièrement droit aux suites naturelles des opérations faites avant son décès, les ex-associés, héritiers en quelque sorte de la société dissoute, auront droit aux suites des opérations pendantes lors de cette dissolution, au même degré que si la société subsistait encore pleinement.

Ceci posé, il faut nous restreindre à notre sujet. Nous avons montré que l'on pouvait justifier la liquidation sans recourir à la fiction de la survivance de la personnalité morale ; il nous reste à examiner s'il serait possible de se passer aussi de l'autre fiction, celle de la personnalité morale de la société.

A notre avis ne pourrait-on pas trouver la justification de la liquidation dans une sorte de contrat tacite, dans une volonté tacitement exprimée par les divers intéressés au moment où s'est formé le contrat qui les lie.

L'objet de la liquidation serait donc alors de satisfaire les uns et les autres. C'est ce que nous dit Sraffa (1) lorsqu'il divise ses opérations en deux principales catégories : « Les opérations qui « se rapportent à la définition des rapports de la société avec les « tiers, et celles qui se rapportent à la définition des rapports « entre les associés, et par définition des rapports de cette der- « nière espèce, on doit entendre une détermination définitive de « l'état de la société dissoute (2). »

Il y a donc deux catégories de personnes intéressées à la liquidation.

Les tiers d'abord.

Créanciers, ils veulent avoir les mêmes garanties et les mêmes droits qu'ils avaient pendant la durée de la société. Ils ont un intérêt, par exemple, bien évident, à se payer sur l'actif social par préférence aux créanciers personnels de chaque associé, de peur d'avoir bien souvent à subir une réduction de leur créance qu'ils n'auront pas pu prévoir, les dettes personnelles des associés étant le plus souvent contractées en dehors de tout ce qui peut servir à constater le crédit de la société. En tout cas, ils auront toujours un intérêt majeur à ne pas être obligés de diviser leurs poursuites, et d'intenter plusieurs

(1) *Loc. cit.*, n° 6.

(2) M. Sraffa, comme plus haut M. Rigal, parle de dissolution, mais il donne à la dissolution de la société le sens que nous avons donné à la cessation de la société. Il n'y a du reste entre nos opinions qu'une différence de mots dès lors très peu importante, ainsi que nous l'avons déjà fait remarquer.

longs procès peut-être. Puis, quoique la *plus petitio* n'existe plus dans notre droit, quoiqu'une demande trop forte n'entraîne pas, comme en droit romain, la perte des droits d'un créancier, quelle situation pour ceux-ci ! Que demander à chacun des associés ? Sa part virile ou sa part proportionnelle ? Enfin, après avoir obtenu condamnation contre un ou plusieurs associés même, si l'un d'eux, grâce au concours de ses créanciers personnels, ne peut payer qu'une partie de la somme à laquelle il a été condamné, il va donc falloir, en admettant que la fortune des autres associés n'ait pas été épuisée, recommencer des poursuites contre eux pour l'obtenir ? Ne vaudrait-il pas mieux alors dans bien des cas abandonner des capitaux que les frais de procès dévoreront peut-être en majeure partie ? Sans compter que l'intérêt public lui-même est intéressé à une poursuite unique. Quel sujet de critique, en effet, contre nos tribunaux si de deux associés, l'un était reconnu débiteur, et l'autre mis hors de cause, en cas de créance douteuse contre la société de la part d'un tiers.

Débiteurs, ils peuvent vouloir ne pas être obligés à une division à l'infini de leurs paiements. Il y aurait ainsi de nombreuses quittances à solliciter et à conserver comme preuves de leur libération. Ce sera pour eux une situation évidemment inférieure à celle qu'ils avaient dû prévoir lors du contrat. Encore une fois, de quel droit la leur imposer ? Puis, comme nous le disions tout à l'heure, sera-t-il toujours facile de déterminer de prime abord la part que chacun doit obtenir. Le débiteur pourra-t-il savoir au juste ce qu'il doit payer à chacun des créanciers sociaux ? Il faudra souvent aller devant la justice pour faire régler par elle le différend. D'où lenteurs et frais très considérables. Si le débiteur, négligent ou redoutant les frais d'une pareille procédure, a payé, n'arrivera-t-il pas souvent qu'il y aura lieu à un recours de sa part contre l'associé auquel il aura payé plus qu'il ne devait ? Et trouvera-t-il là une garantie efficace ? Lorsqu'une société se dissout, c'est le plus souvent parce qu'une ruine très prochaine la menace. Ne voulant pas s'exposer davantage à des risques menaçants, on se retire en cherchant à sauver quelques épaves de l'actif. En ce cas-là, le débiteur sera souvent exposé à voir son recours rendu illusoire par l'insolvabilité d'un associé, survenue après la dissolution. Comme d'autre part il n'y a plus alors, sans liquidation, de responsabilité solidaire des autres associés, sa perte sera irrévocable.

Les associés ensuite sont intéressés à la liquidation, tout autant que les tiers. Seraient-ils donc au lendemain de la cessation des opérations sociales dans la situation de simples copropriétaires par indivis, astreints aux règles nombreuses et fort gênantes, tracées par les articles 819 et suivants du Code civil ? Il faudra donc, s'il y a des mineurs, apposer les scellés, faire vendre les immeubles d'après les règles de la vente publique..., en un mot, appliquer toutes les conséquences désastreuses du règlement ordinaire de communauté que nous avons énumérées dans la première partie de notre travail (1). Devra-t-on se partager les marchandises en nature ou faudra-t-il les faire vendre et s'en répartir le prix ? Chaque associé ne pourra-t-il pas réclamer sa part en nature ? Puis n'y aura-t-il pas ici, vis-à-vis des associés, les mêmes inconvénients que nous avons ci-dessus signalés pour les tiers : division des poursuites, s'ils sont créanciers ; division des paiements, s'ils sont débiteurs ; c'est-à-dire formalités et frais.

Ne serait-il donc pas logique d'admettre qu'entre ces deux classes d'intéressés opposés, il y a des engagements réciproques qui facilitent leurs relations, engagements sinon exprès, du moins tacites, en vertu desquels la liquidation devient non seulement possible, mais se trouve le plus souvent indispensable.

Nous ne faisons ici qu'exposer notre principe général, sans vouloir le développer. Nous le justifierons et le donnerons d'une façon plus complète, en faisant l'étude des sociétés commerciales et des sociétés civiles.

---

(1) V. page 23 et suivantes.

Mais arrivés au terme des notions générales que nous avons exposées, il nous paraît utile de les résumer en deux mots, pour bien faire ressortir l'économie du nouveau système que nous proposons.

Un pacte a été passé entre les associés d'une part, les associés et les tiers d'autre part, pacte leur promettant les sûretés que leur accorde la liquidation. Et ce pacte est d'autant plus valable, qu'il est exécuté à un moment où la société subsiste encore, quoique avec des pouvoirs moins étendus, dans les mêmes termes qu'auparavant.

La liquidation que nous proposons peut donc se définir : *Un règlement des affaires sociales, prenant sa source dans un contrat au moins tacite, et s'effectuant sous le régime qui a été celui de la société pendant la durée de la période pleinement active.*

CHAPITRE IV

APPLICATIONS DU SYSTÈME

SECTION I

EN MATIÈRE COMMERCIALE

Principes.— Il est bon de le remarquer au début de ce chapitre, le système que nous proposons n'a au point de vue des sociétés de commerce à peu près qu'un intérêt théorique. Nous verrons en effet qu'il aboutit à peu près au même résultat que celui de la jurisprudence. Mais tel qu'il est, cet intérêt est encore suffisant, croyons-nous, pour en permettre l'exposé.

Ce qui caractérise avant tout la société de commerce, c'est son caractère public. Elle se présente ouvertement aux tiers et elle s'annonce à eux comme constituant pour ainsi dire un patrimoine spécial (ayant ou non une personnalité morale), comme ayant en un mot un caractère distinctif, une existence à part et des conditions de vie particulières.

Ce caractère public est en effet une conséquence évidente de la publicité qu'elle est obligée de faire, d'abord par sa forme propre, puis surtout, plus spécialement lors de sa création et lors de son existence tout entière, publicité si considérable que pour en détruire l'effet à la dissolution, il est besoin d'une nouvelle publicité toute pareille.

Nous ne nous proposons pas d'étudier en détail cette publicité, mais l'on nous permettra d'en énumérer les principales manifestations extérieures dans le but de faire ressortir l'importance que nous y attachons.

Lors de sa création, avons-nous dit, tout d'abord. — Il lui faut une raison sociale, qui constituera un titre apparent que les tiers connaîtront (art. 20, 23 et 30 du C. com.). Il faut au moins deux exemplaires de l'acte de société (1). Dans le mois de la constitution (L. 1867, art. 55, *1er al.*), l'un de ceux-ci doit être déposé au greffe du Tribunal de commerce ou de la Justice de paix du domicile social (2). Pour les sociétés par actions, la loi exige en plus (*même art., al. 2 et 3*) : 1° une expédition de l'acte notarié constatant la souscription du capital social et le versement du quart ; 2° une copie certifiée des délibérations prises par l'assemblée générale dans les cas prévus par les art. 4 et 24. En outre, lorsque la société est anonyme, il faut annexer la liste nominative et certifiée des souscripteurs à l'acte constitutif, liste contenant les noms, prénoms, qualités, domicile et le nombre d'actions souscrites par chacun d'eux. Au moins pour les sociétés par actions, les tiers peuvent s'en faire délivrer copie ou en prendre communication (L. 1867, art. 63, al. 1). Enfin l'art. 56, al. 1 et 2 et les articles 57 et 58 de la loi de 1867 exigent la publication, dans l'un des

---

(1) Lyon-Caen et Renault, *1re éd.*, n° 347 ; Boistel, *Précis*, *3e éd.*, p. 245 - Pardessus, n° 1027 ; Molinier, n° 488 ; Bravard, t. Ier p. 222, avec note de Demangeat ; Beslay, n° 183 ; Alauzet, n° 363.

(2) S'il y a plusieurs domiciles (L. 1867, art. 59), il faut effectuer ce dépôt dans chacun des arrondissements où la société a un domicile.

journaux destinés à recevoir les annonces légales, d'un extrait de l'acte de société, énonçant tous les points que les tiers ont intérêt à connaître, dans le cas où ils voudraient contracter avec elle.

Puis pendant sa durée. — Il faudra, d'abord, publier un extrait de toutes modifications aux statuts qui peuvent intéresser les tiers (1). De plus, pour les sociétés par actions, la loi de 1867 fixe trois autres modes spéciaux de publicité. D'abord toute personne a le droit de se faire délivrer au siège social copie certifiée des statuts (art. 63). En second lieu, les pièces déposées au greffe devront être affichées d'une manière apparente dans les bureaux de la société. Enfin, les papiers dont se servira la société devront être à en-tête mentionnant la nature de la société et son capital (art. 64).

Aucun des créanciers ne sera donc admis à arguer de son ignorance. Elle ne serait pas excusable.

De toutes ces formalités il résulte bien évidemment un caractère spécial de publicité. Il y a là une offre permanente faite au grand jour par la société commerciale, une invitation perpétuelle au public de venir contracter avec elle et lui apporter ainsi les nombreux éléments dont elle a besoin pour vivre. Il se crée ainsi entre les associés et les tiers d'une part, et d'autre part les associés vis-à-vis les uns des autres, des rapports de droit spéciaux.

Nécessairement cependant il n'y a pas dès le début de contrat obligatoire vis-à-vis des tiers. On leur fait, par cette publication, une offre que suivant le jeu commun de la loi de l'offre et de la demande, ils peuvent accepter ou répudier. En un mot, il n'y a là qu'une pollicitation. Quel en sera l'effet? Ce sera l'effet ordinaire de cette sorte d'actes, et nous n'avons pas à nous en

---

(1) Lyon-Caen et Renault, *1re éd.*, n° 303 ; Boistel, *Précis, 3e éd.*, n° 352 ; Bravard, t. Ier, p. 428 ; Bédarride, L. 1867, n° 618 ; Alauzet, nos 398 et 610 ; Pont, n° 1188 ; Conf. Req., 15 juillet 1878 (D. P., 1879, 1, 361).

occuper. La société sera libre de retirer ses promesses, de cesser en un mot, tant que personne n'aura contracté avec elle. Mais à l'instant même où un tiers, confiant dans ces offres, aura manifesté le dessein d'en bénéficier et sera, à un titre quelconque, devenu créancier ou débiteur de la société, les conditions se trouveront bien changées. Il y aura contrat, et ce contrat contiendra, tacitement au moins, un ensemble de clauses qui engageront la société à ce mode de règlement spécial connu sous le nom de liquidation.

En effet, que résulte-t-il de cette offre faite aux tiers? N'est-ce pas leur promettre que leurs rapports avec la société seront définis et réglés sous le régime social qu'on leur propose? En traitant, ils ont, avons-nous dit, pris part à ce contrat. Ils ont donc droit à ce que, à la cessation de la société, le régime social ne disparaisse pas à leur égard tant que leurs droits n'auront pas reçu satisfaction. La liquidation, telle que l'a établie la jurisprudence en matière commerciale, est donc pour eux un droit absolu dont on ne peut pas les frustrer.

Vis-à-vis aussi des associés qui sont, nous l'avons expliqué au début de ce chapitre, les autres intéressés, il nous faut raisonner de même. Le pacte de société qu'ils ont convenu entre eux a eu pour effet de les soumettre à certaines obligations dont ils ne sont plus libres de se défaire. Ils ont établi entre eux une loi qui doit recevoir sa complète exécution.

Et d'ailleurs, puisque nous parlons de loi, remarquons à la suite de M. Thaller qu'au fond les lois commerciales ne sont que des contrats commerciaux, devenus peu à peu tellement nombreux et identiques que l'autorité politique jugea bon de les condenser (1).

Nos premières lois commerciales nous viennent des villes d'Ita-

---

(1) Thaller (Introduction au cours de droit commercial comparé), *Annales de droit commercial*, année 1892, p. 193 et suiv. *De la place du commerce dans l'histoire générale*, nos 32 et suiv.

lie où le commerce prit naissance. Or, M. Thaller nous montre que ces lois n'étaient primitivement que de simples contrats passés entre négociants. Ces contrats se perfectionnèrent rapidement et par la force de l'habitude prirent peu à peu un moule unique ; c'est alors que l'on songea à en faire de véritables lois auxquelles on donnait dès lors une autorité par elles-mêmes.

Il en est encore de même de nos jours. Qu'est-ce que la loi sur les syndicats professionnels, sinon une codification des règles principales que posaient ces syndicats en vertu des principes généraux qui régissent les conventions ? Dans un avenir très prochain, nous aurons aussi, il faut l'espérer, une loi sur les assurances. Et pourtant celles-ci existent déjà en faitet ont acquis une immense importance. Que sera donc cette loi sinon la reconnaissance par l'autorité supérieure des clauses, légales déjà, que contiennent les contrats passés journellement avec les vastes compagnies qui se sont formées dans ce but ?

Il faut en conséquence reconnaître que la liquidation, si elle n'est pas encore une loi dans le véritable sens du mot, est, entre les parties, une véritable loi que l'on peut définir, comme nous l'avons déjà fait :

Le règlement, convenu entre les parties, des affaires sociales après la cessation de la société sous le régime qui a été celui de la société pendant son existence active.

Conséquences. — Il ne faudrait certes pas s'attendre à trouver ici des conséquences tout opposées aux résultats que donne la jurisprudence. Notre intention n'est évidemment pas de chercher à tout prix des solutions originales, mais bien plutôt de faire nos efforts pour l'établissement d'un principe solide, qui donne à ses décisions la base dont elle semble manquer, de justifier enfin sans aucune fiction les solutions justes qu'elle a déduites et dont elle a fait l'application.

Aussi, avant de les rappeler, tenons-nous à répéter que nous laissons complètement de côté la question si controversée de savoir quelles sociétés jouissent de la personnalité morale et quelles sociétés n'en bénéficient pas. Pour nous, en effet (1), la liquidation est non un système particulier de réglementation suivant des bases inamovibles, mais le règlement des affaires sociales exactement sur les mêmes bases qui ont été celles de la société existante. Reconnaît-on donc qu'elle avait la personnalité morale, elle la conservera même après la dissolution. Ses opérations étaient-elles opposables aux tiers, elles le demeureront toujours.

Ceci dit, les principales de ces conséquences, identiques du reste en la plupart des points à celles que déduit la jurisprudence, seront les suivantes :

1° D'abord, les créanciers sociaux continueront jusqu'au remboursement de leurs créances à primer sur le fonds social les créanciers personnels de chaque associé. Cette conséquence, étant en effet universellement admise pendant la durée de la société commerciale, sera, d'après notre principe, également vraie après la dissolution. Nous pouvons même faire remarquer, comme nous le verrons plus en détail à propos des sociétés civiles (2), qu'il n'est pas nécessaire pour la justifier de faire intervenir ici la fiction de la personnalité morale. Car il est loisible, dans notre droit, à tout débiteur ayant des créanciers chirographaires, de soustraire tout son patrimoine à leur action, sauf bien entendu le cas de fraude (3). Il peut, même lorsqu'il a un passif supérieur à son actif, constituer par exemple, une hypothèque ou un gage au profit d'un nouveau créancier, qui sera dès lors désintéressé avant les autres, ou faire une donation de ses biens parfaitement valable. Or, en matière de sociétés commerciales, la fraude ne sera pas possible ou du moins ne se présentera que dans des cas tout à fait exceptionnels. Lorsqu'on contracte une société ce n'est

(1) Nous venons de le dire à la fin du paragraphe précédent.
(2) Voir plus loin, section III.
(3) Prévu par l'art. 1167 C. c., *Fraus omnia corrumpit.*

pas en effet dans le but de tromper ses créanciers, mais bien plutôt de réaliser des bénéfices qui permettront plus tard de les désintéresser plus complètement. Par le contrat de société, on a offert aux tiers co-contractants de primer les créanciers non sociaux sur les biens de la société (1), ce contrat recevra son application, en vertu de notre principe, après comme avant la dissolution.

2° Comme le reconnaît la jurisprudence, les créanciers sociaux n'auront pas à craindre les hypothèques générales qui pourraient grever les immeubles sociaux du chef des créanciers personnels des associés. Il importe peu d'ailleurs que les créanciers soient, ou non, antérieurs au contrat de société. Les raisons d'en décider ainsi sont les mêmes que ci-dessus.

3° Une autre conséquence importante que la jurisprudence tire de son principe, c'est que la purge aura lieu contre l'être moral social, et non contre chacun des associés. Notre système aboutit ici encore au même résultat. Les biens sociaux, immobilisés par contrat, ont été mis en commun par les associés. Ils se présentent vis-à-vis des tiers comme constituant une entité indivisible. Ces derniers en contractant ne se sont pas inquiétés de savoir si ces biens appartenaient à tel ou tel des associés en particulier; il leur suffisait d'avoir la certitude qu'ils faisaient partie de la masse formée entre les associés. Ils ne connaissaient que celle-ci, et ont droit d'exiger le maintien des règles sociales sur lesquelles ils devaient justement compter. Ils ont, en un mot, un droit acquis au maintien du groupe spécial des associés, formant ou non une personne morale, peu importe, qui représentait leurs intérêts pendant la durée de la société.

4° Pour le même motif, nous déciderons encore avec la jurisprudence qu'il sera suffisant d'assigner la société au domicile

(1) Ceci est de l'essence même de la société et nous venons de le voir unanimement admis.

social. Puisqu'elle s'est présentée à eux, sinon comme personne morale, au moins avec tous les caractères permettant de supposer la mise à part d'un patrimoine social spécial, pourquoi ne pas admettre les conséquences de cette spécialisation? N'est-il pas logique de reconnaître que, par le contrat social, les associés ont fait élection de domicile au domicile social. Or, l'art. 111 du Code civil reconnaît la validité de l'élection de domicile, même conjointement faite par plusieurs personnes.

5° Il faut enfin admettre que la liquidation peut être mise en faillite. Cette conséquence se justifie même beaucoup plus facilement avec notre système qu'avec celui de la jurisprudence. Ce n'est pas seulement en effet une fiction de la société qui subsiste, mais bien la société elle-même tout entière avec tous ses droits et tous ses devoirs. Par le contrat passé avec les tiers, les associés se sont engagés, tacitement il est vrai, mais bien formellement néanmoins, à subir le désastre de la faillite, s'ils ne faisaient pas face à leurs engagements. Ils y seraient soumis de plein droit pendant la durée de la société. Puisque nous avons vu que la société en liquidation se réglait comme durant son existence, ils devront y rester soumis après la dissolution.

Sur certains points cependant notre système offre un très réel intérêt en élucidant plusieurs questions qui ne sont pas suffisamment justifiées dans la doctrine universellement admise.

Ainsi, le règlement de la société dissoute, suivant les règles établies pour la liquidation, sera pour nous obligatoire en principe, et vis-à-vis des tiers et vis-à-vis des associés.

La jurisprudence ne semble pas le décider ainsi, du moins à s'en référer à un arrêt récent dans lequel on lit : « L'acte de « société, portant qu'à l'expiration de la société ou à sa dissolu- « tion quelles qu'en soient les causes, la liquidation en sera faite « en commun n'oblige pas à la liquidation... la disposition doit « être entendue en ce sens que, si une liquidation devenait plus

« tard nécessaire, elle devrait être faite par tous les associés dési-« gnés à l'avance comme liquidateurs statutaires (1). » La Cour de cassation en l'espèce ne reconnaît même pas force obligatoire à la convention expresse passée entre les parties ; il en sera donc de même *à fortiori* si le contrat social n'a rien prévu.

Il y aurait pourtant grand intérêt à maintenir ce mode de règlement dont nous avons vu les avantages. Comment est-il donc possible que la jurisprudence après avoir élaboré son système hésite à ce point à en faire l'application complète? C'est qu'avec le principe de la personnalité morale comme unique fondement et comme seule justification, cette nécessité serait incompréhensible.

A quoi aboutit en effet ce principe? A faire de la société un être moral et à faire survivre cet être pendant la liquidation jusqu'au partage, c'est vrai ! Mais comment empêcher les associés, s'ils le préfèrent, d'effectuer immédiatement le partage des biens en nature et quant à l'actif et quant au passif. La personne morale sociale n'existe que par la volonté des associés ; n'est-il donc pas logique d'admettre qu'ils ont le droit d'y renoncer ?

Dès lors, comment obliger une société à régler ses affaires d'après le mode élabli par la jurisprudence? Ce mode ne peut être appliqué que jusqu'au partage. Si donc le partage intervient de suite, ce qu'aucun texte de loi ne prohibe, la liquidation deviendra impossible au grand détriment des tiers.

---

(1) Cas., 24 mai 1892 (Sir., 1892, 1, 469). — Nous trouvons dans le même sens un arrêt de cas., 2 déc. 1891 (Sir. 1893, 1, 473) qui fait lui aussi de la liquidation une faculté pour les associés. « Lorsqu'une société par actions « est mise en liquidation, les actionnaires qui se sont réparti l'actif social « avant le paiement intégral du passif sont tenus de rapporter à la caisse « sociale ce qu'ils ont prématurément retiré, ou de subir chacun pour le « tout, jusqu'à concurrence de la somme indument reprise, l'action des « créanciers. » Ils peuvent donc considérer comme non avenue à leur égard la mise en liquidation de la société.

Il y a là un cercle vicieux, duquel il est impossible de sortir avec les principes admis actuellement.

Combien notre système est plus simple et plus satisfaisant par ses résultats !

Les membres de la société, avons-nous dit, ont fait aux tiers des offres que ceux-ci ont acceptées ; ils leur ont présenté un régime social, en s'engageant, tacitement au moins, à les désintéresser d'après les principes si avantageux pour eux qu'ils avaient posés. Mais ces offres une fois acceptées ayant formé un contrat, il n'est désormais plus temps de les retirer ; car celui-ci, ainsi que tout autre contrat, ne peut pas être annihilé par la volonté d'une seule des parties : il faut, pour cela, un *distractus*, une convention nouvelle passée entre les mêmes parties.

Cette remarque nous permet de donner la limite exacte et la portée entière de notre système.

La liquidation sera indispensable en principe ; elle formera le droit commun et les associés ne pourront pas, de leur plein gré, lui substituer un mode de règlement plus défavorable aux tiers dont les droits acquis doivent être respectés. Cependant, ce droit résultant d'un contrat, rien n'empêche de convenir, par le contrat primitif ou même par acte postérieur (1), qu'on n'appliquera pas à la fin de la société le procédé de la liquidation. Les tiers intéressés sont chargés de veiller à leurs intérêts et, s'ils les croient suffisamment sauvegardés sans le principe de la liquidation commerciale, ils sont bien libres d'y renoncer pour s'en tenir au droit commun. Pourquoi dès lors s'opposerait-on à leur volonté ?

---

(1) Ce dernier cas sera exclusivement rare et pratique, du moins d'une façon générale, car il est à peu près impossible en raison du nombre des ayant droit d'obtenir de tous une renonciation qu'ils ont grand intérêt à ne pas donner surtout après coup. Cependant comme la liquidation n'est pas un bénéfice indivisible, il pourra se présenter que quelques-uns des créanciers auront renoncé à s'en prévaloir.

La liquidation, en effet, n'est évidemment pas d'ordre public. Elle l'est même si peu que, comme nous l'avons vu au début de notre étude (1), aucun ou à peu près aucun texte ne la mentionne, et que, en tout cas, ses conditions d'exercice ne sont nullement précisées. Il faut donc forcément s'en référer à la seule intention des parties (2).

Mais supposons une société qui, liée par ses engagements, a dû liquider vis-à-vis des créanciers, les associés auront-ils le droit de se partager en nature les biens restants ou devront-ils procéder même entre eux à une liquidation? La jurisprudence ne s'est jusqu'à présent prononcée que rarement sur cette question. Mais il nous semble qu'étant données les décisions ci-dessus rapportées en ce qui concerne les droits des tiers, elle devra à plus forte raison refuser de reconnaître ici la nécessité de la liquidation. A quoi servirait-elle donc et pourquoi ne pas procéder de suite au partage? Pourquoi? Parce qu'entre les deux situations, il y a une grande différence. Si l'on procède uniquement au partage, chacun des associés recevra sa part dans les biens sociaux, meubles ou immeubles, prendra sa part dans les créances que possède encore la société et devra procéder ensuite lui-même au recouvrement des unes et à la vente des autres, comme il lui plaira. Si au contraire l'on effectue entre associés une liquidation avant le partage, c'est la société qui devra convertir en argent les uns et les autres; les associés toucheront en fin de compte la part leur revenant dans l'argent comptant. Les frais seront donc ainsi moins considé-

---

(1) Voir, page. 21.

(2) Au reste, si l'on veut faire une comparaison, la procédure de la faillite semble bien au plus haut point une véritable liquidation spéciale et d'ordre public dont la loi aurait déterminé la sphère d'application ainsi que l'étendue des conséquences. Cependant, nous voyons l'art. 541 C. com., autoriser le concordat par abandon et nous savons qu'un concordat amiable est toujours possible.

rables et les opérations de réalisation moins compliquées pour eux (1).

Nous avons vu que la liquidation consiste dans le règlement des affaires sociales selon les règles qui régissent la société durant son existence normale, et nous avons admis que c'était là un effet du pacte social. Tout se réduit par conséquent à l'interprétation de ce contrat.

Si donc le contrat s'est exprimé sur ce point, aucun doute ne sera possible. Les associés ont évidemment tous adhéré à ses conclusions qu'il faudra dès lors considérer comme la loi commune des parties.

Mais, dans le silence du contrat, il faudra rechercher d'après les circonstances quelle avait été leur volonté. Cela sera assez souvent facile à découvrir.

Prenons par exemple deux personnes s'associant pour acheter de la soie, la faire tisser et revendre l'étoffe en provenant, comme le font nos fabricants de soieries de Lyon. Évidemment leur intention n'est pas, la société finie, de reprendre les biens en nature. Ils n'en auraient que faire. Il faudra donc en principe liquider.

Mais considérons au contraire deux entrepreneurs de roulage, l'un de Lyon à Saint-Étienne, l'autre de Lyon à Grenoble. Dans le but de diminuer leurs frais généraux, ils s'associent ensemble pour une période de cinq ans. Faudra-t-il décider qu'à l'expiration de ce délai on devra vendre le matériel, qui par le fait perdra presque toujours au moins la moitié de sa valeur? Ne faudra-t-il pas au contraire reconnaître que chacun d'eux dans le dessein de

---

(1) « La liquidation d'une société n'exige pas la réalisation de l'actif en « en espèces. Elle peut se transformer. — Les actionnaires qui n'approuve- « raient pas le traité d'apport à la société nouvelle n'auraient que le droit « de réclamer la part en argent qui doit leur revenir suivant la liquidation. » Trib. civ. Lyon, 1er juillet 1893 (*Gaz. Trib.*, 1er juillet 1893). Nous verrons plus loin ce qu'il faut penser de ce jugement.

continuer alors son commerce primitif a entendu se réserver le droit de reprendre en nature une partie du matériel proportionnelle à sa mise? Il y a là, suivant nous, une question qui doit être laissée à l'appréciation des Tribunaux.

Mais en droit pur nous opinerions à croire que là liquidation sera la règle générale. En effet, comme le dit si bien Sraffa (1) : « Les choses qui composent le patrimoine d'une société commer-« ciale ont été acquises dans le but de s'en servir comme moyen « de développement d'une industrie ou d'un commerce particu-« lier. Par conséquent, en dissolvant la société, on ne poursuit « plus le but pour lequel les choses avaient été achetées, et les « attribuer en nature aux associés serait obliger ceux-ci à garder « des choses acquises pour un but déterminé, quand eux-mêmes « ont prouvé qu'ils ne voulaient plus que ces choses servissent à « atteindre ce même but. A ceci s'ajoute qu'un associé peut avoir « accepté d'entrer dans une société ayant un but commercial, « parce que de cette société faisaient partie une ou plusieurs per-« sonnes connaissant le commerce et dans lesquelles il avait con-« fiance. Or, il est évident que, la société étant dissoute, il serait « contraire à la volonté et à l'intérêt de cet associé de se trouver « propriétaire unique d'une quantité de marchandises quand il « n'a pas les aptitudes nécessaires pour s'en défaire valable-« ment. »

On peut objecter à notre solution que forcer les associés à vendre les marchandises pour en partager le prix pourra être pour eux une source très sérieuse de pertes. Tout le monde sait en effet que les marchandises se vendent très mal en bloc. Il suffit qu'un propriétaire veuille s'en débarrasser pour qu'il ne trouve plus d'acquéreurs qu'à des prix très inférieurs. Mais l'objection n'est pas très sérieuse et ne tient guère debout si l'on veut

---

(1) *Archivio giuridicho,* 1889. *La Liquid. del. Soc. com.*, n° 7.

aller au fond des choses. Qu'arriverait-il en effet si l'on voulait procéder de suite au partage? Chaque associé aurait dans son lot des meubles et des immeubles qui le plus souvent ne lui seraient d'aucune utilité pour ce qu'il se propose de faire désormais, et qui, le plus souvent aussi, immobiliseraient sans profit son capital. Dans ces conditions, il lui faudrait évidemment suppléer le plus tôt possible à cette liquidation que n'aurait pas faite la société et chercher à vendre. Or, croit-on sérieusement qu'un simple particulier obtiendrait ici un meilleur résultat que la société? Le contraire se présentera le plus souvent, car c'est alors surtout qu'une telle vente semblera obligatoire.

Du reste, ne seront-ils pas les seuls juges? S'ils estiment qu'une vente immédiate serait trop onéreuse, rien ne les empêchera d'effectuer ce partage, pourvu qu'ils soient tous d'accord; nous savons d'ailleurs que rien ne les oblige de vendre en bloc au cas de liquidation. Ils pourront, s'ils croient y trouver leur intérêt, nommer l'un des leurs liquidateurs, avec mission de n'effectuer la vente que peu à peu, et de restreindre ses affaires au fur et à mesure qu'il aura trouvé des acquéreurs à des prix normaux.

Mais est-ce à dire pourtant que, si l'un des associés veut retirer sa part en nature, il ne le pourra pas? Certes non. Seulement, il conservera sa part à titre d'acheteur et non à titre d'associé.

Il n'y a pas là qu'une simple différence théorique. Comme acheteur, l'associé sera en effet tenu de respecter tous les droits réels constitués sur la chose par ses coassociés, notammment les hypothèques. Le partage, au contraire, étant déclaratif de propriété, ne lui imposerait aucunement cette obligation.

De plus, l'associé acheteur demeure copropriétaire du reste des biens sociaux au contraire de l'associé. Il est donc tenu de concourir en proportion de sa quote-part aux dépenses que nécessite la conversion en argent des marchandises sociales restantes.

La solution inverse pourra aussi se présenter. La majorité des associés gardera, mais à titre d'acheteur, sa part en nature, tandis que ceux qui ne le voudront pas auront droit à tout ce que la liquidation leur aurait procuré en argent. Ici encore, il y aura une liquidation, mais qui se passera intégralement entre les associés, qui auront pour la plupart racheté eux-mêmes les biens de la société. Ils pourront dès lors disposer de ces biens comme ils l'entendront, même les transférer dans une société nouvelle. C'est la solution qu'a donnée le jugement précité du Tribunal civil de Lyon (1) ; aussi ne peut-on l'invoquer contre notre théorie. Dire en effet que : « les actionnaires qui n'approuveraient pas le traité « d'apport à une société nouvelle auraient le droit de réclamer la « part en argent qui doit leur revenir suivant la liquidation », c'est bien reconnaître que, vis-à-vis des opposants, les associés qui consentent au transfert sont considérés comme acheteurs, et doivent supporter les frais qu'aurait occasionnés une liquidation. Sans lui, le partage serait obligatoire pour tous les associés, qui seraient contraints de retirer leur part en nature.

Appliquons encore notre critérium à l'étude du rôle du liquidateur. Qui représente-il ? Quelles sont ses fonctions ? Quand commencent-elles et quand prennent-elles fin ? Ces questions n'ont jamais reçu de solutions bien précises. Il est intéressant d'étudier ici la portée de notre principe et de voir s'il n'apporte pas quelque solution originale.

La jurisprudence reconnaît que le liquidateur ne représente que les associés. C'est ce qu'affirme très nettement la Cour de cassation : « Considérant que le liquidateur d'une société, nommé « par l'assemblée générale, ne représente que la société, et qu'il « ne peut poursuivre un associé qu'avec mandat des créanciers « sociaux (2). » Dans ces conditions, le liquidateur n'est qu'un

---

(1) V. ci-dessus p. 150, note 1.
(2) Cas., 14 mai 1890 (Sir., 1892, 1, 484); Cas. 9 nov. 1892 (Sir., 1893, 1, 361).

agent, ne devant agir que dans leur intérêt exclusif au détriment même de celui des créanciers, qu'ils auraient par devoir obligation de méconnaître. Une pareille doctrine, outre qu'elle ne peut guère se justifier, est de [plus inadmissible, puisqu'elle aboutit à une véritable iniquité que nos législateurs n'ont certes pas dû vouloir sanctionner.

Nous admettons parfaitement que le liquidateur ne représente que les associés. Nous avons déjà dit en effet (1), et nous montrerons avec détails plus loin (2), qu'il n'est pas possible de lui attribuer deux fonctions qui semblent être en opposition l'une avec l'autre. Mais puisque la liquidation, telle que nous l'avons exposée, est un droit pour les créanciers sociaux, elle est corrélativement une obligation pour les associés. Le liquidateur donc, s'il représente les associés seuls, les représente complètement; il prend leur lieu et place vis-à-vis des tiers. Il est donc lié comme ceux-ci par leurs engagements et notamment ne peut faire la répartition des biens sociaux que selon les engagements pris par eux. Il semble dès lors bien justifié qu'il soit de son devoir de satisfaire aux intérêts des tiers avant de faire une répartition entre les associés ou leurs créanciers personnels. Il serait du reste inique que les associés puissent, en se substituant un liquidateur, fût-il même désigné par l'acte de société, se soustraire à leurs engagements et tromper ainsi les légitimes espérances qu'ils avaient données aux créanciers sociaux (3).

Après avoir de telle sorte précisé leurs fonctions, il nous est aisé de fixer la durée du mandat qui leur a été donné. Entrant en

---

(1) Voir chap. II, section IV.

(2) Voir chap. IV, section III.

(3) Ceci justifie certains arrêts de jurisprudence : Lyon, 15 juillet 1873 (Dal. 1874, 2, 209); Rouen, 2 août 1881 *(Recueil de jurisprudence commerciale du Havre,* 1884, 2, 105, etc...) qui donnent au liquidateur le droit de représenter les associés, soit en certains cas où il est nommé par justice, soit quand les créanciers ont été appelés à approuver son choix.

fonction, ce qui n'est certes pas douteux, à l'époque de la dissolution (ou de sa nomination si elle est postérieure), le liquidateur y demeurera jusqu'au complet règlement des droits de tous, c'est-à-dire jusqu'au partage ; il terminera les affaires sociales et paiera les créanciers sociaux seulement, à l'exclusion des créanciers personnels.

Peut-être même serait-il logique, d'après le principe que nous avons posé, de reconnaître qu'il conserve ses fonctions jusqu'à la répartition définitive qui suit le partage. La jurisprudence française ne l'admet pas, mais plusieurs législations étrangères l'admettent au contraire (voir notamment le code allemand, art. 142 ; le code italien, art. 208 ; le code roumain, art. 20 etc...).

Avant de passer à l'examen rapide des conséquences relatives aux sociétés civiles, il nous reste à examiner en peu de mots le fonctionnement normal de notre institution dans certaines questions controversées qui trouvent ici très naturellement leur place.

Supposons d'abord une société commerciale par actions. Son capital n'étant pas assez considérable, elle a contracté des emprunts par la création d'obligations remboursables par la voie du tirage au sort, en un certain laps de temps, soixante-quinze ans par exemple. Dix ans après cet emprunt, une assemblée générale vote la dissolution anticipée de la société, avant par conséquent qu'elle soit arrivée au terme normal qu'elle avait fixé pour sa durée. Quelle va être dès lors la situation des obligataires vis-à-vis des actionnaires, en admettant, ce qui sera du reste la règle générale, que l'actif soit supérieur au passif?

Les obligataires pourront-ils, comme l'a décidé la Cour de

Caen (1), argumenter de l'art. 1978 du Code civil relatif aux rentes viagères et exiger le placement en valeurs sûres d'une somme suffisante pour assurer l'amortissement régulier des obligations? Cela n'est guère soutenable. L'art. 1978 est de droit exceptionnel et s'explique par le refus que fait la loi au crédi-rentier des droits qui d'ordinaire appartiennent aux créanciers impayés, spécialement le droit de résolution. On ne peut pas l'étendre par analogie. Du reste comment justifier que les obligataires puissent exiger des sûretés qui ne leur ont pas été promises (2)?

Quelle situation leur sera donc faite? Auront-ils le droit de refuser un paiement immédiat? S'ils ne l'ont pas, quelle somme faudra-t-il leur rembourser?

L'opinion qui semble l'emporter, tant en doctrine qu'en jurisprudence, est qu'ils ne peuvent pas s'opposer au remboursement immédiat de leurs obligations; mais les motifs en sont difficiles à établir, et la justification très délicate à trouver.

Pour beaucoup, il y aurait là une conséquence de la déchéance du terme, déchéance qui a lieu non seulement en cas de faillite et de déconfiture, mais encore toutes les fois que le débiteur diminue les sûretés promises par son contrat, diminution qui a évidemment lieu ici (3).

Nous ne croyons pas que ce motif puisse être juridiquement invoqué, et ceci pour deux raisons : D'abord, ainsi que le font remarquer MM. Lyon-Caen et Renault (qui du reste ne donnent pas de solution à la question qui nous occupe) (4), parce que l'art. 1188 du Code civil, qui établit la règle, n'a trait qu'aux

---

(1) Caen, 16 août 1882 (S. 1883, 2, 115; et *Journ. Pal.*, 1883, 1, 681).

(2) Cas., 18 avril 1883 (Sir., 1883, 1, 361 et 441, et *Journ. Pal.*, 1883, 1, 929 et 1121).

(3) Voir dans le même sens : Trib. civil de la Seine, 28 nov. 1838 (*Gaz. du Palais*, 1889, 1, 28; *Revue des sociétés*, 1885, p. 213; *Article de M. Lechoppié*).

(4) Lyon-Caen et Renault, t. II, p. 394.

créanciers ayant des garanties spéciales, et que les obligataires d'ordinaire n'ont que le droit de gage général des art. 2092 et 2093 du Code civil. Mais surtout en second lieu, croyons-nous, parce que si la faillite et la déconfiture entraînent légalement cette déchéance, il n'en est pas de même de la dissolution dont le résultat définitif ne peut être apprécié d'avance. Les créanciers intéressés, ici les obligataires, ont seuls d'ailleurs le droit d'invoquer en justice cette déchéance. S'ils ne jugent pas à propos de le faire et s'ils croient leurs intérêts suffisamment sauvegardés pour n'avoir pas besoin d'agir, il n'est pas possible de les y forcer. Or ici, l'actif étant suffisant, une pareille abstention sera très souvent ce qu'ils auront de mieux à faire. Les obligataires, en présence de l'abaissement du taux de l'intérêt qui semble avoir lieu en vertu d'une sorte de loi naturelle (1), ont en effet le plus grand avantage à ne pas être remboursés avant terme, d'une somme qu'ils ne pourront probablement pas replacer à des conditions aussi favorables.

La Cour de cassation ne va pas jusqu'à invoquer le bénéfice du terme (2). Elle se contente de déclarer que la cessation de la société est incompatible avec l'amortissement qui suppose des bénéfices continuels que l'on ne peut plus effectuer. Elle ajoute que par essence la liquidation doit être temporaire et qu'en refusant aux sociétés le droit de rembourser par anticipation les obligations non échues, le règlement définitif se trouverait en fait indéfiniment prolongé. Ce sont là évidemment de puissantes considérations pratiques, mais elles sont loin d'être suffisantes à justifier une semblable dérogation aux conventions.

Nous qui basons la liquidation sur un accord tacite entre les

---

(1) Cet abaissement est aujourd'hui bien prouvé par le succès de la récente conversion des Rentes sur l'Etat 4 °/° en 3 1/2.

(2) Cas., 2 fév. 1887 et 10 mai 1887 (Dal., 1887, 1, 97 et 334).

parties, il nous est peut-être possible de justifier le remboursement anticipé des obligataires en adoptant à peu près de tous points l'argumentation de la Cour de cassation. Si les associés ont emprunté, c'est évidemment dans le but d'aider à leurs opérations sociales, et les obligataires n'ont pas dû avoir d'autres pensées. N'est-il pas logique de reconnaître, dès lors, qu'il a été tacitement convenu entre les uns et les autres que les conventions cesseraient d'avoir leur effet, du jour où il serait impossible que l'argent emprunté puisse être utile au but qui lui avait été assigné ?

Il est vrai que cette argumentation pêche en un point. Le terme peut être abrégé par le débiteur s'il a été stipulé en sa faveur (art. 1186 C. c.). Mais il est bien certain que dans le cas où le terme est établi, comme cela a lieu ici, dans l'intérêt du créancier, aussi bien que dans celui du débiteur (1), cette abréviation n'est pas possible sans leur assentiment.

Cependant, qu'on le remarque bien, il ne s'agit pas ici d'un prêt à intérêts ordinaires. Il n'y a pas de terme assigné d'une façon précise. Le débiteur n'a fait que fixer un maximum au delà duquel il devait avoir tout remboursé ; mais il s'est réservé le droit de se libérer d'avance par tirage au sort d'une partie de sa dette. Personne n'a donc le droit de refuser un remboursement, et ne sera plus lésé que s'il avait été désigné par la voie du tirage au sort.

Il y a un demi-siècle, c'était là la seule face de la question. Mais depuis lors le nombre des obligations a beaucoup augmenté, leur mode d'émission a changé, et une nouvelle question aussi intéressante et plus pratique peut-être se présente aujourd'hui à propos de leur remboursement anticipé.

Tandis en effet qu'autrefois, l'on émettait à 300 francs ou 350 francs au plus des valeurs remboursables à 500 francs par tirage au sort, les taux d'émission sont maintenant à peine infé-

---

(1) Tel est le cas de tout prêt à intérêts.

rieurs au taux de remboursement. Aussi il arrive fréquemment maintenant que les obligations dépassent le pair et valent en bourse un prix bien supérieur au taux fixé pour le remboursement, cas qui devait au contraire se présenter fort rarement autrefois.

Dès lors, la question du remboursement anticipé des obligations se posera même au cas où la société ne se proposera pas le moins du monde d'arrêter le cours de ses opérations. Aura-t-elle donc le droit d'emprunter à un taux inférieur pour se libérer et diminuer ainsi ses charges? Par exemple, devant servir à 5 0/0 les intérêts de sa dette primitive, pourra-t-elle, avec de l'argent qui ne lui coûtera que le 3 0/0, désintéresser les créanciers primitifs?

La question en pratique semble bien résolue par l'affirmative. C'est ainsi que la Compagnie du Gaz de Paris, qui avait émis des obligations 5 0/0 à des prix variant de 420 à 500 francs et remboursables à 500, les a vues cotées ces temps derniers 516 et même, croyons-nous, 520 francs. Aussi a-t-elle procédé à une conversion de ces obligations en 4 0/0, sans aucune réclamation.

La discussion est cependant aujourd'hui assez vive en présence de la prétention énoncée par la Compagnie du Canal Maritime de Suez de rembourser ses obligations à lots 5 0/0 (1) à l'aide d'un nouvel emprunt réalisé au taux de 3 0/0. Les obligataires semblent disposés à protester. Triompheront-ils? Nous n'osons l'espérer tout en croyant à l'excellence de leur cause.

Il nous semble en effet bien dur d'obliger de tels créanciers à subir la perte de ce qu'ils pouvaient considérer véritablement comme un droit acquis. S'ils ont dû penser, ainsi que le décide la Cour de cassation, que la cessation de la société est incompatible

(1) Emises à 300 francs, et remboursables à 500, elles sont cotées environ 640 francs.

avec l'amortissement qui suppose des bénéfices continuels, ils ont dû espérer aussi que, sauf cette extrémité dont ils pouvaient courir la chance, parce qu'elle serait rare, celle-ci tiendrait ses engagements.

Mais en admettant avec la Cour de cassation qu'au cas de dissolution anticipée, la société ait le droit de rembourser aux obligataires leur créance, sans attendre les délais prévus, quelle somme devra-t-on leur rembourser ?

A notre avis, les actionnaires ne seront pas quittes en remboursant, comme le décident plusieurs arrêts (1), les obligations au taux d'émission, augmenté uniquement d'une indemnité représentant la plus-value que chacune d'elles acquiert en approchant de son échéance, indemnité variable entre le taux d'émission et le taux de remboursement. Il n'est pas admissible que la société débitrice, restreigne ainsi sa dette de sa propre autorité. Les créanciers obligataires avaient, il est vrai, comme nous venons de le dire, dû envisager la possibilité d'un remboursement antérieur à la date fixée, anticipation qui est de la nature des valeurs à lots. Mais ils avaient dû compter sur le capital que ce dernier devait leur procurer, c'est-à-dire sur le remboursement, dont ils pouvaient ne pas savoir l'époque, au taux intégral fixé (2). C'est donc celui-ci tout entier que devra leur payer la société.

C'est là, nous le reconnaissons, un résultat onéreux pour la société ; mais il nous semble difficile de l'éviter. Chacun des obligataires pourrait en effet, à défaut de ce paiement, se prétendre lésé, puisque ses numéros auraient pu sortir au premier tirage.

Il nous reste à voir une autre question fort importante.

Faut-il procéder par voie de liquidation en cas de nullité de la

---

(1) Paris, 17 mars 1883 (Dal., 1884, 2, 100) ; Rennes, 25 juillet 1887 (Dal., 1888, 2, 153).

(2) En ce sens, *Lecourtois*, dans la *France judiciaire*, 1881, p. 372.

société? Ou y aura-t-il seulement lieu alors à ce règlement que nous avons désigné sous le nom de règlement de communauté et qui est organisé par nos codes en matière de succession?

Il est certain d'abord que les créanciers sociaux, s'ils opposent eux-mêmes la nullité ne peuvent exiger ensuite la liquidation. Ils ont en effet, en agissant ainsi, renoncé à s'en prévaloir.

Mais que décider dans le cas contraire où ils sont disposés à invoquer ce bénéfice (1)? Les associés auront-ils le droit de s'y opposer, faudra-t-il exiger toujours une liquidation, et n'y aura-t-il pas d'autres personnes intéressées à l'empêcher?

D'après la jurisprudence, les créanciers personnels eux-mêmes des associés auront le droit de demander cette nullité et de venir en concours avec les créanciers sociaux sur l'actif social, conséquence absolument incompatible avec le but et l'objet principal de la liquidation (2).

Le motif mis en avant est du reste assez logique : « Comment, « dit M. Beudant (3), les créanciers personnels d'une personne, « qui ont traité dans l'ignorance de la formation de la société, « pourraient-ils être lésés par l'existence de cette société qui ne « s'est pas constituée conformément à la loi, et qui n'a point tenu

(1) Ils peuvent invoquer la nullité parce qu'elle anéantit l'acte social primitif; mais ils ont le droit, s'ils le préfèrent, d'exiger l'exécution du contrat spécial qui a lié la société vis-à-vis d'eux, parce que celle-ci est en faute.

(2) Cas., 22 mars 1843 (Sir., 1844, 1, 759); Cas., 18 mars 1846, (Sir., 1846, 1, 683); Cas., 7 et 14 mars 1849 (Sir., 1849, 1, 397 et 633); Cas., 18 mars 1851 (Sir., 1851, 1, 273); Cas., 13 février 1855 (Sir., 1855, 1, 721). — Et Rennes, 6 mars 1869 (Sir., 1869, 2, 254); Cas., 11 mai 1870 (Sir., 1870, 1, 428); Grenoble, 28 décembre 1871 (Sir., 1872, 2, 37); Lyon, 28 janvier 1873 (Sir., 1874, 2, 107); Cas., 12 mars 1888 (Sir., 1889, 1, 304). — Conf. Alauzet, t. Ier, p. 260; Troplong, n° 251; Bédarride, n° 369 et 370; Pont, t. II, n° 1250; Beudant, *Revue pratique*, 1868, t. XXV, n° 38, p. 335; Deloison, *Traité des sociétés commerciales françaises et étrangères*, t. Ier, n° 77.

(3) *Revue pratique*, 1868, p. 335.

« compte des prescriptions édictées par le législateur pour sau-« vegarder l'intérêt des tiers? Comment pourraient-ils notamment « connaître une société qui n'a pas été régulièrement constituée? « Il appartient au contraire aux créanciers sociaux de s'assurer si « la société avec laquelle ils ont l'intention de contracter s'est for-« mée en observant les formalités édictées par le législateur. »

M. Bravard à l'appui de cette opinion invoque un argument plus précis : « Il y a en matière commerciale deux contrats dis-« tincts : un premier contrat, qui se forme entre les associés seu-« lement ; un second contrat, qui intervient entre les associés et « les tiers. Le premier se forme par l'accord des volontés des per-« sonnes qui se mettent en société ; le deuxième par la publica-« tion (1). »

Or, en admettant que le contrat n'ait manqué d'aucune condition constitutive, il y aura eu au moins un défaut de publicité, et par suite le contrat n'aura pas pu prendre naissance vis-à-vis des tiers. Donc la liquidation est impossible à comprendre à leur égard (2).

Que l'on n'objecte pas à cette solution que les créanciers sociaux vont ainsi éprouver un grave préjudice en subissant le concours avec les créanciers personnels des associés. Ce préjudice, personne ne songe à le contester, mais il est inévitable pour les uns ou pour les autres. Qu'arrivera-t-il en effet si l'on procède ici au règlement spécial du droit commercial, que nous appelons

---

(1) *Traité de droit commercial*, t. Ier, p. 185.

(2) Voir contre cette opinion Demangeat sous Bravard, *Tr. de dr. commercial*, t. Ier, p. 194. Mais en ce même sens Beslay et Lauras, *Com. du Code de com.*, n° 608 et suiv. Le motif que M. Demangeat donne de son opinion n'a plus de valeur aujourd'hui. Il remarque que la publicité ne peut avoir l'effet, qu'on lui prête, d'offre faite aux tiers, puisqu'elle ne fait pas connaître le montant des apports. Or l'art. 57 de la loi de 1867 sur les sociétés est venu combler cette lacune.

plus spécialement liquidation ? Ce ne seront plus alors, il est vrai, les créanciers sociaux qui seront lésés, mais bien les créanciers personnels de chaque associé. Or, à tout prendre, puisqu'il faut nécessairement une victime, n'est-il pas préférable que ce soient les premiers et non les autres ? Lesquels des deux en effet sont en faute ? Comme le dit M. Beudant dans le passage que nous venons de citer, c'était aux créanciers sociaux de s'assurer si la société avec laquelle ils avaient l'intention de contracter avait été légalement constituée. Selon le droit commun, n'est-ce pas aux intéressés, à ceux qui sont parties à l'acte, qu'il appartient de veiller à l'accomplissement des formes requises pour la validité du contrat ? Que pourrait-on au contraire reprocher aux créanciers personnels ? Le défaut de validité de l'acte social ? Il ne peut pas leur être imputable, puisqu'ils n'y sont pour rien ! Leur connaissance de fait de la société ? Mais en l'annulant, on a reconnu que cette connaissance n'était pas légale, que la nullité qui l'affecte vis-à-vis d'eux n'est pas susceptible d'être couverte ! Au reste, la connaissance de la société, en leur faisant craindre des risques plus grands d'insolvabilité, n'a pas pu limiter leurs droits d'une façon précise. Ils ne toucheront après tout que ce qu'ils étaient en droit d'espérer. Il n'est donc pas possible de les en rendre responsables.

Nous avons vu les droits des créanciers sociaux et ceux des créanciers personnels, il nous reste à voir ceux des associés.

Vis-à-vis des créanciers, soit personnels, soit sociaux, les associés auront, croyons-nous, le droit d'invoquer la nullité. Il ne serait pas juste, en effet, de les laisser exposés à une nullité que des tiers peuvent à chaque instant invoquer contre eux. En tous cas, ceci ne rentre pas dans notre sujet. Mais en admettant qu'ils le puissent, quel en sera l'effet au point de vue de la liquidation ? Cet effet ne pourra se produire que dans l'avenir. Jusque-là, une société de fait aura fonctionné au vu et au su de tout le monde, comme une véritable société commerciale. De telles apparences auront dû tromper les tiers et leur faire croire qu'ils avaient droit à un mode de règlement basé sur les règles qui ont fonctionné à leurs yeux pendant la durée de la société.

En résumé donc, nous pouvons dire que la nullité peut être invoquée par tous les intéressés. Invoquée par les créanciers personnels ou sociaux, elle a pour but d'empêcher ou au moins d'arrêter les opérations sociales. Invoquée par les associés, elle reste encore à la merci des tiers qui peuvent lui faire produire les effets qui leur sont le plus profitables. Nous voyons donc que, dans tous ces cas, ce sont les associés qui ont à supporter les conséquences de cette nullité. Ceci est d'ailleurs de toute justice. Ne sont-ils pas les premiers obligés à veiller à la validité de la société, puisque ce sont eux qui la contractent, et ne sont-ils pas les premiers en faute (1) ?

C'est là, du reste, l'avis de la jurisprudence : « La nullité d'une « société prononcée pour inobservation des conditions de forme « ou de fond prescrites par la loi du 24 juillet 1867 n'a point « d'effet rétroactif absolu et n'empêche pas qu'il ait existé entre « les parties une société de fait, laquelle doit être liquidée comme « en cas de dissolution. Les acheteurs d'actions doivent donc « verser sauf leur recours (2). »

Le motif de la solution que nous avons donnée jusqu'à présent est dans notre système assez facile à trouver.

Après avoir défini le droit spécial que nous avons appelé liquidation commerciale, nous avons dit comment nous pensions le justifier. Il résulte d'un accord au moins tacite entre les associés

---

(1) Au reste il est à remarquer que si les associés sont à la merci de leurs créanciers et n'ont pas le droit de choisir leur mode de règlement, ils n'y ont pas non plus grand intérêt. La lutte se circonscrit avant tout entre leurs créanciers. La question est de savoir si les uns auront ou non le droit de se faire payer au détriment des autres.

(2) Cas., 15 nov. 1892 (Sir., 1893, 1, 3, 364). — Conf. Req., 19 mars 1862 (*Journal Pal.*, 1862, 1036) (Dal. 1862, 1, 407) ; Cas., 2 déc. 1891 (Sir., 1893, 1, 473). En ce même sens, Pont, II, nº 1266.

et les tiers qui, espérant être remboursés de leurs créances avant la cessation de la société, ont dû compter sur les facilités de remboursement qu'elle lui présentait. Il y a eu une offre au moins tacite qui, selon le droit commun, a été convertie en contrat par l'acceptation des tiers. Or, en déclarant la société nulle, on reconnaît implicitement que l'offre n'avait pas été valablement faite, puisqu'il lui avait manqué une partie des formes prescrites par la loi.

Le contrat qui a été passé par les tiers contractants a bien pu valider postérieurement cette offre entre les parties, mais n'étant pas porté à la connaissance des tiers, il n'a pas pu les obliger à le respecter. Il n'a pas pu en un mot leur devenir opposable.

Si l'on considère maintenant les effets de la nullité en ce qui concerne les associés entre eux, il faut, croyons-nous, faire une distinction, suivant qu'il s'agit de l'absence d'une des conditions constitutives du contrat, ou seulement d'un défaut de publicité.

Dans le dernier de ces cas, puisque la publicité n'est nécessaire que pour faire connaître le contrat aux tiers, et n'influe en rien sur sa validité entre associés, il est évident que le contrat qui les lie est essentiellement valable. La déclaration de nullité n'est pour eux qu'une dissolution anticipée, et doit produire le même résultat que celle-ci (1).

Un autre cas reste absolument hors de doute. Il s'agit du cas, assez rare il est vrai, où la société, au moment où la nullité a été prononcée, n'avait pas encore fonctionné. La nullité produira alors son plein et entier effet, et par suite la société sera réputée n'avoir jamais existé, même dans le passé (2). Les associés, s'ils

---

(1) Comp. Bravard, *loc. cit.* — En ce sens : Cas., 7 juillet 1873 (Sir., 1873, 1, 388) ; (*Journ. Pal.*, 1873, 957) (Dal., 1873, 1, 327) ; Cas., 5 janvier 1886 (Dal., 1886, 1, 122) ; Cas., 7 juillet 1879 (Dal., 1880, 1, 123). — V. aussi, Grénoble, 11 juillet 1873 (Sir., 1873, 2, 203).

(2) En ce sens : arrêt de la Cour de Grenoble du 24 janv. 1870 (Sir., 1870, 2, 217), (*Journ. Pal.*, 1870, 900).

ont effectué leurs apports, pourront donc en réclamer la restitution ; dans le cas contraire, ils seront dispensés de les réaliser.

Mais que décider, si la société a déjà fonctionné, et qu'il s'agisse d'une nullité du contrat lui-même ? La société a eu alors une existence de fait. Il faudra, croyons-nous, liquider les opérations et fixer les droits des associés quant aux résultats qu'ils auront produits, et maintenir tout ce qui aura été fait en réglant les droits des parties selon les statuts.

Pourquoi en effet, les associés peuvent-ils demander la nullité ou en tout cas l'invoquer. Ce n'est évidemment pas qu'ils puissent arguer de leur ignorance de la société, mais uniquement parce qu'il a semblé inique, avons-nous dit, de les laisser indéfiniment sous le coup d'une demande en nullité. Ils auront donc le droit de faire cesser un état de choses qui leur est préjudiciable ; mais à cela seul il se bornera. Ils ne pourront empêcher que ce qui a été fait jusqu'à ce jour ne subsiste dans leurs rapports respectifs.

Nous avons donné le motif qu'invoquent et la doctrine et la jurisprudence.

Peut-être à l'aide de notre principe, aboutirons-nous à trouver pour justifier cette conséquence, un motif plus probant.

Il semble pourtant à première vue, que si l'on base la liquidation sur le contrat social, on doit aboutir à un résultat tout opposé, que l'on pourrait étayer sur les deux motifs qui suivent :

Le premier résulte du fait même de l'annulation. Le contrat est regardé par la loi comme inexistant, c'est-à-dire que la volonté des parties est par elle complètement annihilée. Or, ce qui n'existe légalement pas ne peut produire aucun effet légal.

D'ailleurs ne semble-t-il pas qu'il y ait, si l'on veut pousser à fond l'analyse, un second motif à une pareille décision. Sur quoi portait en effet le contrat ? Il portait sur la formation d'une société destinée à produire certains effets spéciaux, moyennant l'observation de certaines règles fondamentales nécessaires, les unes vis-à-vis des créanciers seulement, les autres vis-à-vis même des associés. Or si leur volonté n'a pas pu se rencontrer sur ce dernier point, il n'y a pas eu de contrat formé entre eux. On se trouve donc dès lors en présence d'une simple communauté de fait, à laquelle il faudra mettre fin d'après les principes généraux qui régissent la communauté, principes exposés dans les art. 815 et suivants du Code civil.

Ce raisonnement nous semble absolument erroné. Le contrat résulte en effet entre les parties non des formes extérieures, quelles qu'elles soient, mais de leur seule volonté, sauf pour les contrats solennels. Il est évident que la société ne rentre pas dans cette catégorie, elle est même, au contraire, dans notre droit, le plus favorisé de tous les contrats.

Il faut donc rechercher l'intention des parties. Or la volonté des associés est ici bien évidente. Ils n'ont évidemment pas cherché à donner ouverture à une action en nullité qui vient, malgré eux, mettre fin à un état qui leur était utile. Du reste, cette volonté est bien prouvée par le seul fait que les associés ont agi comme ils l'auraient fait si cette nullité n'avait pas existé. Il semble dès lors logique de leur appliquer les effets que leur actes devaient engendrer régulièrement et qu'ils avaient crus durables.

Enfin, quant aux associations en participation, notre système aboutit au même résultat que la jurisprudence ; mais il procède, ainsi que nous allons le voir, d'un principe tout opposé.

« La participation, dit Pothier, société anonyme ou inconnue, « comme on l'appelle aussi, est celle par laquelle deux ou plu- « sieurs personnes conviennent d'être de part dans une certaine « négociation qui sera faite par l'une d'entre elles en son nom « seul (1) » Elle n'importe nullement en effet au public qui ne la connaît pas, parce qu'elle n'est aucunement publiée. Elle n'a

---

(1) Pothier (*Sociétés*, n° 61).

revêtu aucune des formes que nous trace le commerce : « Tout ce « qui se fait en la négociation ne regarde que les associés chacun « en droit soi (1) ».

Il résulte de ces définitions que l'association en participation est une société d'un caractère spécial.

C'est bien une société de commerce ; l'art. 47 du Code de commerce, qui la définit, le dit expressément : « Indépendamment « des trois espèces de sociétés ci-dessus, la loi reconnaît les asso- « ciations commerciales en participation. » Mais l'article 50 nous permet de suite de les traiter, comme nous le faisons, d'une façon spéciale. « Les associations commerciales en participation ne sont « pas sujettes aux formalités prescrites pour les autres sociétés. »

C'est donc une société de commerce, mais une société obéissant à des règles spéciales, et qu'il faut par conséquent classer, comme l'a fait du reste le Code de commerce, absolument à part (2).

Obéissant à cette idée, la jurisprudence en a fait une société de commerce ne jouissant pas, par exception, de la personnalité morale, ne pouvant, par conséquent, pas être liquidée, au moins selon les règles ordinaires (3).

Quel est, en effet, le but qu'elle donne à cette personnalité ?

---

(1) Savary (*Parfait négociant,* t. I, part. 2, p. 25).

(2) Il semble cependant que, si ces sociétés sont maintenant régies par des principes spéciaux, elles ont dû autrefois constituer le droit commun. Elles ont conservé les caractères primitifs et le mot générique d'associations. Toutes les sociétés créées plus tard ont été munies d'un nom distinctif.

(3) Consulter la loi belge de 1873, art. 3. « Les associations en participation « n'ont aucune individualité juridique. » Conf. Poitiers, 22 déc. 1887 (*Rev. Soc.*, 1888, p. 216). « Il y a association en participation et non société de « fait en nom collectif lorsqu'il n'apparaît pas qu'ils aient entendu consti- « tuer un être moral ayant un actif ainsi qu'un passif indépendant de leurs « patrimoines personnels et que l'un d'eux s'est seul révélé aux tiers comme « s'il eut fait des affaires le concernant personnellement. »

Comme nous l'avons dit, ce but est surtout de procurer aux sociétés un crédit, puisque, grâce à elle, les créanciers sociaux ont le droit de se faire payer sur les biens de la société à l'exclusion des créanciers personnels de chaque associé. Or, il ne peut pas être question de procurer du crédit à une société qui, comme la participation, n'a aucune existence à l'égard des tiers. Du reste, quand la loi admet la personnalité d'une société, elle veut que sa formation, sa naissance pour ainsi dire, soit notifiée aux tiers par des formalités multiples de publicité *(42 C. com.; 55 et suiv. loi du 24 juillet 1867)*. De plus, la fiction de l'être moral, de la personnalité juridique, qui est la condition légale des sociétés de commerce, a pour principe et pour base la nécessité, à laquelle ont obéi tous les législateurs, soit anciens, soit modernes, de donner son efficacité à l'action sociale par la concentration des forces communes, et la personnification de la société dans un nom collectif, dans un être de raison, qui représente la société et puisse agir pour eux tous pris collectivement. Elle implique donc l'idée que quiconque entre en relations d'affaires avec une société commerciale contracte directement non point avec les associés individuellement, mais avec la société elle-même, personnifiée dans cet être de raison auquel les parties en s'associant ont donné naissance. Au contraire dans la participation, le propre de l'association, nous venons de le dire, c'est précisément que la négociation soit faite par l'un des associés en son nom seul et que seul, par conséquent, celui qui agit puisse être considéré comme obligé. C'est plus que la justification de l'absence de la personnalité morale dans ces sociétés ; c'en est, en quelque sorte, la constatation même. Car dire d'une association que les membres dont elle est composée agissent *ut singuli*, que tout ce qui s'y fait par l'un d'eux ne regarde aucunement les autres, c'est bien ne pas admettre une représentation collective des associés vis-à-vis des tiers, ne pas reconnaître l'existence d'un être propre et distinct de chacun d'eux.

Quelques arrêts pourtant ont accordé aux associations en participation une personnalité morale (1) ; mais la Cour de cassation et une jurisprudence constante en ont eu bientôt fait justice (2).

Du reste, par sa nature même, la personnalité morale n'a d'effet que vis-à-vis des tiers. Pour les associés, parties au contrat, elle n'a absolument aucune utilité. Quoique non douée de cette fiction, l'association en participation n'en est pas moins une véritable société ; aussi y aura-t-il lieu vis-à-vis d'eux à une véritable liquidation. La jurisprudence le reconnaît à bon droit.

La théorie du pacte social que nous avons adoptée nous-même, avons-nous dit, au même résultat. Les associations en participation doivent être liquidées eu égard aux associés ; mais ne le sont pas vis-à-vis des tiers. Seulement, au lieu de découvrir ici une exception au principe posé, comme le fait la jurisprudence, elle nous conduit à n'y voir que le jeu normal de l'institution.

Nous avons en effet défini la liquidation : *Le règlement des affaires sociales sous le régime qui a été celui de la société pendant sa pleine activité.* Appliquons ce principe à la question dont nous nous occupons ; quelle va en être la conséquence ? Pendant la durée de la société, qu'il y ait ou non une personnalité morale, les associés étaient obligés entre eux par leur contrat ; il en sera de même à la dissolution. Il y aura lieu de tenir compte dès lors de ces obligations, les mêmes que celles des sociétés ordinaires.

---

(1) V. notamment, Paris, 23 nov. 1834 (D. P., 1835, 2, 77) ; Bordeaux, 2 août 1832 (D. P., 1833, 2, 103).

(2) Cour de Nancy, 13 juillet 1886 (*Rev. Soc.*, 1886, p. 502) ; Trib. com. de Nantes, 10 juillet 1887 (*Rev. Soc.*, 1877, p. 444) ; Paris, 11 juin 1885 et 9 févr. 1884 (*Rev. Soc*, 1885, p. 10 et 682) ; Paris, 11 juillet 1885 (D. P., 1886, 2, 117) ; Paris, 8 août 1870 (D. P., 1871, 2, 7) ; Aix, 2 mai 1871 (Sir., 1871, 2, 261 ; (D. P., 1872, 2, 165) ; Paris, 2 nov. 1889 (*Rev. Soc.*, 1889, p. 2888). — En ce sens, *Annales de droit commercial*, 1893, p. 418. Elles reconnaissent que la jurisprudence est constante sur ce point. — En sens contraire pourtant : Trib. commerce de la Seine, 15 février 1886 (*Rev. Soc.*, 1886, p. 278) ; Bordeaux, 10 février 1888 (*Rev. Soc.*, 1888, p. 417) ; Paris, 22 nov. 1888 (*Rev. Soc.*, 1889, p. 188). — Voir aussi sur la question : Pont, n° 1933 ; Vavasseur, n° 325 ; Lyon-Caen et Renault, t. I, p. 429.

Il y aura lieu aussi vis-à-vis des tiers à un règlement qui se maintiendra dans les limites du contrat primitf. Or, comme nous l'avons expliqué, le contrat de participation se distingue du droit commun des sociétés par des règles, particulières et des restrictions fort importantes. Ces règles il, faudra les appliquer, ces restrictions, il faudra les maintenir tout naturellement, même après la dissolution.

En un mot, les tiers n'ayant pas été appelés à contracter avec la société qu'ils ne connaissaient pas ne pourront pas en invoquer le bénéfice. Ils ne l'auraient pas pu avant la dissolution ; ce serait une anomalie de leur reconnaître plus de droits à cette époque qu'il ne leur en avait été concédé pendant sa durée. Tandis au contraire que, vis-à-vis des associés, la société, ayant eu son plein et entier effet avant la dissolution, le conservera postérieurement, comme s'il s'agissait d'une société, commerciale ordinaire dont elle a entre eux tous les caractères et tous les effets.

SECTION II

EN MATIÈRE CIVILE

Conformément à ce que nous avons dit au chapitre II (1), il nous faut d'abord préciser quelles sont désormais les sociétés civiles. Ce sont d'abord toutes les sociétés civiles par actions,

---

(1) V. p. 77. Nous avons fait à ce point de vue une étude approfondie de l'art. 68 nouveau de la loi de 1867 (loi du 1er août 1893).

mêmes anonymes, constituées avant la loi du 1er août 1893 ; car la loi ne rétroagit pas. Ce sont aussi les sociétés constituées depuis cette époque sous l'une des formes commerciales de la commandite par intérêts, de la société en nom collectif, ou même d'une société par parts, analogues à des actions, au cas où les statuts déclareraient expressément qu'il s'agit d'une société civile (1). Ce sont enfin toutes les sociétés à forme civile.

Il restera donc encore aux sociétés civiles un champ assez vaste pour que l'étude des principes qui doivent présider au règlement de leurs intérêts ne soit pas déplacée (2).

Que va-t-il donc se passer après la dissolution?

Sociétés jouissant de la personnalité morale. — Nous avons dit que la jurisprudence, liant la question de la liquidation, règlement spécial donnant aux créanciers sociaux certains avantages, à celle de la personnalité morale des sociétés, la fait survivre pour toutes celles qui la possèdent. Cette survivance de la personnalité morale s'applique à toutes les sociétés civiles, qu'il s'agisse de celles qui ont adopté la forme commerciale et sont régies par la loi du 1er août 1893, ou de celles qui au contraire restent absolument soumises aux principes qui régissent la société civile ordinaire. Nous avons également montré le point faible de cette argumentation et la difficulté de transporter aux sociétés civiles la fiction, de la survivance de cette personnalité, qu'on ne peut par principe pas étendre.

---

(1) Voir à ce sujet le modèle de société à capital variable donné par M. Clavel, dans le rapport du Congrès des Sociétés coopératives, tenu à Grenoble, en 1892, croyons-nous. Nous n'avons pu avoir ce rapport en mains et n'en connaissons pas la date exacte.

(2) Il ne faudrait pourtant pas croire que la loi du 1er août 1893 ait été conçue justement dans la vue qui nous occupe. La préoccupation de nos législateurs attestée par la loi du 1er juillet 1893, relative à la société anonyme du Canal de Panama, a été surtout d'étendre à ces sociétés civiles le régime de la faillite.

Quant à nous, nous appliquerons ici notre principe et nous verrons, s'il ne nous conduira pas peut-être à une conception plus simple et plus juridique de la réglementation de ces sociétés après leur dissolution ; s'il ne nous permettra pas de justifier le système de la jurisprudence qui jusqu'à présent n'est autre chose qu'un système prétorien consistant à dire : Cela sera, parce que tel est notre bon plaisir.

Nous avons admis que le droit qu'avaient les créanciers sociaux de se payer sur les biens de la société pendant sa durée, au détriment des créanciers personnels, résultait d'un contrat, au moins tacite, entre les diverses parties. Nous avons montré comment l'acte de société constituait une offre faite aux tiers et parfaitement valable vis-à-vis des créanciers non sociaux ; comment, en traitant avec la société, les tiers avaient accepté cette offre, et avaient ainsi donné naissance à un contrat.

Puis nous avons expliqué comment, sans qu'il soit nécessaire de faire intervenir de fiction, il nous semblait possible de justifier le mode spécial de réglementation après dissolution, créé par la jurisprudence commerciale, et que nous avons spécialement désigné sous le nom de liquidation. De l'étude de celui-ci nous avons conclu en effet qu'il n'était autre chose que la continuation du régime social antérieur à la dissolution. Dès lors, nous avons pu dire que le contrat passé avec les tiers leur assurait certaines faveurs, sans prévoir qu'au cas de dissolution elles cesseraient de leur appartenir, et nous en avons conclu qu'ils y avaient même, ence cas, un droit acquis (1).

Bien entendu, la convention que nous avons présumée peut ne pas exister ; nous laissons de côté, pour le moment, cette question, que nous retrouverons plus tard et nous la supposons existante. Il nous semble que, par elle, les droits des tiers vont

---

(1) Voir chapitre III, section II, page 125.

être beaucoup plus solidement assis et beaucoup mieux sauvegardés que par la théorie jurisprudentielle, car de toute façon, il nous sera possible d'aboutir à un résultat assez satisfaisant.

La société civile est-elle, en effet, personne morale, comme l'admet aujourd'hui la jurisprudence dans la grande majorité des cas, nous aboutissons au même résultat que celle-ci. On réglemente ces sociétés après leur dissolution selon les principes qui les régissaient avant, c'est-à-dire, selon les principes que nous avons vus à propos des sociétés commerciales. Nous n'y reviendrons donc pas.

Sociétés ne jouissant pas de la personnalité morale. — Si, au contraire, nous admettons que les sociétés civiles ne jouissent pas de la personnalité morale, comme l'admet encore aujourd'hui la grande majorité des auteurs (1), il ne nous est pas possible, d'après la jurisprudence, de faire bénéficier leurs créanciers des nombreux avantages que nous leur avons vu attribuer plus haut.

Reprenons, en cette hypothèse, notre principe : Liquider, c'est régler les intérêts de la société après sa dissolution, selon les principes qui la régissaient avant. Nous en déduirons tout naturellement que si, pendant la durée d'une telle société, il est licite de reconnaître aux créanciers sociaux certains bénéfices, ils les conserveront, contrairement à ce que reconnaît la jurisprudence, même postérieurement à sa dissolution.

Il nous reste donc à voir comment les choses se passaient pendant la durée d'une telle société et quels étaient les droits des créanciers sociaux.

---

(1) Du reste, il n'est pas pas prouvé que la jurisprudence, toute récente, qui étend la fiction de la personnalité, soit définitive. Elle est combattue fortement par de très bons esprits et n'est plus guère admise qu'en France (voir sur ce point, page 111).

En premier lieu, les créanciers d'une société civile priment-ils pendant la durée de la société les créanciers personnels des associés sur les biens sociaux ?

La discussion tout entière porte aujourd'hui sur l'art. 1860 du Code civil ainsi conçu : « L'associé, qui n'est point administrateur, « ne peut aliéner ni engager les choses même mobilières qui dé- « pendent de la société. »

Il s'agit de savoir quelle est l'étendue de cette proposition. Faut-il dire d'abord qu'elle n'a qu'un seul but, la défense à l'associé non administrateur d'aliéner par lui seul la totalité du bien commun. On l'a soutenu. Mais alors notre article serait complètement surérogatoire. N'est-il pas de principe, en effet, que l'on ne peut disposer du bien d'autrui et l'aliéner ? Le principe de la propriété, base de toute société et que personne jusqu'à ce jour, au moins en matière juridique, n'a osé battre en brèche, n'est-il pas la négation absolue de cette faculté ? Qu'il soit besoin d'un texte pour donner à un associé administrateur les pouvoirs nécessaires à cette aliénation, rien de mieux. Mais quelle est l'utilité d'un article qui ne fait que reconnaître ce qui est unanimement admis, en fait aussi bien qu'en droit (1) ? Il faut donc reconnaître que nos législateurs, en l'écrivant, ont dû avoir en vue un but plus immédiat. Nous croyons que ce but est celui-ci : « L'associé non adminis- « trateur, co-propriétaire des biens sociaux, n'a pas le droit de « les aliéner, même pour sa part, et de nuire ainsi au crédit de la « société dans l'avenir et à son intégrité dans le passé. »

Cette interprétation est, nous nous hâtons de le reconnaître,

(1) Remarquons en passant que cet article peut servir d'argument contre la théorie jurisprudentielle de la personnalité morale des sociétés civiles. Avec celle-ci, en effet, tous les biens appartiennent à l'être moral social, et les associés ne sont plus que de simples créanciers. Il suffirait du droit commun pour leur interdire toute aliénation et notre article n'aurait plus aucune utilité.

généralement admise, et ses conséquences fort peu contestées pour le temps de vie active de la société (1).

Ceci étant, si nous appliquons notre principe, nous en déduirons tout naturellement que, la société ne disparaissant pas complètement à la dissolution (laquelle n'est pas un état spécial, mais seulement la société restreinte à certains actes et subsistant dans ces limites comme pendant sa pleine existence), il faudra reconnaître ce bénéfice aux créanciers sociaux après celle-ci comme avant, c'est-à-dire appliquer, même aux sociétés civiles n'ayant pas de personnalité morale, les règles qui régissent la réglementation d'une société commerciale dissoute, puisque cette conséquence en est le principal effet, à moins qu'il n'y ait des raisons spéciales de les leur refuser.

Ces raisons, plusieurs auteurs ont pensé les trouver, et se plaçant en face d'une société civile non reconnue personne morale ont prétendu que l'art. 1860 du Code civil ne pouvait leur être appliqué après la dissolution, parce qu'il était de droit exceptionnel. Ils sont même allés jusqu'à dire que, pour ce motif, il ne pourrait être appliqué aux sociétés civiles personnes morales que jusqu'à l'époque de la dissolution. Il ne prévoit aucunement en effet cette période.

Aussi de nombreux systèmes ont-ils été mis en avant pour justifier l'extension que l'on fait de notre article, et reconnaître qu'il constitue le droit commun, à tel point même qu'il n'est pas besoin de la théorie de la personnalité pour le justifier, soit avant, soit après la dissolution.

On nous pardonnera d'esquisser ce débat qui ne semble pas rentrer absolument dans notre cadre, lorsque l'on saura que c'est à son sujet qu'apparut, croyons-nous, pour la première fois en

---

(1) En ce sens, Aubry et Rau, § 381 *bis*; Paul Pont, *Sociétés*, n° 592; Thiry, *Revue critique*, tome VII, page 301; Laurent, tome XXVI, n° 358; Lyon-Caen et Renault, tome II, n° 109.

France, cette idée du contrat social que nous avons tenté de justifier (1).

Les auteurs de ces différents systèmes ont d'abord cherché à nous démontrer que l'art. 1860 constituait le droit commun, en le comparant avec l'art. 2205 du Code civil ainsi conçu : « Néan-« moins, la part indivise d'un cohéritier dans les immeubles « d'une succession ne peut être mise en vente par ses créanciers « personnels, avant le partage ou la licitation qu'ils peuvent pro-« voquer, s'ils le jugent convenable, ou dans lesquels ils ont le « droit d'intervenir, conformément à l'art. 882 au titre des Succes-« sions. »

Ce texte, dit-on, reconnaît bien que, tant que le partage de la succession n'est pas opéré, il y a deux classes de créanciers, ceux de l'héritier d'une part, ceux de la succession de l'autre. Seuls ces derniers ont le droit de saisir les biens et de les faire vendre, parce que seuls aussi ils ont acquis, en vertu du titre constitutif de leur créance, un droit de gage sur ces biens qui composaient à un titre quelconque l'actif de leur débiteur. Les premiers au contraire n'ont pas le droit tant que dure l'indivision d'en faire sortir un bien spécial. Ils ont le droit de provoquer le partage. Mais ce n'est là que l'exercice ordinaire des pouvoirs que leur confère l'art. 1166 du Code civil. La loi ne veut pas qu'ils soient cyniquement lésés par leurs débiteurs qui pourraient convenir de demeurer dans l'indivision, afin d'éviter de payer leurs dettes. Ils pourront de plus intervenir à ce partage. Mais cela n'a rien d'anormal. Ils n'auront à jouer ici qu'un rôle défensif, en veillant au respect de leurs droits (2). Il y a par conséquent, ajoute-t-on, dans le cas

(1) On trouvera du reste que cette étude vient ici tout naturellement, si l'on veut faire attention qu'il s'agit pour nous de savoir s'il n'y aurait pas des motifs spéciaux de restreindre la portée de l'article 1860 à la période active de la société, même en faisant intervenir nos idées propres.

(2) « Les créanciers d'un copartageant, pour éviter que le partage ne soit « fait en fraude de leurs droits, peuvent s'opposer à ce qu'il y soit procédé « hors de leur présence. » (Art. 822 C. C.)

prévu par l'art. 2205, des créanciers préférés aux autres et dont les droits portent pourtant sur le même patrimoine, car la succession n'a pas une personnalité morale, ainsi que le prouve du reste l'article lui-même. Puisqu'il parle en effet de la part indivise d'un cohéritier, évidemment la propriété repose sur la tête de ceux-ci et non sur l'être fictif, société.

Dès lors donc qu'elle trouve son pendant dans l'article 2205 du Code civil, la situation que prévoit notre article 1860 n'est pas isolée dans notre droit, surtout si l'on consent à faire persister ses effets après la dissolution, car c'est à ce moment surtout que l'analogie est grande entre la succession et la société.

Enfin, dit-on encore, l'opinion générale semble même vouloir étendre le champ d'action de l'art. 2205, et admettre qu'il n'est que l'expression du droit commun (1). Le motif qui l'a inspiré en est le garant. Quand il s'agit du partage de tout un ensemble de biens, où il peut y avoir lieu à rapports et à prélèvements, la part de chacun est nécessairement indéterminée (2). Il arrivera même fort souvent que, par l'effet du partage, tel ou tel des intéressés n'obtiendra rien sur certains immeubles, ou même n'obtiendra aucun bien immobilier (Cas. 18 juin, 1834. *Sir.*, 1834-1-733). Il eût donc été irrationnel d'admettre ici la possibilité de saisie et de vente de la part d'un créancier, qui, par l'effet de la liquidation et du partage de la succession, pourrait n'avoir aucun droit sur le bien qu'il aurait fait vendre ; et ce motif se retrouvant pour

(1) Contre cette opinion, et pour la restriction de l'art. 2205 au seul cas qu'il prévoit expressément, voir Merlin (*Quest. de dr.* v° *Expropriation forcée*, § 7, n° 4 *in fine*). — Favard (Rép. v° *Expropr. forc.*, § 2, n° 4) et Paris, 1er juin 1807 (Sir., 7, 2, 666) ; Metz, 28 janvier 1818 (Sir., 18, 2, 337) ; Liège, 23 janvier 1834 (Sir., 34, 2, 683) ; Bordeaux, 7 avril 1840 (Sir., 40, 2, 521).

(2) Le tribun Lahary a d'ailleurs exposé très nettement ce motif dans son discours au Corps législatif (V. Locré, *Lég.* XVI, p. 503 et 504, n° 6).

toute universalité de biens, il faudra appliquer cette conséquence à tous les cas analogues (1).

Bref, conclut-on, l'art. 2205 constitue le droit commun en matière d'universalité de biens. L'art. 1860 qui reconnaît, comme lui, deux classes de créanciers, n'est donc pas exceptionnel.

Nous ne croyons cependant pas à une telle justification. Les déductions sont fort logiques, mais les prémisses sont loin d'être prouvées ; et s'il est bien évident que l'art. 2205 du Code civil constitue le droit commun des créanciers d'une indivision, rien ne démontre que la situation des créanciers d'une société soit la même que la leur. Une observation attentive nous fait voir, au contraire, celle de ces derniers bien préférable.

L'art. 2205, en effet, n'empêche pas que les créanciers personnels des héritiers et les créanciers de la succession n'aient des droits égaux, sauf bien entendu au cas où il y a eu séparation des patrimoines. Le droit de poursuite seul diffère. Les créanciers de la succession ayant seuls sur celle-ci des droits déterminés peuvent, il est vrai, seuls agir. Mais les créanciers personnels ont la faculté de provoquer le partage et de surveiller la manière dont on y procède ; et celui-ci effectué, ils viennent en concours avec les premiers qui n'ont plus aucun droit de priorité. L'article 1860 prévoit une toute autre situation. Les créanciers de la société priment en tout cas les créanciers personnels des associés, et, si

---

(1) Voir en ce sens Delvincourt, III, part. II, p. 182 ; Duranton, XXI, 13 ; Pont nos 8 et 9 ; Zachariæ, § 197, note 8 *in medio* ; et Colmar, 27 frimaire an XIII (Sirey, 5, 2, 36) ; Lyon, 14 février 1839 (Sirey, 1840, 2, 321) ; Pau, 8 mars 1865 (Sirey, 1865, 2, 90).

Plusieurs auteurs et arrêts soutiennent cependant que l'art. 2205 est simplement indicatif et doit être étendu sans distinction à tous les cas d'indivision. Voir en ce sens : Tarrible, *Répertoire*, vo *Saisie immobilière*, § 3, no 2 ; Rauter, *Cours de procédure civile*, no 301, p. 345, note *c* ; Persil, *Des ventes judiciaires de biens immeubles*, no 11 ; Chauveau sur Carré, *Lois de la procédure*, V, question 2198 et : Pau, 10 déc. 1832 (Sir., 33, 2, 240) ; Lyon, 9 janvier 1833 (Sirey, 33, 2, 381), Douai, 2 mai 1848 (Sirey, 1849, 2, 393).

l'on admet qu'il doive s'appliquer même après la dissolution, ont le droit de s'opposer au partage, de se payer sur les biens sociaux et de ne laisser aux autres créanciers que l'actif net (1).

L'assimilation entre les créanciers d'une succession et ceux d'une société n'est donc évidemment pas possible.

L'on a du reste donné d'autres interprétations de l'article 1860.

MM. Lyon-Caen et Renault en font une variante du contrat de bail : « Il est surtout, disent-ils, permis de voir là une extension « de l'idée qui a inspiré l'art. 1743 du Code civil ; d'après cette « idée, les conventions par lesquelles un propriétaire dispose « pour un certain temps de la jouissance de son bien, sont oppo- « sables aux tiers acquéreurs, encore qu'aucun droit réel n'ait « été constitué. Celui qui donne sa chose à bail, ne peut, par des « actes postérieurs, détruire le droit du preneur ; pourquoi n'en « serait-il pas de même de celui qui a mis sa chose en société (2). »

M. Thiry conclut à peu près de même, en comparant les art. 1743 et 1860 du Code civil (3) : « Ces deux dispositions ont fait au « même principe (4) des dérogations qui ont entre elles la plus « grande analogie. Le Code a voulu que l'acheteur du bien loué « fût tenu de respecter les obligations du bail, quoiqu'elles lui « fussent étrangères ; de même il a voulu que l'un des associés ne

(1) M. Laurent, t. XXVI, nos 359 et 360, et M. Cassagnade, *De la personnalité des Sociétés*. Paris, 1883, p. 231, n'admettent cependant pas cette différence, mais à tort évidemment. — V. dans la *Revue critique* l'article déjà cité de M. Mongin, *année* 1890.

(2) Lyon-Caen et Renault, *Traité*, t. I, no 287.

(3) *Revue critique*, 1854, p. 439.

(4) Le principe romain. Ce principe impitoyablement logique, comme du reste le droit romain tout entier, voulait que l'associé comme le bailleur puissent aliéner parce qu'ils étaient propriétaires. La société comme le bail étant *res inter alios acta* ne pouvait être opposée à l'acheteur (L. 9, § 6, *Locati conducti* et L. 68 *Pro socio*). Les autres associés et le preneur n'avaient qu'un recours contre l'associé ou le bailleur pour se faire indemniser du préjudice qu'ils éprouvaient.

« pût plus paralyser l'action générale, faire avorter les projets « communs par une aliénation intempestive ; il a défendu l'alié- « nation qui ne pourrait avoir lieu qu'au mépris des engagements « contractés lors de la formation de la société (1). »

Quelle conséquence faut-il donc déduire de cette assimilation ? C'est que l'art. 1860 est un article exceptionnel, qui ne peut être en aucun cas étendu en dehors de ses limites, c'est-à-dire au-delà de la dissolution.

Nous venons en effet de faire remarquer en note que le principe qui régit l'art. 1743 n'était pas celui du droit romain. Si nous consultons notre ancien droit, nous y voyons aussi que chaque associé avait le droit d'aliéner un bien social jusqu'à concurrence de sa part. C'est bien là l'opinion qu'émet Pothier, et il ne semble même pas admettre qu'elle puisse prêter à controverse (2).

Donc, à leur avis, l'obligation, qui incombe à chaque associé de laisser le bien indivis dans la masse sociale, est une obligation toute personnelle. En cas d'inexécution, elle entraînera pour lui une condamnation à des dommages-intérêts ; mais il ne sera pas possible à ses coassociés de la faire valoir contre ses ayant cause à titre personnel, soit acheteurs, soit même créanciers, vis-à-vis desquels une aliénation sera pleinement valable.

Or, nous ne voyons nulle part que nos législateurs aient eu l'intention de changer ce principe. Il est toujours vrai de dire que *res inter alios acta, aliis neque nocere neque prodesse potest*. On se trouve par conséquent amené à conclure, si l'on adopte ce principe, que les dispositions analogues des art. 1743 et 1860 du Code civil n'en sont que des dérogations, motivées par un besoin

---

(1) V. encore : Pont, *Sociétés*, n° 591 ; Demante et Colmet de Santerre sur l'article 1860, n° 49 *bis*, t. II.

(2) V. Pothier, *Du contrat de Société*, n° 89. — Dans le même sens : Domat, *Les lois civiles dans leur ordre naturel*, t. I, tit. 8, sect. 4, § 16. Edit. de Héricourt. Paris, 1777.

impérieux de nécessité pratique, et par là même constituent des exceptions au droit commun. Il n'est dès lors pas possible de les appliquer au-delà des situations expressément prévues par les textes.

De plus, ajoute M. Thiry, il y a d'autres preuves de l'impossibilité de donner effet à l'art. 1860 après la dissolution ; en premier lieu sa place, et surtout en second lieu ses termes : Il défend d'aliéner « les choses qui dépendent de la société. » Puisque la société n'existe plus après la dissolution il ne peut pas être question de choses qui en dépendent.

Quoique ce second système aboutisse à un résultat tout opposé que le premier, comme il procède d'après le même mode, nous lui ferons le même reproche.

Toute l'argumentation ci-dessus est peut-être excellente au point de vue de l'art. 1743, concernant le louage ; mais il nous semble que l'analogie entre cet article et l'art. 1860 est bien plus lointaine que ne le pense M. Thiry, et qu'il est difficile d'accepter une semblable assimilation. La situation du créancier personnel et celle de l'acheteur d'un immeuble loué sont loin d'être les mêmes, tandis, en effet, que le premier n'obtient, s'il ne peut poursuivre l'associé, aucun profit de sa créance, l'acheteur d'un fonds loué en retire tout le bénéfice dont se contentait le vendeur. La plupart du temps un pareil contrat constituera pour lui un placement de bon père de famille. Du reste, s'il n'obtient pas le prix du bail, il a toujours le droit, contrairement à l'associé, d'en demander la résiliation (art. 1741 du Code civil). Il n'a donc par conséquent que fort peu de risques à courir.

Enfin un troisième système, préconisé par M. Boistel (1) et repris avec quelques divergences de forme plutôt que de fonds par

---

(1) *Précis de droit commercial*, n° 158. — V. aussi, Aubry et Rau, n° 381 *bis*.

M. Mongin (1) fait de l'art. 1860 une conséquence immédiate du contrat de société, une déduction de la convention passée entre les associés, conforme aux règles du droit commun.

« L'associé, dit M. Boistel, qui mettant une valeur dans la « société la rend commune et qui en même temps acquiert la co- « propriété des valeurs apportées par les autres, s'engage impli- « citement, mais très certainement, à laisser ces valeurs indivises, « affectées exclusivement aux opérations sociales et soumises à la « libre disposition des administrateurs, pendant toute la durée de « la société. Sans cela, le fonds social n'aurait pas la destination qui « lui est attribuée et la marche de la société serait impossible. »

Mais tandis qu'il qualifie cet engagement de servitude d'indivision, M. Mongin reconnaît qu'il y a eu par contrat social une aliénation au moins partielle de son droit de propriété de la part de chaque associé, et que cette aliénation suffit pour empêcher la validité de toute aliénation postérieure vis-à-vis des tiers. En effet, à partir de ce contrat, chaque associé n'est plus propriétaire unique des biens qu'il a apportés à la société. En échange, le pacte social lui a donné sur les biens, également apportés par ses cocontractants, exactement les mêmes droits qu'il a conservés sur les siens propres. Chacun a aliéné une part indivise de son droit pour en acquérir une autre, indivise également, des droits de ses coassociés. Dès lors, le pouvoir de chacun se trouve diminué, limité par le pouvoir absolument identique de son voisin. C'est là l'effet immédiat de la copropriété établie par le pacte social.

L'art. 1860 n'est donc, d'après cette interprétation, que l'application pure et simple des principes qui régissent le droit de propriété, et non une invention plus ou moins arbitraire du législateur. La conséquence en est qu'il est susceptible de s'étendre par analogie.

---

(1) *Revue critique*, 1890, p. 697 et suiv. *De la situation juridique des sociétés dénuées de personnalité.*

Mais peut-il s'étendre même après la dissolution et justifier ainsi un règlement qui laisse aux créanciers sociaux un droit qui prime celui des créanciers personnels? Puisqu'il est de droit commun, son extension se trouve parfaitement possible. Or, il est bien évident, si l'on fait intervenir l'idée du pacte social, comme M. Mongin et M. Boistel, que les tiers en contractant avec la société et les associés, en leur qualité, ont entendu l'étendre jusqu'après la dissolution. C'est alors surtout, en effet, que ce droit leur sera utile. On est d'autant plus obligé d'ailleurs d'admettre qu'ils ont dû compter sur lui, que la dissolution est un acte absolument en dehors d'eux, acte qu'il n'est pas en leur pouvoir d'empêcher et qu'il serait par conséquent injuste de leur opposer. Chacun a en principe, en effet, la disposition de ses droits qui ne peuvent lui être enlevés sans son consentement. Le créancier social a acquis très légitimement sur les biens sociaux un droit de priorité. Il est donc légitime qu'il le conserve, même après la dissolution.

Le système de MM. Boistel et Mongin a d'ailleurs trouvé un contradicteur.

M. Meynial a récemment formulé contre lui une double critique (1). Que l'on consulte l'art 1860, dit-il, sans le séparer des articles qui l'entourent et l'on verra qu'il n'a pas la portée que l'on veut lui donner.

Il objecte d'abord que la section dans laquelle se trouve cet article ne s'occupe pas des engagements des associés vis-à-vis des tiers. Ceci est vrai, mais la déduction qu'en tire M. Meynial n'est peut-être pas à l'abri de tout reproche. Il est certain, en effet, que les tiers peuvent, quand ils y ont intérêt, exercer les actions et les droits de leurs débiteurs. Or, il ne se produit pas autre chose ici. L'associé pourrait invoquer l'art. 1860 contre ses co-

(1) Dans une note en bas d'un arrêt rapporté dans Sirey, 1892, 1, 73.

associés et, en conséquence, contre leurs propres créanciers, qui ne peuvent avoir plus de droits que leur auteur. En vertu de l'art. 1166, les créanciers personnels auront le droit de le faire en son lieu et place.

M. Meynial objecte en second lieu que la place occupée par cet article à la suite de l'art. 1859 marque avec précision quelle intention a animé nos législateurs. Ce dernier article fixe les pouvoirs qui appartiennent aux associés lorsqu'ils n'ont pas nommé d'administrateurs. Ils auront les pouvoirs ordinaires d'administration. Or l'art. 1860, ajoute-t-il, vient préciser à nouveau ces pouvoirs. Il reconnaît qu'un tel administrateur n'aura pas même le droit d'aliéner les biens meubles, question, d'après lui, assez discutée.

Peut-être est-ce exagérer la nécessité de cette précision? La vente n'est pas un acte proprement dit d'administration, et on aurait dû lui en refuser le droit, croyons-nous, même sans texte, la loi ne l'autorisant que dans certains cas spéciaux. D'ailleurs, l'art.1859, al. 2 et 3, n'était-il pas assez explicite (1)? Au reste, les termes mêmes de cet article ne viennent-ils pas contredire une pareille interprétation? En effet, s'il n'y a pas d'administrateur nommé les associés seraient tous administrateurs au même titre, tandis que les termes dont il se sert semblent bien placer en opposition deux personnes à pouvoirs différents. Si, en pareil cas, l'interprétation de M. Meynial est exacte, ce n'est pas parce que l'associé n'est point administrateur, mais plutôt parce que d'autres le sont en même temps que lui. C'est du fait de la copropriété que découle l'indisponibilité des biens.

---

(1) « ..... 2° Chaque associé peut se servir des choses appartenant à la « société, pourvu qu'il les emploie à leur destination fixée par l'usage..... « 3° Chaque associé a le droit d'obliger ses associés à faire avec lui les « dépenses qui sont nécessaires pour la conservation des choses de la « société. »

L'argumentation de M. Mongin se voit enfin objecter que si l'on admet entre les associés une copropriété, c'est-à-dire une indivision, l'on va se trouver en opposition avec l'art. 815 du Code civil. Ce dernier ne permet une convention de suspension de partage que pour une durée de cinq années ; donc, dit-on, la société qui contient une telle convention ne sera valable que pour cinq ans et pas au-delà (1).

Nous reconnaissons, il est vrai, que le principe établi par l'art. 815, quoique écrit principalement en vue des cohéritiers, est formulé dans des termes assez généraux pour qu'on doive le considérer comme applicable à tous ceux qui sont dans l'indivision pour le même motif, c'est-à-dire par suite d'une cause indépendante de leur volonté, notamment aux colégataires d'une même chose. Mais ce serait certainement dépasser les intentions du législateur que d'étendre ce texte au cas où l'indivision est la conséquence de la volonté, même présumée, des parties. Il ne s'appliquera donc pas à la société ordinaire.

Les motifs qui ont donné naissance à notre article ne se retrouvent plus en effet ici : *Discordias solet parere communio*, disait déjà un vieil adage, et Loysel ajoutait ce mot si vrai de tout temps : *Qui a compagnon a maître*. Il y a dans l'indivision entrave continuelle à la libre circulation des biens, et danger perpétuel de dissension. Il n'en sera pas de même en matière de société, puisque c'est justement pour faciliter leurs relations d'affaires que plusieurs personnes se mettent en cet état. Elles supporteront facilement d'ailleurs une indivision que leur volonté a créée. Aussi la grande majorité des auteurs a-t-elle, pour ces motifs, admis la distinction à laquelle nous nous rattachons (2).

(1) En ce sens, Duranton, t. XVIII, n° 392, t. VII, n° 79.
(2) V. not., Demante, t. III, n° 139 *bis*; Troplong, *Sociétés*, t. II, n° 968; Laurent, t. X, n° 233; Marcadé, t. III, n° 279, et Cas., 5 juillet 1825 (Dal., V° *Succession*, n° 1535).

La théorie de M. Mongin nous semble donc assez sérieuse pour être acceptée, et nous pouvons en déduire cette conséquence que aucune prohibition spéciale n'existe, qui empêche l'extension de l'art. 1860.

A l'aide de notre principe, il semble donc aisé de résoudre la plus importante des conséquences qu'engendre vis-à-vis des tiers la dissolution de la société civile qui ne jouit pas de la personnalité morale. Nous leur accorderons après cette dissolution le même droit de priorité que la jurisprudence leur octroie pendant la durée de la société.

Il faut en conclure pensons-nous, que la plupart des avantages qui sont accordés après la dissolution aux créanciers des sociétés reconnues personnes morales, avantages dont nous avons énuméré les principaux (1), pourront être admis aussi vis-à-vis des créanciers d'une telle société. Il en sera ainsi du moins de celles qui ne semblent être que des corrélatifs de cette conséquence.

C'est ainsi que nous reconnaîtrons que les immeubles de la société ne pourront pas être grevés d'hypothèques générales du chef des associés. En décider autrement serait ôter aux créanciers sociaux le droit de priorité que nous venons de leur accorder.

C'est ainsi encore que la liquidation sera obligatoire vis-à-vis des tiers.

Il est cependant certaines autres conséquences, attribuées aux sociétés de commerce et aux sociétés civiles jouissant de la personnalité morale, qu'il semble difficile d'étendre à notre matière. Ce sont celles qui n'ont en vue que de simples modifications de forme et qui n'ont par conséquent qu'une importance secondaire par rapport aux droits des créanciers sociaux.

Par exemple, après dissolution, comment se fera la purge en

---

(1) P. 40 et suiv.

cas de vente d'un immeuble social ? Où se donnera l'assignation en cas de procès ? Y aura-t-il un siège social ?

Si nous nous référons à notre principe, il semble bien que la réponse doive être négative. On purgera, on assignera de même qu'avant la dissolution, c'est-à-dire, dans le cas dont il s'agit, on purgera contre chacun des associés et l'on assignera chacun d'eux séparément, puisqu'il n'y aura point de siège social.

Cependant, ce principe n'est pas le seul que nous avons admis. La liquidation, qui consiste en effet à régler les affaires de la société selon les règles qui la régissent pendant sa durée, a sa source, avons-nous dit aussi, dans un contrat au moins tacite. Ne peut-on pas dire que par le contrat les associés, qui se sont présentés aux tiers comme des personnes unies dans un intérêt commun, qui ont peut-être sinon un domicile social, que l'on ne leur reconnaît pas, tout au moins un local officiellement connu pour leur appartenir, se sont engagés à répondre collectivement, pendant la durée de la société, aux créanciers avec lesquels ils ont collectivement traité ?

Il semble que l'on puisse parfois aller jusque-là suivant certaines distinctions. Dès lors la liquidation, telle que nous l'avons établie pour les sociétés jouissant de la personnalité morale, pourrait, à peu de conséquences près, être appliquée aux sociétés auxquelles ce bénéfice n'est pas accordé. Car leurs situations respectives seraient à peu près identiques pendant la période active.

Si cependant il pourra parfois en être ainsi, le contraire pourra aussi se présenter, et il y aura toujours des sociétés qui ne se liquideront pas.

Il est en effet bon de remarquer que, en ce qui concerne les sociétés civiles, s'établit peu à peu une distinction nouvelle, et fort exacte d'après nous, basée sur la publicité de fait qu'elles accomplissent. Cette distinction va nous permettre de donner la conclusion de toute notre étude.

Des sociétés civiles, la plupart, tout en n'ayant pas rempli les formalités qui les auraient rendues commerciales, se font connaître au public par divers modes particuliers de publicité. Par exemple, elles publient des annonces, écrivent les lettres adressées aux tiers sur des papiers portant l'en-tête de la société, ont enfin le même en-tête sur leurs factures. Par là même elles font aux tiers les offres que nous signalions dans le chapitre troisième, offres moins générales évidemment que celles des sociétés commerciales, mais bien suffisantes néanmoins pour fonder les tiers à exiger une liquidation, lorsqu'ils les ont acceptées.

Au point de vue spécial qui nous occupe nous les traiterons donc comme les premières.

D'autres pourtant ne s'affirment pas au public. Les associés agissent séparément et chacun pour leur compte, sans que rien n'avise les tiers contractants de la présence d'une société. Il nous faudra d'après notre principe les traiter, dès lors, comme les associations commerciales en participation, auxquelles elles font le pendant en matière civile; c'est-à-dire que les créanciers sociaux n'auront pas de droit spéciaux. Nous avons en effet donné comme base à la liquidation, la volonté présumée des parties, qui tombant d'accord a formé un véritable contrat au moins tacite. Ici rien de pareil. Les associés n'ont évidemment pas eu cette volonté, puisqu'ils n'ont rien fait pour la manifester au dehors et se sont abstenus de toutes les formes qui auraient pu la faire supposer, formes cependant très nombreuses et à la portée de tous.

Quant aux créanciers sociaux, comment auraient-ils pu avoir cette volonté ? Rien ne les a autorisés à s'attribuer un pareil droit et ils n'ont pas pu l'énoncer dès lors qu'on ne leur en fournissait pas l'occasion. Même en admettant que l'un et l'autre des contractants aient eu cette pensée, leur volonté n'aura pu se rencontrer, puisqu'il n'y aura eu par hypothèse ni offre même tacite de la part de l'un, ni acceptation quelconque de la part de l'autre.

Et même si nous supposons, dans une telle société, offre du droit de priorité de la part des associés et acceptation de la part du tiers dans le contrat spécial qu'ils auront passé ensemble, il nous faudra reconnaître qu'une pareille offre n'est pas valable. En effet, on nuirait ainsi aux tiers qui n'ont pas été parties en ce même contrat.

Cette distinction si rationnelle semble, avons-nous dit, vouloir se faire jour peu à peu. M. Mongin, en effet, revenant sur la question qu'il avait déjà traitée, et examinant, au point de vue du règlement des intérêts en présence, la situation faite à la société civile après la dissolution, nous dit en effet (1) :

« Il est nécessaire de faire une distinction ; car on conçoit que « la société civile fonctionne de deux manières bien différentes. « Dans certains cas, la société a le caractère d'une participation, « elle dissimule son existence, elle reste entièrement secrète à « l'égard des tiers, l'associé qui contracte passe les traités en son « nom personnel, comme si l'affaire n'intéressait que lui ; il est « clair alors que l'objection (défaut de publicité) est décisive, que « la société ne saurait réclamer la personnalité et qu'elle suit « sous ce rapport des règles analogues à celles de la participation « commerciale. Bien souvent au contraire, la société se fait con- « naître, les actes qui l'intéressent sont passés en son nom par « l'administrateur, et elle révèle son existence par une dénomi- « nation spéciale ; les tiers qui traitent avec elle savent exacte- « ment qu'ils ont en face d'eux une société ; seulement elle est « dispensée des formalités particulières prescrites pour la publi- « cité des sociétés commerciales. Dans cette hypothèse, mainte- « nant très fréquente, quel inconvénient présente l'attribution de « la personnalité ? »

Nous retenons la distinction ; mais peut-être ne cadre-t-elle pas très bien avec la théorie de la personnalité morale. Si l'on recon-

(1) Note de M. Mongin dans les *Pandectes françaises* (p. 1892, 1, 97) sous l'arrêt précisé de la Cour de cassation du 23 février 1891.

naît en effet, que la personnalité résulte de la publicité prescrite par le Code, elle ne pourra être appliquée à aucune société civile. Si au contraire, il est admis qu'une publicité quelconque est suffisante à lui donner naissance, comment le justifier ? Nulle part, en effet, la loi ne nous permet de croire que la question de savoir si une société est ou non personne morale soit sujette à appréciations, et que l'on puisse discuter s'il faut et suffit de telle ou telle formalité pour lui donner une existence. Ceci n'est guère admissible, nous aboutirions ainsi à l'arbitraire le plus complet.

Nous n'avons jusqu'ici fait que chercher à appliquer nos idées personnelles en ce qui concerne les tiers, créanciers de la société civile non personne morale, dans le cas où elle s'est fait connaître aux tiers, ainsi que dans celui où il n'y a eu aucune publicité. Il nous reste à voir quel est l'effet d'une société civile entre les associés au point de vue du règlement après dissolution.

Si nous nous référons à la définition que nous avons donnée de la liquidation : *Le règlement des affaires sociales après la dissolution d'après les principes qui régissaient la société auparavant,* il semble que la solution soit facile à trouver.

Nous avons reconnu en effet que la société existe entre associés indépendamment de toute publicité et que le contrat suffit à lui donner naissance. Il semblerait donc qu'il y ait toujours lieu de leur appliquer la liquidation. Mais nous avons fait de celle-ci ainsi définie une conséquence du pacte social, une règle adoptée par les associés en matière commerciale. Faut-il reconnaître qu'en matière civile également, ils ont eu cette intention, c'est le point le plus difficile à préciser.

S'ils ont par une clause contraire manifesté leur intention de ne pas en bénéficier, il n'y aura évidemment aucun doute. Il faudra procéder entre eux au règlement que nous indique l'art. 1872 du Code civil, c'est-à-dire à ce que nous avons appelé le règlement de communauté, en appliquant en principe les mêmes règles que celles qui régissent les successions.

Mais que décider au cas où les associés n'ont point manifesté leur intention dans le contrat de société ? Faudra-t-il, leur appliquant l'interprétation de volonté que nous avons donnée à propos des sociétés commerciales, admettre qu'ils ont entendu appliquer entre eux le principe de la liquidation, ou décider au contraire que le droit prévu par l'art. 1872 du Code civil leur est applicable ?

Peut-être en l'absence de toute convention faudrait-il admettre cette dernière interprétation. Décider le contraire serait au reste annihiler complètement l'art. 1872 du Code civil. Nous reconnaissons que ses termes sont sujets à discussion, comme nous l'avons dit plus haut ; mais il n'est pas possible, croyons-nous, de le laisser complètement de côté en ce qui concerne les rapports des associés des sociétés civiles. Il est en effet très formel en ce sens : « Les règles concernant les formes du partage et les obligations « qui en résultent s'appliquent aux partages entre associés », dit-il. N'est-ce pas assez explicite ? Nous avons vu d'ailleurs que tel était le principe de l'ancien droit, même en matière commerciale.

Mais leur intention de procéder entre eux à la liquidation spéciale peut avoir été exprimée tacitement.

Il serait du ressort des Tribunaux de décider dans chaque cas si cette convention a existé tacitement et peut-être faudrait-il reconnaître que cette intention résulte suffisamment des publicités qui ont permis aux tiers de la demander.

Du reste, il faut avouer que notre système, qui base la liquidation sur le pacte social, ne donne pas, lui non plus, satisfaction absolument complète.

Ainsi examinons le cas où une société comprenant des mineurs procède à la vente d'un immeuble, soit avant soit après la dissolution, peu importe.

Si la société qui procède à cette vente est reconnue personne morale, il n'y a aucun doute à avoir. La vente pourra être faite sans l'accomplissement des formalités spécialement prescrites pour les ventes des biens des mineurs. Il n'y a pas ici en effet de biens appartenant à des mineurs, mais seulement des biens appartement à l'être moral social.

Que la société au contraire ne jouisse pas de cette personnalité, le mineur devra être considéré comme copropriétaire, et il faudra en conséquence procéder à une vente judidiciaire des immeubles sociaux. Cela est le droit admis, et c'est aussi une conséquence toute naturelle de notre principe.

Nous avons, il est vrai, reconnu que le droit de propriété de l'associé ne subsistait sur les biens mis par lui en société que considérablement amoindri par les droits cédés à ses coassociés. Mais il ne semble pas possible d'admettre ici que le mineur ait fait une semblable renonciation en faveur de ses coassociés. Il n'en avait pas le pouvoir.

SECTION III

APPLICATIONS A LA DÉCONFITURE

Nous avons vu en terminant notre chapitre deuxième que divers arrêts avaient étendu jusqu'aux sociétés civiles en déconfiture les règles qui président au règlement des sociétés commerciales dissoutes d'après la jurisprudence. Nous avons montré que ce règlement, s'il est éminemment pratique, n'est que fort difficilement justifiable, surtout en matière de déconfiture. Nous en avons donné le motif et reconnu que la double fiction sur laquelle il repose, celle de la personnalité morale d'abord et celle de la survivance de cette personnalité ensuite, ne saurait par sa nature même s'étendre au-delà des limites qui lui sont expressément fixées par la loi ou du moins par son interprétation plus ou moins exacte. Nous avons dit qu'en cas de société civile en déconfiture les règles de la liquidation avaient d'autant moins leur raison d'être que la jurisprudence pour les appliquer était contrainte de les faire fortement dévier des principes primitifs. Enfin, nous en avons conclu que ce procédé n'avait guère d'autre valeur qu'un acte de juridiction gracieuse, que ses effets n'étaient rien moins que certains et qu'un créancier décidé pouvait parfaitement passer outre à la nomination d'un liquidateur, faire vendre les biens selon le droit commun, et en obtenir la répartition au détriment des créanciers qui n'auraient pas produit à la contribution.

Il faut bien reconnaître que, avec de semblables conditions, la conception de la jurisprudence est incomplète et dangereuse, et que nos Tribunaux ont le devoir de ne pas persévérer dans de tels errements. Peut-être pourtant serait-il possible, à l'aide des principes que nous venons de proposer, de donner à cette conception une base plus juridique et plus solide, qui permette de la conserver.

Quel est en effet, même si nous admettons avec nos Tribunaux la possibilité d'une extension légitime de la personnalité morale aux sociétés civiles en déconfiture, le point faible de leur argumentation ? C'est, avons-nous dit, le rôle du liquidateur. Dans les sociétés commerciales ou civiles qui liquident, sans cependant être en dessous de leurs affaires, il est bien certain que le liquidateur représente les associés. Or ici, nous le savons, ceux-ci n'ont plus qu'un intérêt secondaire, qui se trouve primé par celui des créanciers sociaux. Comment donc exiger qu'un mandataire des associés fasse avant tout la liquidation en faveur des créanciers qui ne sont pas représentés par lui ? Faut-il admettre qu'il représente les uns et les autres ? Cela est assez difficile à justifier.

Remarquons pourtant que cette dualité de fonctions en apparence inconciliables n'est pas sans application légale. Nous avons en effet déjà vu que la loi du 4 mars 1889, qui a organisé la liquidation judiciaire, a expressément prévu le cas par son art. 4 § 2 dans l'espèce suivante. Si une société dissoute et à cet égard munie d'un liquidateur, représentant les associés auquel nous avons donné le nom de liquidateur social (1), est déclarée en faillite, il y aura dès lors lieu à la nomination d'un second liquidateur qui représentera la masse et que nous avons désigné sous le nom de liquidateur judiciaire. Évidemment rien n'empêchera le Tribunal de choisir comme liquidateur judiciaire le liquidateur social lui-même. Mais en pareil cas y aura-t-il lieu de choisir un nouveau représentant à la société ?

MM. Lyon-Caen et Renault (2) en font une nécessité. De bons esprits cependant ne croient pas que le choix d'un nouveau représentant soit absolument indispensable. Il semble bien que ce cumul de fonctions ait été notamment admis par la Commission du Sénat chargée de l'étude du projet de loi et par M. Demôle, son rapporteur (3), dont M. Voron (4) développe ainsi la pensée : « Dans « l'intérêt des parties, c'est-à-dire, la plupart du temps sur la « demande des créanciers et avec leur assentiment, le Tribunal « pourra nommer le représentant de la société liquidateur judi- « ciaire, et alors celui-ci cumulera, au moins jusqu'à nouvel ordre, « les deux fonctions. Sans doute ce liquidateur aura des pouvoirs « peut-être excessifs, mais sans grand inconvénient, puisqu'on le

(1) Chapitre premier, sect. I, p. 17.
(2) *Manuel*, p. 989.
(3) Rapport du 21 février 1889 (*Journal officiel ann*. déc. 1889, p. 101).
(4) *De la liquidation judiciaire*, p. 286.

« suppose revêtu de la confiance de toutes les parties. Cette « mesure aura l'avantage d'éviter des frais. Cependant si les asso- « ciés veulent voir leurs intérêts représentés, il ne tiendra qu'à « eux de se choisir un mandataire, de nommer un liquidateur ou « d'en solliciter la nomination par justice (1). »

Il est donc possible d'admettre qu'il y a en ce cas dualité dans les fonctions du liquidateur. Mais est-ce à dire que ce qui se peut accepter en matière de liquidation judiciaire d'une société commerciale dissoute doive être transporté en matière de société civile dissoute et en déconfiture? Nous ne le croyons pas. Peut-être est-ce le point de vue auquel se place la jurisprudence; et peut-être a-t-elle vu là le point de départ de tout son système. Il n'en est pas moins peu soutenable.

Cette dualité de fonctions suppose en effet la composition d'une masse et d'un représentant de cette masse, c'est-à-dire d'un patrimoine distinct de celui des associés, d'un être moral, propriétaire des biens sociaux, et d'un représentant de ce patrimoine. Ceci ne saurait être l'œuvre que du législateur. Il en a décidé ainsi pour la liquidation judiciaire (2), mais n'en a nullement parlé pour les sociétés civiles en déconfiture. Puis, comme nous l'avons fait remarquer, si l'on admet une masse et un représentant de celle-ci, ce dernier n'est jamais établi qu'en faveur des associés (3). Comment lui reconnaître ici des pouvoirs différents?

---

(1) En ce même sens, Boistel, Suppl., p. 20.

(2) Au reste la liquidation judiciaire ne s'applique qu'aux sociétés de commerce, auxquelles on reconnaît la personnalité morale.

(3) « Le liquidateur, même nommé en justice, d'une société commerciale « ne représente que les associés et ne représente point les créanciers. » Trib. com. Seine, 24 nov. 1886. *(Rec. du Hâvre*, 1886, 204); Grenoble, 14 nov. 1890 *(Rec. de Grenoble* 1890, p. 302); Toulouse, 19 mai 1891 *(Loi* 19 juin 1891); Cas., 14 mai 1890 (Sir., 1892, 1, 484); Conf. Delangle, *Soc. com.*, t. II, p. 354, n° 687; Pont., t. II, p. 779, n° 1936; Boistel, *Préc.*, n° 381; Lyon-Caen et Renault, *Préc.*, t. I, n°s 566 et 570; *Traité*, t. II, n°s 372, 378 et 379. A plus forte raison en est-il de même en matière civile.

On lui reconnaît le droit de faire verser aux actionnaires l'intégralité de

Il nous faut donc chercher ailleurs que dans cette assimilation la justification de l'extension que fait la jurisprudence. On pourra peut-être la découvrir dans le jeu normal de notre système.

Nous avons établi en effet que pour les créanciers de la société civile, du moins lorsqu'elle a été publiée, la liquidation constituait un droit. Il semble donc bien que le liquidateur, quel qu'il soit, doive tenir compte de ce droit et sinon agir en leur nom, au moins avoir égard à leur intérêt.

Aussi peu nous importe de savoir qui est représenté par le liquidateur, et il nous est tout à fait inutile de chercher à voir en lui un représentant des créanciers. Dès lors, nous ne tombons aucunement dans les difficultés qu'engendre une conception aussi peu juridique.

Si en effet, comme c'est aussi notre avis, il faut admettre avec la jurisprudence que le liquidateur représente les associés seuls, il les représente tout entiers avec leurs devoirs aussi bien qu'avec leurs droits. Or, le premier de ces devoirs consiste, pour les associés, à tenir les engagements contractés avec les tiers, à ne pas manquer à leur parole et à ne pas nuire aux créanciers sociaux.

Envisagée ainsi, cette situation semble bien ne plus rien avoir d'étrange. Il n'y a plus aucune dualité dans les fonctions du liquidateur et il devient au contraire anormal d'en décider autrement. Les droits des créanciers sont certains; il serait injuste de n'en pas tenir compte. D'ailleurs, si l'on veut une justification plus immédiate des multiples fonctions que nous imposons au liquidateur, il est possible de la découvrir dans le Code civil lui-même,

---

leurs rapports. Paris, 28 avril 1887, sous cas. 23 déc. 1889 (Sir., 1891, 1,321); Cass., 2 avril 1890 (Sir., 1892, 1, 483).

Il peut pourtant représenter les créanciers sociaux, s'il en a reçu le pouvoir d'eux-mêmes. Poitiers, 12 juil. 1875 (Sir., 1877, 2, 22); Rouen, 1er avril 1881 (Sir. 1882, 2, 153).

qui admet explicitement des fonctions aussi étendues en un cas d'une analogie frappante avec celui qui nous occupe.

Il s'agit de l'art. 803 du Code civil, qui traite de l'héritier bénéficiaire, article ainsi conçu : « L'héritier bénéficiaire est chargé « d'administrer les biens de la succession et doit rendre compte « de son administration aux créanciers et aux légataires. Il ne « peut être contraint sur ses biens personnels qu'après avoir été « mis en demeure de présenter son compte. »

Nous savons que, quoique propriétaire, un pareil héritier n'est en quelque sorte qu'un liquidateur des biens de la succession. Il n'a droit qu'à l'actif net, et est chargé de conduire la succession jusqu'à ce que ce résultat soit obtenu. Aussi voyons-nous qu'il représente non les intérêts de ses créanciers personnels, mais bien plutôt ceux des créanciers du défunt devenus créanciers de la succession qu'il administre. Ou plutôt il ne les représente pas ; il doit agir seulement de manière à ne pas léser leurs droits acquis, à ne pas faire supporter à ceux qui n'y peuvent rien les conséquences du décès de leur débiteur.

Ce n'est pas autre chose que nous proposons dans le cas où il s'agit d'une société civile en déconfiture. Aussi peut-être pourrait-on, croyons-nous, accepter cette idée, et reconnaître aux créanciers d'une telle société, le droit de primer sur les biens sociaux les créanciers personnels des associés.

Mais ce n'est pas tout ; reconnaître aux créanciers sociaux un pareil droit de priorité est loin d'être suffisant à la satisfaction de leurs intérêts. Il faudrait aussi pouvoir leur assurer entre eux l'égalité la plus complète, de sorte qu'en fin de compte chacun d'eux touche exactement de sa créance la même proportion que les autres caéanciers. La poursuite de ce résultat, il nous paraît impossible d'en faire une obligation stricte pour le liquidateur. Le devoir d'un débiteur, quel qu'il soit, ne va pas en effet jusque-là. Poursuivi par l'un quelconque de ses créanciers, il n'a pas en effet, le droit de lui refuser un paiement intégral, sous prétexte que d'autres créanciers qui n'ont encore rien demandé, pourront s'en tenir lésés. C'est aux créanciers et aux créanciers seuls qu'il appartient de veiller au maintien de leurs créances et d'éviter que d'autres créanciers soient payés à leur préjudice.

Peut-être, cependant, serait-il au moins possible d'admettre ici que les créanciers sociaux pourront, par une seule opposition, imposer cette obligation au liquidateur de la société, et se réserver ainsi leurs droits vis-à-vis de leurs créanciers.

Il est vrai que ceci est anormal et qu'en principe un créancier ne saurait imposer à un débiteur, par une simple opposition, l'obligation de ne pas payer au mépris des droits qu'il peut avoir à exercer. Son pouvoir se borne à poursuivre lui-même. Mais ici, comme nous l'avons déjà dit, nous ne sommes pas en face d'un débiteur ordinaire. Le liquidateur peut en quelque sorte être considéré comme un mandataire judiciaire établi dans l'intérêt des créanciers. Il semble que cette situation spéciale soit suffisante à la justification de cette faculté d'opposition.

En résumé, nous parvenons à l'aide de notre système à rendre légale sans aucun effort, la théorie de la jurisprudence à peu près telle qu'elle est en vigueur aujourd'hui. Sa généralisation, que nous désirons vivement, rendrait bien préférable la situation des créanciers sociaux de la société civile en déconfiture.

TABLE DES MATIÈRES

DROIT FRANÇAIS

POSITIONS

DROIT ROMAIN

1º Les pérégrins ne peuvent pas s'obliger *litteris* par une *transcriptio a re in personam*.

2º Il n'y a pas contradiction entre le § 4 du titre *De injuriis* aux Institutes de Justinien et la loi 16 D. *De inj. et fam. libell.* au Digeste.

3º Il est possible de concilier les lois 43 *De jure dotis* et 10 *De condictione causa data* sur l'effet immédiat ou différé de l'*acceptilatio* pour cause de dot.

4º Le *fidejussor indemnitatis* ne peut être poursuivi qu'après le débiteur principal.

DROIT CIVIL

1º La pension alimentaire, allouée à l'époux séparé en vertu de l'article 320 du Code civil, subsiste après le changement de la séparation de corps en divorce.

2° La surenchère n'est pas admise à la suite d'une revente sur folle enchère.

3° La responsabilité du voiturier, édictée par l'article 1784 C. c. doit être étendue aux transports des personnes.

4° Le privilège, que l'art. 2103, § 4, du Code civil accorde au constructeur d'un immeuble pour le prix de ses travaux sur la plus-value en résultant, ne peut s'exercer que sur la plus-value résultant des travaux exécutés postérieurement à l'inscription du procès-verbal constatant l'état des lieux.

5° La bonne foi peut résulter d'une ignorance de droit.

PROCÉDURE CIVILE

1° L'incompétence du président du Tribunal civil comme juge de référé en matière commerciale est absolue.

2° Le commandement doit être considéré comme constituant par lui-même un acte d'exécution.

DROIT COMMERCIAL

1° Le propriétaire qui donne à bail une partie de sa maison pour l'exploitation d'un commerce peut, à défaut de clause contraire, en louer une autre partie pour l'exploitation d'un commerce similaire.

2° Les Tribunaux ont, dans les cas prévus par l'art. 19 de la loi du 4 mars 1889, un pouvoir discrétionnaire pour maintenir la liquidation judiciaire ou la changer en faillite, même si la requête a été présentée plus de 15 jours après la cessation des paiements.

3° L'aval entraîne par lui-même la solidarité, alors même qu'il émane d'un non-commerçant.

Grenoble, le 31 mai 1894.

Le Doyen, président de la thèse:

C. TARTARI.

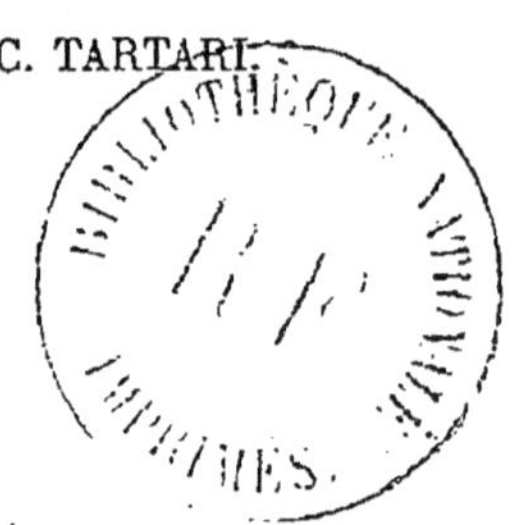

Vu et permis d'imprimer,

Le Recteur :

ZELLER.

Lyon.— Impr. Mougin-Rusand, rue Stella, 3

www.ingramcontent.com/pod-product-compliance
Lightning Source LLC
Chambersburg PA
CBHW060407200326
41518CB00009B/1279
* 9 7 8 2 0 1 9 5 8 5 6 2 4 *